全国商贸类院校商品学规划系列教材

金属材料商品学

（第 2 版）

金海水　张惠颖　安玉若　编著

中国物资出版社

图书在版编目（CIP）数据

金属材料商品学/金海水，张惠颖，安玉若编著．—2版．—北京：中国物资出版社，2012.7

（全国商贸类院校商品学规划系列教材）

ISBN 978-7-5047-3316-0

Ⅰ．①金…　Ⅱ．①金…②张…③安…　Ⅲ．①金属材料—商品学—高等学校—教材　Ⅳ．F764.3

中国版本图书馆CIP数据核字（2009）第240315号

策划编辑　郑欣怡　　**责任印制**　何崇杭　王　洁

责任编辑　郑欣怡　　**责任校对**　孙会香　杨小静

出版发行　中国物资出版社

社　　址　北京市丰台区南四环西路188号5区20楼　　**邮政编码**　100070

电　　话　010-52227568（发行部）　　010-52227588转307（总编室）

010-68589540（读者服务部）　　010-52227588转305（质检部）

网　　址　http://www.clph.cn

经　　销　新华书店

印　　刷　中国农业出版社印刷厂

书　　号　ISBN 978-7-5047-3316-0/F·1790

开　　本　787mm×1092mm　1/16

印　　张　14　　**版　　次**　2012年7月第2版

字　　数　367千字　　**印　　次**　2012年7月第1次印刷

印　　数　0001—3000册　　**定　　价**　30.00元

编写说明

商品学是随着商品生产和科技进步发展起来的，许多国家将其和市场学、广告学一起视为营销战略的三大理论支柱。商品学作为一门服务于商品流通领域的应用学科，为我国流通产业培养了大批既懂技术又懂管理的商品经营管理人才，极大地促进了流通产业和国民经济的发展。

随着我国商品流通体制改革的深入、人才培养模式的转变以及经济全球化进程的加快，生产资料商品学教材体系、内容不断丰富、不断充实，但仍不能满足经济和社会发展的需要，有必要从观念、体系和研究方法上来一次革命，按照新经济的要求，编写出一套适合 21 世纪需要的、特色突出的商品学教材。为此，我们拟编写此书，以提高商品学教学质量，培养具有扎实、丰富商品知识的高级商品经营管理人才，使商品学真正服务于流通、消费，指导贸易实践，以保证商品交换顺利、流通顺畅和消费安全。

《金属材料商品学》作为商品学的主要分支之一，是主要研究金属材料商品的使用价值及其实践规律的一门技术经济学科，涉及生产资料商品的生产、流通、消费领域。一方面，与物理、化学、材料学、生产工艺学有内在的联系；另一方面，与企业管理学、市场营销学、采购管理、经济学等社会科学密切相关。主要内容包括：金属材料商品的分类、质量指标、用途、型号、性能特点、流通技术、经营管理要点以及国内外金属材料商品市场动态及发展趋势。

《金属材料商品学》一书将体现整体与个体的结合，体现广而博、少而精相结合，注重培养学生独立分析解决问题的能力。通过学习，使学生全面掌握金属材料商品的基本知识和技术管理知识，为培养高级经营管理人才提供必备的金属材料商品的有关理论和知识。

参与本书编写的有金海水（第一章、第三章、第四章）、安玉若（第二章）、张惠颖（第五章）。这些同志长期从事金属材料商品学的教学和研究工作，有着丰富的经验，也取得了丰硕的成果。相信《金属材料商品学》一书能够给相关人员的学习和工作带来裨益。当然，由于时间仓促，在编写的内容上难免有疏漏之处，还请大家批评指正。

本书可作为高等院校工商管理、市场营销、国际贸易、物流管理等专业的教材，也可作为企业管理人员的学习用书。

前　言

本书于2004年出版后，作为国内高等财经院校工商管理类专业的教材已使用5年了，实践证明，本书的体系完整，基本理论和基础知识选材适当，能满足工商管理专业及相近专业人才培养的需要。随着科学技术和市场经济的发展，金属材料商品学的理论体系不断拓展和完善，相关研究内容不断更新和充实，研究范围和应用领域也呈逐渐扩大的趋势。

《金属材料商品学》以金属材料商品为基础，围绕商品—人—环境系统，从技术、经济、环境、资源、市场和消费需求等多方面系统地、综合地和动态地研究金属材料商品学的使用价值和质量，为金属材料商品的开发、质量提高、质量评价、质量保证、质量管理和监督、资源开发利用及其经营管理等提供科学依据。我国社会主义市场经济体制的建立和不断完善，对金属材料商品学的发展提出了许多新的要求和新的研究课题，金属材料商品学的理论体系需要发展和完善，内容需要更新和充实，因此，对本书进行补充和修订很有必要。

本书修订时进一步完善了金属材料商品学的理论体系，增加了金属材料商品的种类及性能以及新形势下金属材料商品的经营战略等内容。同时，对全书的内容体系作了必要的调整，充实了原有章节的内容，使全书的理论体系和内容更加贴近现代金属材料商品学的发展水平。

参与本书修订版编写的人员有金海水（第一章、第三章、第四章）、安玉若（第二章）、张惠颖（第五章）。林小平同志参与了部分材料的收集和整理工作。全书由金海水负责总纂。

由于编者水平有限，错误和不妥之处难免，恳请读者批评指正。

编　者

2012年5月

目　录

第一章　导　论

第一节　商品学与金属材料商品学

一、商品学及其研究对象

商品学是一门研究商品使用价值的科学，质量是其核心内容。随着经济社会的发展，商品质量的内涵不断地发生着变化。因而，商品学的研究也从最初的商品知识的介绍，发展成为围绕商品—人—环境系统，从技术、经济、管理、社会等角度研究流通、消费、商品质量、标准、检验技术等问题的交叉型应用学科，集自然、技术科学与经济管理科学、人文社会科学于一身。

（一）商品学的研究对象

任何一门学科都有其自身特有的研究对象，商品学也不例外。商品学的研究对象更多地侧重于商品的物理性能、化学性能、成分、结构、造型等自然属性。随着社会经济的发展和世界市场体系的形成，商品学进入了现代商品学阶段，研究对象也进一步拓展。现代商品学是研究商品使用价值及其实现规律的一门科学，它不仅研究商品使用价值的物质构成，而且研究商品使用价值的社会实现规律。

1. 商品使用价值的内涵

商品使用价值是指商品能够满足人或社会需要的功能和属性。就商品使用价值而言，商品属性与人和社会需求的关系密切，因此，也有人将商品使用价值界定为商品属性与社会需求之间的满足关系。商品对人和社会需求的满足程度的衡量，最终要看商品在与人和社会发生满足关系时实际所发生的效用。

商品使用价值在具有满足人们某种需要这一自然属性的同时，还具有社会属性。如快餐餐盒的有用性在于该商品的物质属性（防止食物渗漏、保温等）与社会属性（不污染环境、可回收利用等）的有机融合。也就是说，商品使用价值是商品自然属性和社会属性的有机统一，二者缺一不可。其中，自然属性是商品使用价值的物质内容。如农夫山泉贴近大自然的解渴、清凉的功能，如果离开了 H_2O 和矿物质，将不复存在。而社会属性则是商品使用价值的社会形式。农夫山泉特有的自然功效与人们回归自然、绿色消费的观念是分不开的。

商品使用价值之所以具有社会性，是因为：首先，商品使用价值是人们的具体劳动创造的，而人类劳动又是有目的的社会劳动；其次，商品的使用价值是为了满足他人或社会需要而创造的使用价值；再次，商品使用价值只有通过商品交换才能实现，而商品交换体现的是商品生产者之间的劳动交换关系，它是最基本的社会关系之一。

商品使用价值的实现正是体现了商品使用价值的这种交换关系。只有通过交换，商品才能到用户和消费者手中，才能实现商品的使用价值。显然，对社会消费需求状况的分

析、营销决策的制定、商品质量的管理和保证等，必然成为研究商品使用价值实现的诸多构成要素。

2. 商品使用价值的划分

商品使用价值一般分为个体商品使用价值和群体商品使用价值。前者即个体商品对人的需求的满足，它以个体商品使用价值为研究对象，探究个体商品应如何更大程度地满足消费者需求，发挥其更大的作用。后者即群体商品对社会需求的满足，从宏观上以群体商品使用价值为研究对象，探究商品群体应如何以不同质的使用价值去满足社会的多样化、多层次的需求，使不同人群的社会需要能得到较充分地满足。

（二）商品学研究的内容

商品学是为商品流通和商品消费服务的一门科学。商品学研究的任务是依据商品学研究的对象而确定的。商品学研究的对象是商品，是商品使用价值及影响商品使用价值实现的相关因素的客观规律。

商品具有使用价值的基本条件是商品的有用性，而商品的有用性是由商品的质量决定的。因此，商品质量是实现商品使用价值的基础。商品使用价值是在生产领域中形成的，是通过流通领域进入消费领域实现的。从而商品使用价值实现的过程是指商品从生产领域进入流通领域，再由流通领域进入消费领域的全过程。然而，从商品使用价值的实现过程来看，商品学研究的中心内容是商品由生产领域进入流通领域，再由流通领域进入消费领域，实现商品使用价值过程中的商品质量鉴定、商品质量评价、商品质量维护、商品储存与养护及影响商品质量变化相关的自然条件和社会条件等诸多因素的变化规律。据此，确定商品学研究的根本任务是：以提高商品质量为中心，以促进商品生产部门、流通部门为社会提供所需要的、消费者满意的、质量合格的商品为目的，实现促进生产、指导消费、推动市场经济发展的根本任务。

为实现商品学研究的根本任务，商品学必须承担以下具体的研究任务：

1. 研究商品质量的监督与管理

商品学研究商品使用价值的核心是商品质量，商品质量是实现商品使用价值的基础。商品使用价值的大小是由商品质量的优劣决定的。影响商品质量的因素很多，最重要的是生产领域各环节对产品质量的影响。为维护消费者和社会的利益，必须保证优质产品进入流通环节，顺利实现商品使用价值。同时，必须依照商品标准对商品质量进行检验、鉴定、评价、判断，并按照有关法律、法规对商品质量实行监督和管理，达到维护消费者和社会权益的目的。

我国正在实施的《商品监督抽查暂行办法》规定，各级工商行政管理部门应对各类商品交易场所经销的商品进行抽查，将抽查结果如实地向社会进行公开，对抽查中发现的违规、违法行为，要依法进行处罚。

抽查的内容包括：商品进货是否存在对他人商品注册商标的假冒；是否仿冒知名商品特有的名称、包装、装潢；商品标识是否在商品中掺假、掺杂；是否销售失效、变质的商品；商品包装或说明书等是否符合实际；是否销售国家命令淘汰的商品及法律、法规规定的其他情况。

2. 研究商品的经营技术

商品的经营技术，是指商品在流通领域中的经营管理技术。商品学研究的商品经营技术，主要指科学的商品储运技术、保养技术、商品使用维修技术等。

在商品流通过程中，商品因外界条件因素的作用，会引起霉变、锈蚀、鼠咬、虫嗑等，致使商品变质，失去使用效能，造成经济损失与浪费。为控制和减少商品在流通领域中的损失，提高经济效益，必须把商品经营技术作为商品学的研究任务之一。

3. 研究商品的促销手段

商品的促销手段，是指在商品经营中如何为社会提供所需要的、消费者满意的商品，从维护消费者和社会利益的角度出发，达到引导消费、指导消费的目的而选定的销售手段。我们研究的商品促销手段，必须是维护消费者和社会的利益，为消费者和社会负责的道德高尚的销售手段。在这样的基本思想指导下，选定的促销手段，必须是从指导消费的目的出发，为消费者和社会提供质量可靠、货真价实以及消费者和社会信得过的商品。这种促销手段，包含着科学、准确、如实地向消费者和社会宣传介绍商品的原理组成、质量、性能、特点、效用功能、使用方法、保管方法、维护技术等，正确引导消费，促进销售。科学的促销手段，是企业获取信誉、增强市场竞争能力的重要措施。

4. 研究商品的售后服务

服务本身不是商品，但是现代企业营销策略的核心，其本身也具有价值。服务价值包含在劳务之中，是通过劳动体现出来的。马克思说："服务这个名词，一般地说，不过是指这种劳动所提供的特殊使用价值，就像其他一切商品也提供自己的特殊使用价值一样；但是，这种劳动的特殊使用价值在这里取得了'服务'这个特殊名称，是因为劳动不是作为物，而是作为活动提供服务的。"从而说明服务不是商品，而是商品交换过程中提供特殊使用价值的经济活动，它是企业经营的一种手段。

从服务主体看，表现为两个方面：一方面，是生产企业表现出的辅助的服务功能，渗透在生产经营效果之中；另一方面，是专门的服务性企业，是将一种必需的辅助劳动手段转化成为一种有效的营销模式。就其实质而言，服务是为一定的对象在工作；就其性质而言，服务具有社会性。从效果上看，服务表现的是社会文明、社会风貌，反映的是社会进步水平；从价值上看，服务价值潜伏在企业荣誉、信誉、形象之中，服务价值无法用金钱计算。因此，服务本身就是质量、层次、水平。

商品售后服务，是指商品售出后，对获得商品的消费者的服务。商品售后服务是为实现商品使用价值而确定的流通领域的最终阶段，同时，也是商品进入消费领域中实现商品使用价值阶段对商品质量维护、保养所采取的服务方式。商品使用价值的最终实现阶段是在消费领域中体现，即在消费者那里体现的。事实上，由于多种原因，如消费者对商品的性能、特点、使用方法、维修技术等不一定了解和掌握，因而许多商品在消费者那里不一定完全地、充分地实现其使用价值。为充分实现商品的使用价值，从商品学研究商品的角度，应该把商品的售后服务的科学理论与方法纳入商品学研究的任务之中。

5. 研究新产品的开发

社会生产的根本目的，在于最大限度地满足人们日益增长的物质和文化生活的需求。随着社会发展和人类进步，人民生活水平的不断提高，社会对商品需求的欲望也越来越高。人们的消费需求结构、个性化的多层次化转化；人们的价值取向，已由坚固耐用、经济实惠的温饱型，向外观漂亮、高雅舒适的享乐型转化；人们的消费观念，已由花色品种单一、大众化的单元型，向款式新颖、风格独特的多元化转化。在市场经济充分发展的条件下，为满足社会需要、市场需要，必须拓宽商品的使用领域，开发商品使用范围，增加商品的使用功能。因此，应用新技术、开发新产品是商品学研究的重要任务之一。

6. 研究商品生产与环境保护

商品的使用价值表现为物的效用，这种物的效用必须是为社会、人类提供健康有利的物。这里重要的是研究物的效用的后效应问题。物的效用的后效应，也同样应该为社会、人类健康产生有利的影响和效用。它是通过人与环境的相互关系而表现出来的。随着社会发展，人口不断增加、资源不断减少、人与物的环境保护，乃至整个生态环境的保护问题，将成为人类生存和发展普遍关注的问题。因此，商品学要把人与物的环境保护、生态环境的保护，同研究商品的自然属性与商品的社会效应之间相互依存、相互影响的问题，作为商品学研究的重要课题。这是社会主义市场经济条件下物质文明建设和精神文明建设的重要课题，也是加快经济建设发展的至关重要的问题。

总的来说，商品学的研究对象是商品（商品、服务）在整个生命周期中的质量（固有质量、市场附加质量、形象质量）及其构成要素（技术、经济、社会、环境要求等）的计量、检测、控制与管理活动。主要包括以下内容：

（1）商品分类与编码的原则、方法及应用，国际和国内商品分类与编码体系的比较。

（2）商品（根据需要和优势选定某大类，如食品类、纺织品类、机电产品类、金属材料类、化工品类等）的成分、结构和性能。

（3）商品（服务）的质量要求、质量指标与质量标准的建立、分析和改进。

（4）商品质量信息的分类、收集、处理与预测。

（5）国内外商品质量法律、法令、规章以及相关法律、法规与突破国际贸易技术壁垒的对策。

（6）商品的标准化与计量技术。

（7）商品的抽样技术与质量检测技术。

（8）商品的质量控制技术。

（9）商品的质量管理组织与质量管理体系的策划、建立、运行、审核及改进。

（10）商品包装的质量要求、环保要求及检测技术。

（11）商品储运质量的保持技术与管理。

（12）商品（服务）质量认证的基础、方式、标志与国际互认。

（13）商品（服务）的宏观质量管理与质量监督。

（14）商品的环境（生态、绿色）标志认证与环境管理。

二、商品学学科体系与金属材料商品学

（一）商品学的学科体系

商品学学科体系的总体框架由商品学总论和商品学分论构成。商品学总论部分是商品学学科体系框架的主体部分，商品学分论部分是商品学学科体系的支架部分。主体部分研究的是商品使用价值、商品质量和品种宏观方面的内容，而支架部分则是研究商品使用价值、商品质量和品种微观方面的内容。

宏观研究的主要内容是各种商品共同具有的横向共性的问题，由“商品学概论”、“商品学总论”、“商品学导论”、“商品学理论基础”、“商品科学导论”等课程涉及。主要有商品学的研究对象和任务；商品质量；商品包装；商品分类；商品消费需求；商品成分、结构、性质；商品标准；商品品种；商品检验；商品储运与养护等方面的问题。这些是研究具体商品问题的理论基础。

微观研究的主要内容是各种具体商品所具有的纵向特殊性问题，主要由“食品商品学”、“纺织品商品学”、“工业品商品学”、“家用电器商品学”、“医药商品学”、“土特产品商品学”、“旅游制品商品学”、“工艺品商品学”、“金属材料商品学”、“非金属材料商品学”、“机电产品商品学”等课程涉及。内容包括这些商品的成分、结构、性质、工作原理、功能、用途、使用条件；分类及品种特点；生产、制造、加工工艺；质量特征及指标体系；检验方法和影响质量的因素；包装、储运方法；使用、维护方法等问题。这些是分析、评价具体商品的准则和依据。

很显然，金属材料商品学是商品学学科体系中的一个重要分支和组成部分，两者之间是总和分、宏观与微观、一般与具体的关系。

（二）金属材料商品学

金属材料在国民经济和人民生活中有极其重要的地位和作用，各种机床、农业机械、矿山机械、金属冶炼设备、石油化工设备、电力设备、交通运输设备以及其他各行业使用的机械设备等都离不开金属材料；航空航天、原子能工业等尖端行业，需要大量具有特殊性能的金属材料，而且随着国民经济的发展，还要求生产出更多更好的金属材料。可见，金属材料是发展国民经济、实现现代化、不断提高我国人民物质生活水平不可缺少的重要物资。

金属材料商品学就是研究金属材料商品的一门理论性强、应用知识广泛的课程，其内容包括：金属材料的基础理论；常用金属材料商品及金属材料商品的经营管理中的技术问题。金属材料的基础理论部分主要是讲述金属材料商品的性能和组织、成分；生产方法、热处理方法等对组织和性能的影响；常用金属材料商品部分主要讲述常用的黑色、有色金属材料商品的品种、规格、牌号、性能、用途及使用条件对商品的不同质量要求；金属材料商品的经营管理部分主要讲述金属材料的商品经营和市场流通方面的有关问题。

三、材料商品在国民经济中的地位及作用

所谓材料商品，是指人类能用来制作有用物件的物质。所谓新材料商品，主要是指最近发展或正在发展之中的具有比传统材料性能更为优异的一类材料。目前，世界上传统材料商品已有几十万种，而新材料商品的品种正以每年大约 5% 的速度增长。世界上现有 800 多万种人工合成的化合物，而且还在以每年 25 万种的速度递增，其中，相当一部分有发展成为新材料商品的潜力。

世界各国对材料的分类不尽相同，但就大的类别来说，可以分为金属材料、无机非金属材料、有机高分子材料及复合材料四大类。若按照材料的使用性能来看，可分为结构材料与功能材料两大类。结构材料的使用性能主要是力学性能；功能材料的使用性能主要是光、电、磁、热、声等功能性能。从材料的应用对象来看，又可分为信息材料、能源材料、建筑材料、生物材料、航空航天材料等多种类别。

国际上关于材料科学与工程的战略研究表明，材料是高技术发展的关键，而且对国计民生、国家安全以及增强国家在国际市场上的竞争力都有重要影响。

（一）材料商品是人类文明大厦的基石

人类社会发展的历史证明，材料商品是人类生存和发展、征服自然和改造自然的物质基础，也是人类社会现代文明的重要支柱。纵观人类利用材料商品的历史，可以清楚地看到，每一种重要的新材料的发现和应用，都使人类支配自然的能力提高到一个新的水平。

材料科学技术的每一次重大突破，都会引起生产技术的革命，大大加速社会发展的进程，并给社会生产和人们生活带来巨大的变化。

在遥远的古代，我们的祖先是以石器为主要工具的，他们在寻找石器的过程中认识了矿石，并在烧陶生产中发展了冶铜术，开创了冶金技术。公元前5000年，人类进入青铜器时代。公元前1200年左右，人类进入了铁器时代，开始使用的是铸铁，后来制钢工业迅速发展，成为18世纪产业革命的重要内容和物质基础。

材料商品对社会、经济及科学技术活动的影响面大、带动作用强，既是支撑国民经济发展的基础产业，又是当代科技创新的前沿，更是人类社会进步的里程碑、社会文明程度的重要标志。

20世纪后期，基础科学、工程技术不断进步，材料科学技术取得了一系列创新的突破，新材料商品大批涌现，应用领域和规模不断扩大，已经成为当代极富活力的高新技术产业。科学技术突飞猛进、日新月异，作为“发明之母”和“产业粮食”的新材料研制更是异常活跃，出现了一个“材料革命”的新时代。

当今国际社会公认，材料、能源和信息技术是现代文明的三大支柱。从现代科学技术发展史中可以看到，每一项重大的新技术发明，往往都有赖于新材料的发展。对国民经济和现代科学技术具有重要作用的半导体材料就是一个明显的例证。半导体材料的出现对电子工业的发展具有极大的推动作用。以电子计算机为例，自1946年世界上第一台真空管电子计算机问世以来，由于锗、硅等半导体材料和晶体管等半导体器件的相继研制成功和广泛应用，计算机技术获得了极其迅速的发展，在短短四十多年里，经历了一代代产品更新。1967年，大规模集成电路问世促使微型计算机的出现，现在一台微型计算机的功能和世界第一台大型电子管计算机相当，但运算速度快了几百倍，体积仅为原来的三十万分之一，重量仅为原来的六万分之一。当前，几个原子层厚的半导体材料以及其他新型光电子材料的研究进展，将加速整个信息技术革命的进程，在这类材料基础上发展起来的光电子技术，将代表21世纪新兴工业的特色。

我国一贯重视新材料的研究和发展，从而保证了“两弹一星”等尖端技术的顺利发展。中国高技术研究发展计划于1986年开始列项论证，1987年全面实施，新材料属于重点研究发展领域之一，被命名为“关键新材料和现代材料科学技术”，其基本任务是为各相关领域提供关键新材料并促进我国现代材料科学技术的发展。除中长期的高技术计划外，我国新材料的研究发展工作还有针对国民经济建设和国防建设的“国家新材料攻关计划”，有为高技术产业化服务的“火炬计划”、为乡镇企业服务的“星火计划”。在国家自然科学基金资助项目和“攀登计划”中，也都包含新材料研究的重要内容。

通过多年来的努力，我国新材料的研究、发展和产业化的工作已经取得了长足的进步，一大批新材料填补了国内空白，其中，有些已达到国际先进水平。例如，在信息材料方面，我国的无机非线性光学晶体已达到国际领先水平，一批性能优异的“中国品牌”晶体，如三硼酸锂、偏硼酸钡、高掺镁铌酸锂以及有机晶体磷酸精氨酸等已经推向国际市场；在能源材料方面，结合我国富有的稀土资源而研究发展的新型贮氢材料，在实验室条件下成功地应用于镍氢电池的制造，目前正向中试生产过渡，力争形成国际市场；在高性能金属材料方面，我国继美国、德国等少数国家之后，已经成功地建成了年产百吨级的非晶合金中试线，可喷制带宽为100mm的非晶薄带卷材，为非晶合金铁芯变压器取代硅钢片变压器打下了良好的基础；在先进陶瓷方面，我国也取得了令人瞩目的成绩，1990年，

我国研制成功的无水冷陶瓷发动机装在45座的大客车中，完成了上海至北京往返3500km的道路试车；我国在先进复合材料的研制方面也已取得显著进步，各种高性能增强体材料正在逐步替代进口产品。我国正在新材料的主要领域紧跟国际先进水平，努力创新，充分发挥本国资源和人才方面的优势，逐步形成中国特色的新材料体系。

（二）材料商品的新发展

材料是人类赖以生存和发展的物质基础。近20年来，以信息、生物、能源和新材料为代表的高新技术及其产业的迅猛发展，深刻地影响着各国的政治、经济、军事和文化，高新技术产业已经成为世界经济发展的新动力，其发展水平和规模决定了一个国家在世界经济中的地位和国际竞争力。

新材料是发展高新技术的基础和先导，世界各国纷纷将新材料研究开发列为21世纪优先发展的关键领域之一。我国十分重视发展材料工业，特别是新材料产业和材料科学技术，并且取得了辉煌的成就。1949年以来，经过几代人的不懈努力，我国已经建立了较为完整的规模庞大的材料工业体系，钢铁、建材、有色金属、合成纤维等材料的产量均达到了世界前列，如今我国已经成为世界第一产钢大国。国民经济高速稳定的发展保障，奠定了我国的世界材料大国的地位。

新材料是指那些新出现或正在发展中的、有别于传统材料改性、具有传统材料所不具备的优异性能和特殊功能的材料。目前，一般按应用领域和研究性质把新材料分为：电子信息材料、新能源材料、纳米材料、先进复合材料、先进陶瓷材料、生态环境材料、新型功能材料（含高温超导材料、磁性材料、金刚石薄膜、功能高分子材料等）、生物医用材料、高性能结构材料、智能材料、新型建筑及化工新材料等。

随着信息产业、生物产业以及航空航天、核技术等新兴高新技术产业的发展和传统材料的高技术化，新材料产业蓬勃发展。据保守估算，现今世界上各种新材料市场规模每年已超过4000多亿元，由新材料带动而产生的新产品和新技术则是更大的市场，新材料产业已是21世纪初发展最快的高新技术产业之一。

金属、陶瓷、高分子三大工程材料的发展历史可以追溯到上万年前的远古时代，但作为现代科学技术的基础，它们却只有数百年乃至近百年的历史。

第二节 金属材料商品的种类及其性能

一、金属材料商品的种类

金属材料商品的种类很多，其分类的方式也不尽相同，但习惯上人们在日常的经营活动中将它们分为黑色金属材料商品和有色金属材料商品两大类。

（一）黑色金属材料

黑色金属材料，通常是指铁、铬、镍、锰及其合金等，如生铁、铁合金、钢和钢材等都属于此。

1. 生铁

指含碳量大于2.11%的铁碳合金。根据其用途的不同，有炼钢生铁和铸造生铁之别。其中，炼钢生铁含硅量较低，碳以渗碳体的形式存在，性质硬而脆，断面呈银白色（又称白口铁），主要为炼钢提供原料；铸造生铁含硅量比较高，碳以石墨的形式存在，断口呈

灰色（又称灰口铁），加工性能好，可用于生产各种铸铁件。

2. 钢和钢材

钢是含碳量小于2.11%的铁碳合金，除小部分用于生产铸钢件外，绝大部分经压力加工制成钢材。钢的种类很多，根据工作的习惯，我们常常使用综合分类的方法对其进行分类。具体如下：

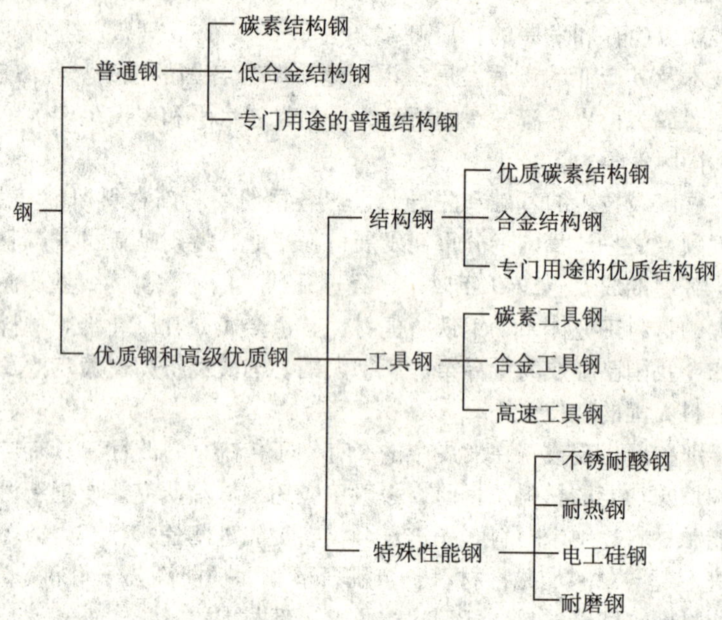

钢经过压力加工制成的各种断面形状的成材统称为钢材。根据其断面形状的特点，钢材可分为型材、板材、管材和金属制品四大类。目前，我国钢材的16大类品种如表1-1所示。

表1-1　钢材的品种

名称	说　明
重轨	每米重量大于30kg的钢轨
轻轨	每米重量等于或小于30kg的钢轨
大型型钢	用碳素结构钢和低合金结构钢生产的工字钢、槽钢、角钢、圆钢、螺纹钢、方钢、扁钢、异型钢等；按尺寸大小可分为大、中、小型型钢
中型型钢	
小型型钢	
线材	热轧制成的直径为5~10mm的圆钢和螺纹钢
优质型材	优质钢生产的圆钢、方钢、扁钢、六角钢等
其他钢材	包括钢轨配件、车轮、轮毂、盘件、环件、车轴坯、锻件坯、钢球料等
冷弯型钢	碳素结构钢经冷弯成型制成的型钢
中厚钢板	厚度大于4mm的钢板
薄钢板	厚度小于或等于4mm的钢板
钢带	长而窄的薄钢板，大部分成卷供应
硅钢片	用电工硅钢轧制成的薄钢板
无缝钢管	用热轧或冷轧（拔）等方法生产的各种口径的钢管

续　表

名称	说　明
焊接钢管	用钢板或钢带经过卷绕成型，然后焊接制成的直焊缝管或螺旋焊缝管
金属制品	包括钢丝、钢丝绳、钢绞线等

3. 铸铁和铁合金

铸铁是以铸造生铁为主要原料配以一定数量的铁合金等，调整成分后，经熔化铸成铸件的材料，有白口铸铁、普通灰口铸铁、可锻铸铁、球墨铸铁、特殊性能铸铁等种类，而铁合金是指铁与除碳以外的其他任何一种元素组成的合金。

（二）有色金属材料

黑色金属以外的金属及其合金都是有色金属材料，如铜、铝、铅及其合金、硬质合金等。有色纯金属有八十多种，其合金就更多了。不过在实际工作中往往简单地把有色金属分为普通有色金属和稀有有色金属两大类。普通有色金属包括铜、铝、铅、锌、锡、锑、镍、镁等；稀有金属包括钛、钼、钨、钽、铌、锆、稀土金属等。

二、金属材料的性能

金属材料的品种繁多，性能不一，要做到科学合理地使用，必须了解它们的性能和常用的性能指标。一般而言，金属材料的性能包括物理性能、化学性能、力学性能和工艺性能。

（一）金属材料的物理性能

1. 密度

密度是指单位体积的物质的质量。金属材料的密度直接关系到其所制成的零件或结构的质量和紧密程度。

2. 熔点

金属从固态开始熔化为液态时的温度称为熔点；反之，由液态凝固成固态时的温度称为凝固点。金属材料熔点的高低与其应用的关系很大。

3. 热膨胀系数

物体受热时，体积胀大的特性称为热膨胀性，通常用线膨胀系数表示。所谓线膨胀系数是指在指定温度范围内，每当温度上升或下降1℃，其单位长度胀缩的程度。精密仪器和精密机床的零件要求采用线膨胀系数小的材料进行制造。

4. 导电性

金属具有的传导电流的能力，称为金属的导电性。衡量导电性好坏的指标是导电率。导电率越高，材料的导电性能越好。因此，在电力工业当中，常常选用导电性能良好的材料来制造导体。金属材料的电阻率随温度的变化而变化，衡量这种性能的指标称为电阻温度系数。对于变阻器和标准电阻而言，电阻温度系数是选用时应着重考虑的重要因素。

5. 导热性

金属具有的传导热量的能力，叫做导热性，可用导热系数来衡量。导热系数是物体内维持单位温度梯度时，在单位时间内流经热流方向的单位面积上的热量。铜、铝及其合金的导热性好，常用来制造散热器、热交换器等。

6. 磁性

金属材料能够被磁场吸引或磁化的性能叫做金属材料的磁性，又称电磁性能。根据金属材料磁性的性质可将金属材料划分为：铁磁性金属、顺磁性金属和逆磁性金属。通常所说的磁性材料就是铁磁性金属材料，而弱磁性或无磁性金属材料是指顺磁性和逆磁性金属材料。很显然，它们的用途是不相同的。

（二）金属材料的化学性能

金属材料与周围介质发生化学或电化学作用而引起的破坏现象，叫做金属的腐蚀。金属的化学性能主要是指其化学稳定性，即抵抗各种介质腐蚀的能力。根据金属被腐蚀的条件不同，其化学性能相应被称为耐蚀性、耐酸性和耐热性等。

1. 耐蚀性

指金属材料抵抗大气和弱腐蚀性介质腐蚀的能力。

2. 耐酸性

指金属材料抵抗强腐蚀性介质腐蚀的能力。

3. 耐热性

金属材料的耐热性包括抗氧化性和热强性两种。抗氧化性是指金属材料在高温下抵抗气体氧化的能力；而热强性是指在高温下，金属材料不仅具有抗氧化性，而且具有足够的高温强度的性能。

（三）金属材料的力学性能

金属材料在外力作用下所表现出来的特性，称为力学性能，主要包括材料的强度、刚度、弹性、塑性、硬度、韧性和疲劳强度等。

1. 强度、刚度和弹性

强度是指材料在外力作用下所具有的抵抗塑性变形或断裂的能力；刚度是指材料抵抗弹性变形的能力；而弹性是指材料在除去引起变形的外力后，能够恢复原来形状和尺寸的能力。金属材料的强度、刚度和弹性是通过拉力试验测定的。

拉伸试验是测定金属材料强度、刚度和弹性指标的基本方法，它是按标准规定的形状和尺寸把材料制成拉伸试验杆件，在拉伸试验机上对杆件施加逐渐增大的拉力，使试件逐渐产生变形，直至杆件断裂。

（1）弹性模数。当金属材料在外力作用下，发生弹性变形，变形量与外力成正比地增长时，其比例系数就是弹性模数，用E表示，单位为帕［斯卡］。弹性模数相当于引起金属材料产生单位变形所需的应力，它是衡量金属材料抵抗弹性变形能力的指标，其大小主要取决于金属的原子本性和晶体结构，与金属材料的合金化、热处理、冷热加工等关系不密切。

（2）比例极限（弹性极限）。比例极限是指在弹性变形阶段，金属材料所承受的、和变形能保持正比例关系的最大应力。弹性极限是指金属材料能承受的、不产生永久变形时的最大应力。用σ_e表示（$\sigma_e = F_e/S_0$MPa，F_e是使金属材料产生弹性变形的最大载荷，单位是N，S_0为试样的原始截面积，单位是mm^2）。比例极限和弹性极限很接近且难以测定，在实际工作中常根据零件的工作要求，规定一个产生一定残余变形时的应力作为“规定弹性极限”。在国家标准中，规定以残余伸长量为0.01%的应力作为“规定残余伸长应力”，并以$\sigma_{0.01}$表示。

（3）屈服应力。指金属材料开始产生塑性变形时的最小应力或出现屈服现象时的应力，用 σ_S 表示（$\sigma_S = F_S/S_0$MPa，F_S 是使金属材料产生塑性变形的载荷，单位是 N）。对于大多数没有明显屈服现象的材料，国家标准规定以屈服强度代替屈服点，用 $\sigma_{0.2}$ 表示（即材料产生 0.2% 塑性变形时的应力）。

（4）抗拉强度。指材料被拉断之前所能承受的最大应力，用 σ_b 表示（$\sigma_b = F_b/S_0$MPa，F_b 是使金属材料断裂前所承受的最大载荷）。

屈服强度和抗拉强度是工程技术设计和选材的重要依据，因此，是金属材料使用时的重要性能指标。

2. 塑性

指材料在外力作用下，发生塑性变形而不断裂的能力。材料的塑性可用伸长率、断面收缩率这样的塑性指标来衡量。其值也可通过拉伸实验测得。

（1）伸长率。指在拉伸过程中，材料被拉断后的总伸长量与材料原始长度的比值，用百分数表示，记为 δ 值。

$$\delta = (L_1 - L_0)/L_0 \times 100\%$$

式中：

L_1——试样被拉断后的标距长度；

L_0——试样的原始长度，单位均为 mm。

（2）断面收缩率。在拉伸试验中，试样被拉断后，其横截面积的收缩量与试样原横截面积的比值，用百分数表示，记为 ψ 值。

$$\psi = (S_1 - S_0)/S_0 \times 100\%$$

式中：

S_1——试样被拉断后，断裂处的横截面积；

S_0——试样的原始横截面积，单位均是 mm^2。

金属材料的伸长率和断面收缩率值越大，其塑性越好。

3. 硬度

金属材料的硬度，一般是指材料表面局部抵抗变形或破裂的能力。根据试验方法和范围的不同，硬度大致可分为压痕硬度、刻痕硬度、回弹硬度三种。目前在金属材料的检验中，用得最多的是压痕法中的布氏硬度和洛氏硬度。关于布氏硬度和洛氏硬度的具体测量方式可参见有关的国家标准，这里从略。

4. 冲击韧性

在实际工作中，金属材料往往要承受冲击载荷的作用，这时仅仅具有一定的强度是不够的，材料还应该具有足够的抵抗冲击载荷的能力。把金属材料在冲击载荷作用下抵抗断裂的能力，称为冲击韧性。冲击韧性的好坏，一般用冲击吸收功和脆性转变温度来衡量。

5. 疲劳强度

众所周知，像轴、齿轮、弹簧等这样的机械零部件经常是处于交变载荷的作用下工作的，虽然它们所承受的应力远小于材料的屈服点，但长时间的使用后，材料也会发生突然的断裂，这种现象称为材料的疲劳破坏或金属的疲劳。材料抵抗疲劳破坏的能力叫做疲劳强度，一般用疲劳极限指标来进行衡量。疲劳极限可以通过旋转弯曲疲劳试验来测定。金属材料的内部缺陷、零部件表面质量及应力集中是影响疲劳极限的主要原因。

（四）金属材料的工艺性能

在各种加工过程中，金属材料所表现出来的接受加工的能力，称为其工艺性能，主要

包括顶锻性、铸造性、冲压性、焊接性、冷弯性和切削加工性能等。

1. 顶锻性

金属材料承受打铆、镦头等加工变形的能力。顶锻性是通过顶锻试验来测定的。在进行顶锻试验时，应将试样锻短至规定的长度（一般为原长度的1/3、1/2或2/3）后，观察试样侧面的破损情况，如没有裂缝、扯破或气泡产生，则材料的顶锻性能合格。

2. 铸造性

指金属材料经熔化后，浇注成型的能力。它主要从三个方面来体现，即流动性、收缩性和偏析。金属在液态时充满铸造模具的能力，为金属材料的流动性。流动性越好越容易铸造复杂精致的工件。化学成分是影响金属材料流动性的主要因素。铸件凝固时体积的收缩程度，为金属材料的收缩性。收缩性越小，铸件凝固时的变形就越小，质量就越高。化学成分、冷却速度和浇注温度是影响金属材料收缩性能的主要因素。偏析是指组成金属材料的各组成成分在其内部分布不均匀的现象，偏析越严重，铸件各部位的性能越不均匀，可靠性越差。

3. 冲压性

金属材料经过冲压变形而不产生裂纹等缺陷的能力。冲压性可用杯突试验来测定，即用规定的钢球或球形冲头顶压夹紧在压模中的试样，直至试样产生第一个裂纹为止。这时的压入深度叫做杯突深度，杯突深度不小于规定时就为合格。杯突深度越大，材料的冲压性能越好。

4. 焊接性

把需要焊接的接头部位，快速加热至熔化或半熔化状态，然后，使两个分离体的接头牢固结合在一起的性能。焊接性能好的金属材料可用常规的焊接方法和工艺进行焊接，相反，则必须使用特定的焊接方法和工艺，甚至不能够进行焊接。导热性过高或过低、热膨胀性大、塑性低或焊接时容易氧化、吸气的金属，焊接性能一般较差。它们焊接后焊缝的强度低，还可能出现变形、开裂等现象。金属材料焊接性能的好坏可根据焊接时产生裂纹的敏感性和焊缝区域的力学性能的变化来判断。

5. 冷弯性

金属材料在常温下承受弯曲而不破裂的性能。金属材料的弯曲是靠弯曲处附近的塑性变形来实现的，因此，塑性越大，冷弯性能越好。

6. 切削加工性

金属材料承受机械切削加工时所表现出来的性能。切削后工件的加工面光洁、切削刀具不易磨损和切削容易脱落，则金属材料的切削加工性能就好。切削加工性能可由材料的硬度和韧性来大致加以判断。硬度过大、过小或韧性过大，切削加工性能都不理想。

金属材料从冶炼到制造器件使用之前，需要经过铸造、压力加工、机械加工、热处理以及铆焊等一系列的工艺过程，它能否适应这些工艺过程的要求，以及适应的程度如何，是决定其能否进行生产，或如何进行生产的重要因素。金属材料所具有的虽然是金属材料本身所固有的，但是如何测试和表达？它的物理实质又是什么？这是相当复杂的问题，因为这类性能往往是由几种参变量（包括物理的、化学的、力学的）综合作用所决定的。例如，所谓铸造性能，既与金属的熔点、黏度以及液态和固态的膨胀系数有关，又和液态与其周围介质的化学作用以及由此而产生的化合产物的物理性质相联系，企求用单一的物理参量来表示是相当困难的，也是十分繁杂的。于是，工程上将特定的所谓流动性、填充

性、凝固收缩性、热裂性等综合起来表示铸造性能。其他工艺性能，也作类似的处理。

三、决定金属材料性能的基本因素

金属材料在性能方面所表现出的多样性、多变性和特殊性，使其具有远比其他材料更为优越的性能，这种优越性是其固有的内在因素在一定外在条件下的综合反映。就内在因素而言，应首先从原子结构的特点以及原子间的相互作用来探讨；其次，要探讨金属材料内部原子总体的组合状态，即内部原子总体的运动状态。决定金属材料性能的基本因素是其化学成分和组织结构。

（一）化学成分因素

组成金属材料的化学成分主要是金属元素，正如化学上所讲过的，金属作为元素的一大类来说，其原子结构具有区别于其他元素的一些共性（外层电子较少），这一共性决定了金属原子间结合键的特点，而结合键的特点，又在一定程度上决定了内部原子集合体的结构特征。金属材料内部原子间的结合主要依靠金属键，它存在于几乎所有金属材料之中，构成金属材料有别于其他材料的根本原因。

不同金属材料之间的差别只是量上的不同，而不是质上的差别（当然，不同金属元素之间也有性质上的差别），否则，它就不属于金属材料了。因此，金属材料之间性能上的相对差别，归根到底是由量上的差异所引起的，而这个量上的差异，若在给定外界条件下，主要是受材料的化学成分制约的，如，铝、铜、铁之间性质迥然不同，钢和铸铁之间性能差别也很大。

（二）组织结构因素

同一化学成分，甚至同一结构的材料，它的某些性能仍然可以在一个相当大的范围内发生显著变化。例如，同一化学成分的某种钢的不同制件，其硬度之差可以达到这样的程度，以一个可以切削掉另一个，而这是受被称为“组织”和“结构”的因素所控制的，它实质上也是原子集合体内部运动状态不同的另一种表现。由此可见，化学成分、原子集合体的结构以及内部组织是决定金属材料性能的内在基本因素，金属材料性能方面的多变性，也正是通过这三个内在因素的多变性而表现出来的。

在金属材料学中，组织这个概念是指用肉眼或借助于各种不同放大倍数的显微镜所观察到的金属材料内部的情景。习惯上用放大几十倍的放大镜或用肉眼所观察到的组织，称为低倍组织或宏观组织；用放大 100～2000 倍的显微镜所观察到的组织，称为高倍组织或显微组织；用放大几千倍到几十万倍的电子显微镜（以下简称电镜）所观察到的组织，称为电镜显微组织或精细组织结构。

为了初步建立组织的概念，先观察几张金相组织照片。图 1－1 是纯铁退火状态的组织照片，具有体心立方结构。白色颗粒状为铁素体晶粒，黑色曲折的线条为铁素体晶粒边界，称其为晶界。每个晶粒的相邻的晶粒边界数目不等，最少的为 3 个，个别大晶粒相邻的晶粒数可以多达 10 个以上。每 3 条晶界相交于一点。可见，纯铁是单一的铁素体组织，由许多等轴状晶粒组成。

图 1－2 为钢中奥氏体组织，它也是由单一的晶粒组成的，具有面心立方结构。图 1－2（b）是奥氏体不锈钢 1Cr18Ni9Ti 钢室温的奥氏体组织形貌，可以看到晶粒内部存在孪晶亚结构，各个晶粒的颜色不同，有的为白色，有的为灰黑色，这是由于各个晶粒的位向不同，从而接受浸蚀的程度不同所导致的结果。

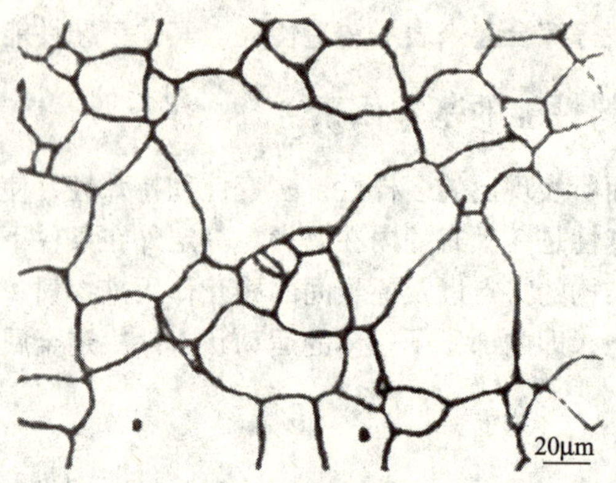

图1－1　纯钢的铁素体组织

（苦味酸酒精溶液浸蚀）

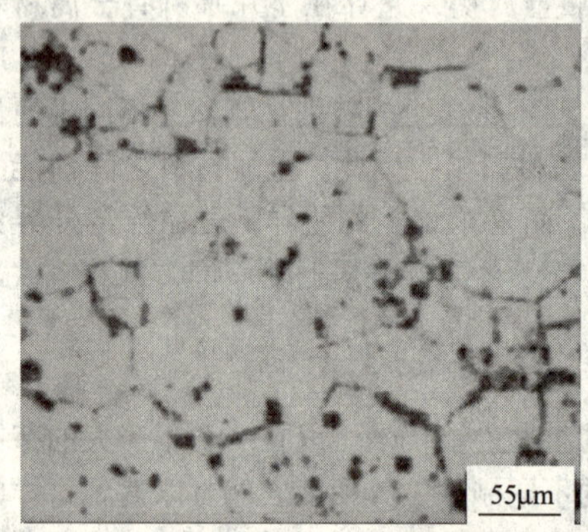

（a）T8钢的奥氏体晶粒（暗场像）

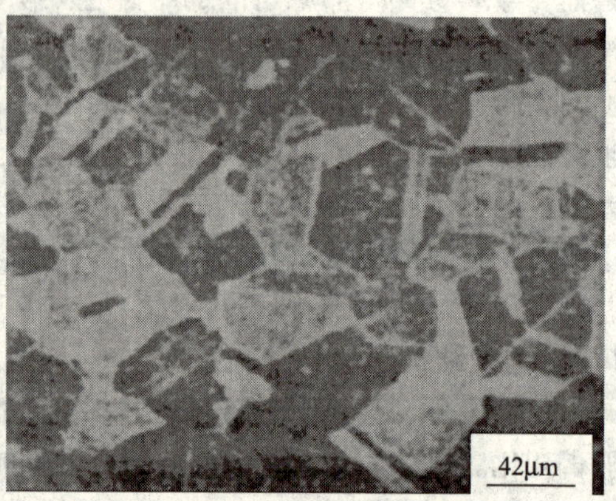

（b）1Cr18Ni9Ti钢室温的奥氏体组织

图1－2　钢中奥氏体组织

很久以来，组织就是金相学的主要研究对象。金相学发展为金属学后，组织仍然是金属学的重要组成部分。组织形态是多种多样的，上面的两幅照片仅仅是单相组织，比较简单一些，有的组织形貌非常复杂。但如果仔细观察分析，便可以从复杂现象中发现，组织具有一个共同的较普遍的特征，即它是由许多好像生物学上的细胞似的小单元所组成的。组织形态的复杂性是由于这些小单元的形状、大小、相对数量和相对分布不同而产生的。这些小单元的成分和结构也可以不相同。金属学中称这些小单元为晶粒，它是组织的基本组成单位，各晶粒之间通过其界面相互紧密结合在一起，这些界面叫晶界（其中有的称为相界）。简单的组织是由单一的、形状较规则的晶粒所组成的。图1－1、图1－2是这种组织的典型照片。

总之，组织一词的含义包括着晶粒的大小、形状、种类以及各种晶粒之间的相对数量和相对分布。进一步分析表明，每个晶粒内部，事实上也不是单一的，即使最简单的组织也往往如此，它是由更细小的单元所组成的。人们称这些更细小的单元为“亚晶粒”或“亚晶”，其含义是晶粒中的晶粒。亚晶之间有亚晶界；亚晶的形状、大小和相对分布也随条件的不同而变化，人们将这些内容归于“亚组织”一词中，意即组织中的组织。

X射线分析表明，一个完整的晶粒或亚晶内部（事实上，它们大多含有各种缺陷）是由同类的原子或不同比例的异类原子，按一定规律结合在一起的，并可用严格的几何图案来表达出来。随成分或其他条件的不同，代表原子组成规律的这种几何图案可以是多种多样的，关于它的形式、分类和组成等问题是晶体学所研究的主要内容，所以，金属学中用“晶体结构”这个词来概括它，简称“结构”。严格说，“结构”是指原子集合体中各原子的具体组合状态。如上文提到的体心立方结构，如图1－3所示，黑点表示金属原子。

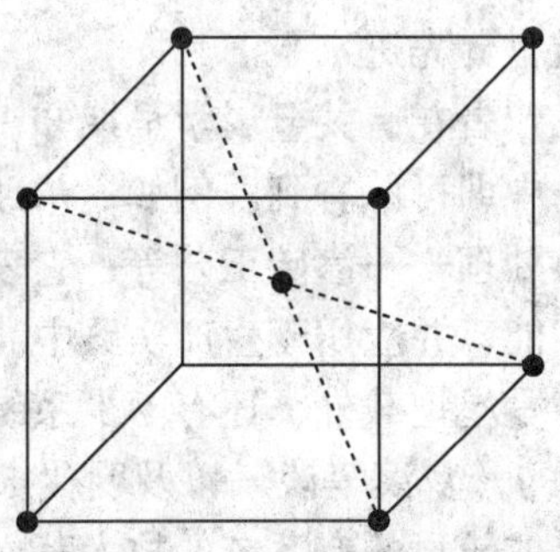

图1－3 体心立方晶格示意图

成分、结构和组织三者既相互区别，又相互渗透，并分别在不同程度上相互制约着，它们的综合作用决定了金属材料的性能。当各种外界条件（如温度、压力和其他物理化学作用等）影响到内在因素时，才会对金属材料产生实质性的效应，才会影响或改变金属材料的性能。

各种性能受内在三因素的控制作用，其程度或大小是不同的。不言而喻，化学成分应当是基础，只有在这个基础上，才能谈到结构和组织的作用。

当化学成分一定时，金属材料的某些性能主要是由结构类型所控制的。有些性能对结构的变化特别是组织的变化很不敏感，以致从应用角度来看，几乎可以忽略不计。我们将这类性能列为对结构组织不敏感（或弱敏感）的性能。金属材料的密度、弹性模量、热膨胀、热传导、电阻（金属）、电化学位、热电性、顺磁和逆磁性、光反射等即属于这类。其中，有的对成分的变化也不大敏感，例如，一般工业用钢，无论碳素钢或低合金钢，其弹性模量大致稳定在215745MPa（215745MN/m^2）左右；普通黄铜，即使合金元素锌由0增至40%，它的弹性模量的变化也仅5%～6%而已。

金属材料的另一类性能，是对结构组织的变化反应很敏感。我们称为对结构组织敏感的性能，属于这一类性能的有屈服强度、抗拉强度、断裂强度、硬度、韧性、伸长率、面缩率、滞弹性、蠕变、铁磁性（包括导磁系数、残余磁感、矫顽力）等。正是在这些性能上，组织和结构才能显示出作用来，进而结构、组织才受到高度重视，而成为金属材料学的重要内容。

当然，上述这种分法是相对的，因为有时外界条件还会对某些性能起相当大的作用，例如，随着温度的降低，电阻对结构、组织的敏感性会越来越显著。在低温下，特别是对一些半导体材料来说，电阻对结构、组织更敏感。

四、金属科学的产生与发展

金属学是关于金属材料——金属和合金的科学，它的中心内容是研究金属和合金的成分、结构、组织和性能，及其之间的相互关系和变化规律，目的在于利用这些关系和规律来指导科学研究和生产实践，以便更充分有效地发挥现有金属材料的潜力，并进而创制新的金属材料。金属学基本上是一门应用科学，也是一门偏重于实验的科学。

金属学研究的中心内容是：金属材料的成分、组织结构、性能三者之间的关系及其变化规律。

改革开放以来，无论是在教育或科学研究方面，还是在理论或实际应用方面，金属科学都已取得了巨大的成就。目前，我国的金属材料的生产、应用和材料科学的研究已经取得辉煌的成就，正在赶上或超过世界先进水平。

我国古代劳动人民和科学工作者在有关金属学早期知识的积累方面有很大的贡献，这从现已发现的大量古代金属遗物中即可以看到。例如，精致的冶炼、铸造、锻造和焊接技术，以及惊人的热处理和化学热处理——渗碳工艺等，它表明古人已相当准确地掌握了金属材料的许多工艺性能和使用性能，并应用于生产实践中。另外，从现存的许多古籍中还可以找到有力的文字证据，除了零星记载外，还有不少系统的文献，其中，最著名的有先秦时代的《考工记》、宋代沈括的《梦溪笔谈》以及明代宋应星的《天工开物》等。它们都属于举世公认的、世界上最早或较早的有系统的技术著作，其中，也记载着关于金属材料的冶炼、铸造、焊接、热处理等工艺方面，以及成分、性能和用途方面的珍贵资料，即使今天读起来，也令人惊叹不已。例如，2000 多年前的《考工记》中关于六种铜合金——青铜的成分配比、性能和用途方面的论述，与现代青铜几近完全一致；五百多年前的《天工开物》中关于锉刀的制造、翻修和热处理工艺方面的论述也和今日相差无几。事实上，热处理的应用要早得多。

据《中国冶金史》考证，早在商朝即开始采用退火方法来处理金箔，到战国时，已多方面应用各种热处理方法于钢铁了。铸铁的柔化热处理技术比之西方要早约 2300 年。所有这些，生动地说明了我国古代劳动人民和科学工作者的巨大成就和智慧。但不幸的是，由于前面所讲到的同样理由，我们在现代金属科学和技术方面的发展上落后了。1949 年后，随着金属材料和其他科学技术的发展，金属科学又得到了发展。

金属学在欧美大多称物理冶金，是由早期的金相学与物理化学以及材料力学等科学相结合而发展起来的一门独立科学，它是 20 世纪的科学产物。事实上，早在人类创制和应用金属材料的初期，就已开始积累有关金属材料的性能、成分、加工处理和质量检验等方面的知识，并逐步探索其相互间的联系和规律。例如，关于质量检验方面，最早人们是通过辨别声响，观察擦划条痕、表面色泽和断口状况等简单方法来判别金属材料的性能和质量的，以后进而采用腐蚀的方法以观察表面或断面所出现的纹理，并逐渐将其与金属材料的制造、加工及热处理等方法联系起来，探索其中规律，用以改进生产工艺。这些实验和鉴别金属材料的方法虽较原始，但对金属材料的发展曾起过重要的作用，而且有的至今仍不失为金属学的基本内容之一。但是，古代的金属材料知识仅仅存在于经验这一层面上，并没有上升为科学，它还不能说明金属的内在本质及其变化规律。

19 世纪以后，显微镜应用于金属材料的检验和研究，结合物理化学分析法，人们才逐步揭开了金属材料内部的一些秘密，开始迈向了现代金属科学的新领域，形成了金相学。

进入 20 世纪，特别是 20 年代后，相继发明和应用了 X 射线术、电子显微镜；近年来，又发展和应用了场离子显微镜，以及电子探针和电子扫描等新技术，空前扩大了有关金属材料方面的研究领域，使金属材料由宏观到微观直至原子组态方面，甚至电子结构方面的秘密及其与性能方面的关系和规律几乎都初步直接揭示出来，其中，不少已达到定量的程度，金属学也就因而更趋完善了，成为真正意义上的材料科学。

第三节 金属材料商品的选购与验收

一、金属材料商品的购买

（一）黑色金属材料商品的选购

黑色金属材料一般是指以铁、钴、镍等为其主要成分的金属材料，如钢材、生铁、铁合金等。由于这些材料被广泛应用于国民经济的各个部门，且贸易成交量较大，成分对材料的性能影响颇大，故黑色金属材料在选购时一定要对材料的成分进行检验，以确保材料性能的稳定性和人们的生命财产的安全。

为了保证检验样品的可靠性、代表性和结果的稳定性，国家标准规定：

（1）在一批金属材料贸易货物中，对于每一不同炉号的货品均需随机代表件（最少一件），并在此代表件上割取实验材料。

（2）只有在炉号无法辨清或标牌失落的情况下，才可采用按一定数量为单位（一般不超过100吨），抽取代表货件，割取实验材料（必要时此种取样方法可以在报告单上说明清楚）。

（3）一批黑色金属材料（如钢材盘元类），如果贸易数量很大，同一生产厂生产的炉号太多，可以先随机抽取一部分炉号（如20%）的货件，制样测试，如果所抽取炉号全部测试合格，则全批货品可以考虑作为合格品处理，但价格高的合金钢材不能照此办理。

（4）某一炉号代表样品的测试结果如不合格，应该加倍抽取样品进行复验，如果复验结果合格，则初验结果作为无效；如果复验样品中只要有一只不合格，就应作为不合格处理。

（5）经测试，不合格货品的余料及试样余料均需保留一定期限（一般为一年），以备查。

（6）测试机械性能而制作试样的余料，可以用来制备化学分析用的试样，但经过热处理的试料不能用于化学分析。

（7）如果生产国的标准对于该贸易货种或贸易合同对于该货种的取样、制样有特殊规定，则应该按照特殊规定执行。

（二）有色金属材料商品的选购

凡黑色金属外的金属，一般均称为有色金属，如：金、银、铜、锌等。由于有色金属的独有的物理、化学性能，它们在国民生产和人民生活中起着非常重要的作用；又因许多有色金属属于贵、稀、少之列，故在选购这些商品时也应对它们的品质进行检验。国家标准对有色金属检验的取样和制样有如下一般规定：

（1）有色金属种类多、价格差别大、货品形状也各不相同，因此，取样数量应根据不同商品而有所不同。

（2）有色金属商品的取样，原则上应按照炉号或批号进行。若货品没有炉（批）号，或者因堆桩关系无法查清炉（批）号，可按无炉（批）号货品的取样方法进行。

(3) 有色金属的取样分为初验取样和复验取样两个层次。如初验取样的样品经检验后，发现有不合格情况，则应扩大取样数量进行复验。一般以复验结果为准。

(4) 无炉（批）号的有色金属，如果到货数量很大，则应采取分组的方法取制试样。

(5) 进口有色金属，如果交货的质保书是按炉号报告品质的，则不宜用分组取样的方法检验出证。如果一批到货中的炉号确实太多，如1000吨进口铝锭，其中，含有50个甚至100个炉号，则可先随机抽取部分炉号（10%～20%）样品进行初验，如初验炉号全部合格，可以作为全批合格处理。初验如发现有部分炉号不合格，则须尽可能取齐全部炉号，并对不合格炉号的货品扩大取样复验。

二、金属材料商品的验收与检验

在金属材料商品的选购过程中，正确地实施产品标准中的验收规则和试验方法，对于确保商品质量满足用户的需求有着重要的作用。因为验收规则是为了保证出厂产品质量符合标准要求而规定的检验和责任制度，其内容含有关产品组批、取样和试样、分析和检验方法、复验、判废、降级或退货以及有关责任等的规定。

（一）包装、标志检验

金属材料商品包装有捆扎、装箱（桶）。检验时首先应检验包装是否符合产品标准的规定和有无破损。

标志是在金属材料商品表面或包装上所做的记号，以利于区分金属材料商品的炉罐号、牌号、批号、质量等级、规格、数量等。主要有以下标志：

1. 涂色

把用以表示种类、牌号的颜色涂在材料的端面或末端表面上。看到标志就很容易辨别材料。

2. 打印

是在材料规定的部位打钢印或喷带色漆印。打印较涂色更能说明材料的特征。打印的内容一般包括：材料的名称、规格、牌号等。这种方法用于厚钢板、大中型型钢、螺旋焊管等散装钢材及直径不小于35mm的有色棒材等。打印部位应在紧靠端部或端面上。例如，无缝钢管应在距一端100～200mm处喷漆印或打钢印。

3. 挂牌

是在成捆或成箱的金属材料商品上挂上标牌。标牌一般用铁皮或塑料制成，这种标识方式更能说明材料情况。内容一般包括材料牌号、炉罐号、规格尺寸、重量、标准号、生产厂商的名称或商标等。

进行标志检验首先应验明是否有标志，再将标志与合同等有关单据进行核对，确认材料是否误发等。

（二）规格、尺寸检验

规格、尺寸检验就是检验材料的实际规格、尺寸是否与所订的相符，差值是否在允许的偏差范围内。

金属材料商品的规格检验必须在标准规定的部位进行，并正确使用测量工具进行测定，否则，测定的规格数据无效。下面介绍几种常用钢材的规格尺寸的检验部位和检验方法。

1. 板材

板材的规格一般是用厚度表示的，常用板材厚度测量部位标准规定见表1－2和图1－4。

表 1－2　　常用板材厚度的测量部位

板材种类	距顶角的最小距离（mm）	距边缘的最小距离（mm）
钢板	100	20
铜与铜合金板	100	10
铝与铝合金板	115	25
铅与铅合金板	100	40

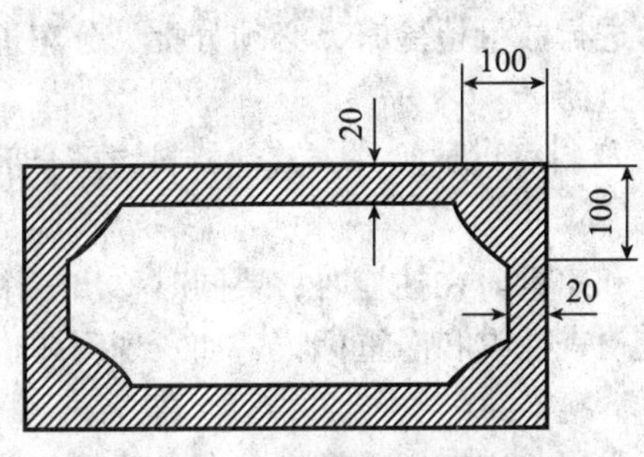

图 1－4　钢板厚度测量部位

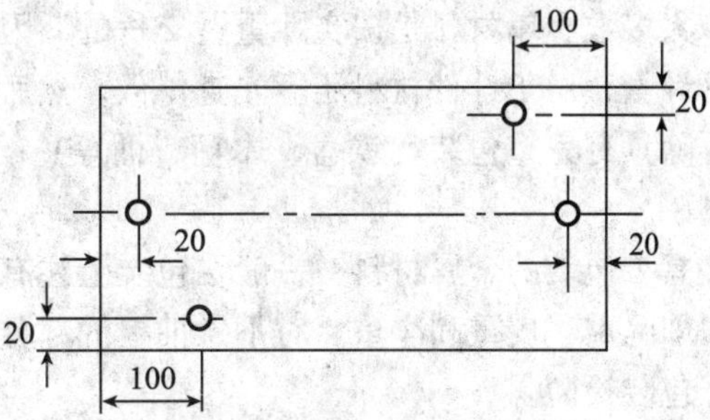

图 1－5　硅钢薄板厚度测量部位

硅钢薄板要求四点测量见图 1－5。测量工具用千分尺。

2. 钢管

钢管的规格一般是测量外径、内径和壁厚。

外径测量在距管端 500mm 处进行，如管端有丝扣、加厚、加大、卷口等，则应在距丝扣、加厚、加大、卷口的末端 300mm 处进行。工具通常用外卡钳、游标卡尺或千分尺，在同一断面互相垂直的方向上各测一次，并在管的另一端做同样的测量。

内径的测量一般是在管端用游标卡尺测量，必要时可用卡钳适当深入到管端内部测量。

一般测量钢管内外径的同时，也就测出了钢管的壁厚和椭圆度。大尺寸的钢管，可直接测量壁厚。

3. 圆钢

圆钢的规格用直径表示，直径在距端部 500mm 处互相垂直的方向上各测一次。

4. 扁钢、方钢

扁钢规格用厚度和宽度表示，方钢用边宽表示，厚度和边宽都在距离端 500mm 处的同一断面上测量。

5. 六角钢、八角钢（也包括中空钢）

六角钢、八角钢的规格用对边距离表示，都是在距离端部 500mm 处测量的。

6. 工字钢、槽钢、角钢

工字钢、槽钢规格是用腰高、腿宽、腰厚表示；角钢规格是用边宽和边厚表示，都是在距离端部不小于 300mm 处测量。

以上材料的尺寸检验，主要是测量长度是否符合合同和标准规定，长度的测量一般用皮尺或钢卷尺，紧贴在材料上测量。

7. 钢丝绳

钢丝绳的规格用直径表示，在距离端部500~1500mm之间任何一个位置上测量；重复测量至少两处，长度一般不测量。

（三）数量检验

金属材料都是按重量计价的，计量单位为吨或千克。数量检验主要是确定材料的重量是否有误。标准中规定金属材料有按实际重量计量和理论重量计量两种。因此，数量检验有两种方法。

1. 按实际重量检验

大多数金属材料是按实际重量交货的，因此，进行数量检验时，必须分批、分车进行过磅计量，对于计件材料还应先查件数，然后逐件过磅。

除具有完整包装（铁盒、木箱、桶等）的金属材料可以抽验外，其他材料均需全部检斤过磅。

具有包装的金属材料，一般在包装上注有毛重和净重。在抽检时，要同时称出三个重量，即毛重、皮重和净重。对不做抽检的部分，应检查毛重和净重标记，如发现问题也应打开包装检验。

进行过磅时，国家规定有合理磅差，凡是实际重量与应交货重量之差在合理磅差范围内都为合格。

2. 按理论重量检验

理论重量是指按材料的公称尺寸和密度计算得出的重量，计算公式为：

理论重量=按公称尺寸计算出的横截面积×材料密度×长度

大型型钢、厚钢板等，一般是按理论重量交货的，进行数量检验时，应先检尺，然后，通过计算求出材料的理论重量，计算方法如下：

型钢理论重量（kg/根）=单位长度理论重量（kg/m）×材料长度（m/根）

钢板理论重量（kg/张）=长（m）×宽（m）×单位面积理论重量（kg/m^2）

将每根（或张）的理论重量相加，即得该批材料的理论重量，与交货数量核对是否相符。

材料的单位长度（或单位面积）的理论重量在产品标准、材料手册中一般能够查到，如果手头没有这些资料可以自己计算，常用的方法有以下两种：

（1）断面面积法

常用钢材的断面面积计算公式见表1-3，其他断面面积相同的有色金属材料也可以按该表所列公式进行计算。

表1-3　钢材断面面积计算公式

钢材品种	断面面积计算公式（mm）	代号说明（mm）
方钢	$F=a^2$	a——边宽
扁钢、钢板、钢带	$F=a\times a$	a——边宽；a——厚度
圆钢、圆盘条、钢丝	$F=0.7854d^2$	d——外径
六角钢	$F=0.866a^2=2.598S^2$	a——对边距离 S——边宽
八角钢	$F=0.828a^2=4.828S^2$	

续　表

钢材品种	断面面积计算公式（mm）	代号说明（mm）
钢管	$F=3.1416\sigma(D-\sigma)$	D——外径；σ——壁厚
等边角钢	$F=d(2b-d)+0.2146(r^2-2r_1^2)$	d——边厚；b——边宽；r——内面圆角半径；r_1——端边圆角半径；B——长边宽；b——短边宽
不等边角钢	$F=d(B+b+d)+0.2146(r^2-2r_1^2)$	
工字钢	$F=hd+2t(b-d)+0.58(r^2-2r_1^2)$	h——高度；b——腿宽；d——腰厚；t——平均腿厚；r——内面圆角半径；r_1——端边圆角半径
槽钢	$F=hd+2t(b-d)+0.34(r^2\cdot r_1^2)$	

根据材料断面面积和长度求出体积，然后再乘以材料的密度即可求出其理论重量。在计算过程中要特别注意计量单位的统一性。

（2）换算系数法

各种合金因成分不同，密度各异，尤其以有色金属最为突出，如普通黄铜中的62黄铜的密度为8.43×10^3kg/m^3，96黄铜的密度为8.85×10^3kg/m^3，相差较大，而一般手册中不可能将它们加工产品的理论重量都列出来，在这种情况下可采用换算系数法计算理论重量。

换算系数法是以待计算理论重量的材料密度与某种已知理论重量材料密度的比率作为换算系数，然后以同种规格已知材料的理论重量乘以换算系数，就得到待计算材料的理论重量。有色金属加工产品标准中往往只给某一牌号产品的理论重量，其他牌号产品给出换算系数。这时用换算系数法便可计算各牌号产品的理论重量，例如，已知62黄铜的理论重量，96黄铜对62黄铜的换算系数为1.498。

换算系数也可指待计算重量的材料密度与钢材料的密度的比率。

（四）外观检验

金属材料外观缺陷是形状缺陷和表面质量缺陷的总称。它们是因生产过程操作不当，或流通过程中运输、装卸、保管不当造成的。根据对使用的影响程度不同，在金属材料标准中有明确规定各种外观缺陷是否允许存在，或允许存在的程度。因此，必须对金属材料进行外观检验，并将检验结果与有关标准比较，从而确定材料是否合格。

外观检验一般靠肉眼观察，也可借助于10倍以下的放大镜。必要时，可利用锉刀、刮刀、刷子等工具清理材料表面以判明缺陷程度。但在使用这些工具时，应注意不要损坏缺陷以外的完整表面。

为了正确进行金属材料的外观检验，首先必须了解各种常见外观缺陷的名称和特征，并通过长期实践，提高识别和鉴定外观缺陷的能力。下面介绍一些常见的外观缺陷。

1. 材料形状方面的外观缺陷

（1）不圆度。指圆形截面的棒材、线材和管材在同一截面上最大直径与最小直径的差值。

（2）弯曲度。指条材、管材等在长度方向的弯曲程度。标准中分局部弯曲度和总弯曲度。局部弯曲度规定以1m长直尺靠量，用直尺与材料最大弯曲处的波高（mm）表示。总弯曲度通常用材料全长的最大波高换算成材料长度的百分数来表示。

（3）扭转。条形材沿纵轴扭成螺旋状，称为扭转。在标准中规定为不得有明显的扭转，一般以肉眼检查。

（4）镰刀弯。也叫侧面弯。指扁材、板材、带材等矩形截面的材料，在窄面的一侧形成凹入曲线，而在相对的另一侧形成凸出曲线。镰刀弯程度的测量方法与弯曲度相同。

（5）波浪度。也叫波浪弯。指板材、带材沿长度方向或宽度方向出现的高低起伏的形如波浪的弯曲，其程度用1m直尺靠量得到的最大波高来衡量。

（6）瓢曲度。指板材、带材长度及宽度方向同时出现的弯曲，称为瓢形弯曲，瓢曲度和波浪度一样量其高度。

（7）脱矩、脱方。指矩形、方形截面的材料对边不等或截面的对角线不等的情形。

2. 金属材料表面质量方面的外观缺陷

（1）氧化铁皮。指钢材在加热、轧制和冷却过程中，在表面生成的金属氧化物。对于一般热轧材，表面具有均匀的氧化铁皮存在并不是什么缺陷，而且有利于提高材料的耐蚀性能。但对于供冷压力加工的钢材（如冲压用钢板）以及用于镀层的钢板来说，氧化铁皮的存在不仅会影响制品的表面质量，而且还会增加工具的磨损，即使可以用酸洗除掉，但由于氧化铁皮造成钢板表面的粗糙不平，也会增加镀层金属的消耗。在这种情况下，氧化铁皮就是缺陷，不允许存在。另外，由于轧制过程中，氧化铁皮去除得不彻底，部分氧化铁皮嵌入金属表面，也构成了缺陷。

（2）结疤。指钢材表面呈舌头状、指甲状、鱼鳞状的薄片。钢材的结疤又叫重皮，其宽厚部分与钢材相连的结疤叫生根结疤；与钢材不相连，粘在钢材上的叫不生根结疤。不生根结疤容易脱落，脱落后表面形成凹坑。有些结疤的一端是翘起的，翘起的结疤又叫翘皮。

（3）麻点。指钢材表面凸凹不平的粗糙面，大的麻点也叫麻面。麻点与凹坑的区别在于，前者数量多、面积小；后者数量少，面积大。

（4）表面夹杂。指嵌在钢材表面的非金属夹杂物，呈暗红、淡黄、灰白等颜色的条或块，不易剥落。

（5）分层。指钢材断面上的裂缝。是钢锭中的裂纹、气泡，经轧制后表现出来的内部缺陷。

（6）耳子。指在型钢表面上与轧辊孔型开口处相对应的地方出现的顺轧制方向延伸的凸起部分。是由于轧辊配合不当，或者是轧钢时温度降低、宽展增大而造成的。多出现在长型材的表面。

（7）黏结。指钢材的叠轧、退火时板间局部黏合，经掀板后留下的痕迹。

（8）裂缝和发纹。裂缝一般为与加工方向一致的直线，形成Y形的尖底开裂。发纹为分散或成簇分布的发状细纹。

裂缝和发纹都是钢材表面的开裂，主要是由于锻轧时加热不当（不均、过高或过低），锻轧终了温度过低或锻轧后冷却过快等造成的；原材料中存在折叠、皮下气泡或严重的非金属夹杂物等也能造成裂缝和发纹。它们的主要区别是长短、粗细和深浅不同。

（9）折叠。在压力加工过程中，由于坯料的棱角、飞翅被卷折或搭叠压到钢材表面上，又因发生氧化而未能焊合，在钢材表面形成沿加工方向与钢材呈直线（有时呈曲线）重合的互相折合的双层金属，叫折叠。折叠的外形与裂缝很相似，但裂缝的底部大多是尖的，而折叠的底部大多是圆的。此外，折叠在横截面上一般与钢材形成锐角。

第二章　金属材料商品的基础理论

第一节　金属材料的组织结构

金属材料之所以具有上一章所述的性能是与其组织结构密切相关的。金属的组织结构包括金属的内部组织和晶体结构。

内部组织是指用肉眼或借助于显微镜而观察到的金属材料的内部情况。根据观察手段不同，观察到的组织精细程度不同，可把组织分为以下三类：①低倍组织，也称宏观组织，指用肉眼或放大50倍以下的放大镜观察到的组织；②高倍组织，也称显微组织，指用50～2000倍显微镜观察到的组织；③精细组织，也称电镜组织，指用2000至几十万倍电子显微镜观察到的组织。

一般讲金属材料的内部组织，主要是指显微组织。

晶体结构是指利用X射线衍射分析方法进一步研究得到的晶体内部原子或离子的各种规则排列方式。

实际上，金属的内部组织和晶体结构是密切相连的。在显微镜下看到的晶粒是由千千万万个原子规则排列而成的。晶体结构研究了原子尺度范围内的客观规律，组织研究了晶粒尺度范围内的客观规律。因此，组织与结构是相互联系的。

一、金属的晶体结构

（一）晶体结构的一般知识

1. 晶体结构的相关概念

（1）晶体。所谓“晶体”就是指其原子（更确切些应说是离子）具有规则排列的物体。在自然界中所有的固态物质都可以分为晶体和非晶体两大类，金属材料都是晶体（近年来研制的非晶态金属除外）。

（2）晶格、晶面、晶向。为了便于分析各种晶体中的原子排列规律或形式，假设原子是静止在某一空间位置上的刚性小球，然后，用假想的线段把它们连接起来，形成了空间格架，各连线的交点称为“结点”，结点表示各原子中心的位置，我们把这种表示晶体中原子排列形式的空间格子叫做“晶格”，如图2－1所示。

晶格中各种方位的原子层叫做“晶面”。因此，可以说晶体或晶格就是由层层的晶面堆砌而成的。晶格中由原子或结点所组成的任一直线，能代表晶体空间内的一个方向，这种方向称为“晶向”。

（3）晶胞和晶格常数。在晶格中能够完整地反映晶格特征的最小几何单元叫做“晶胞”，见图2－2。在研究晶体时，只需研究晶胞的特点就可以了解晶体的特征了。

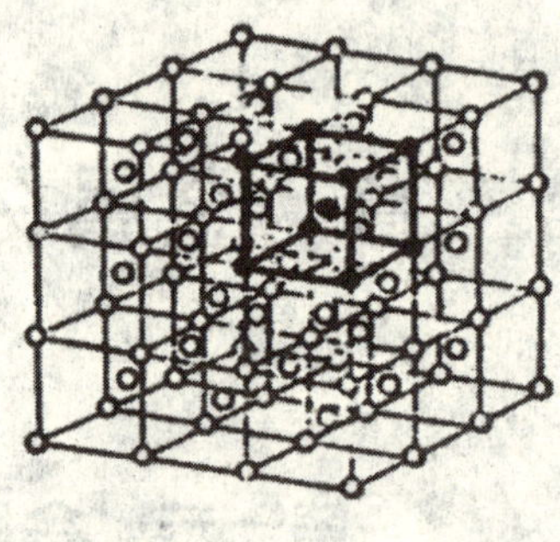

图 2-1 金属的晶格

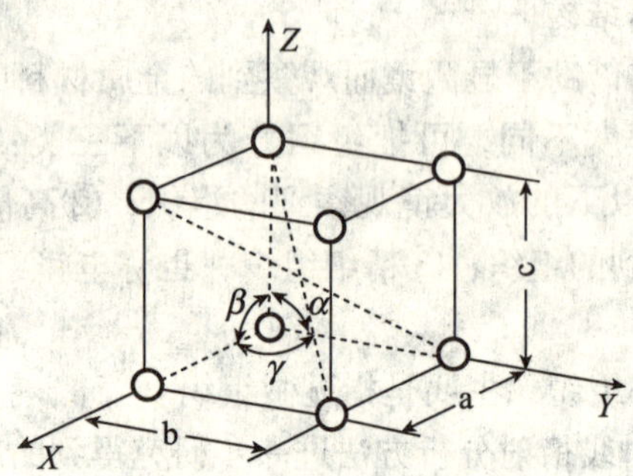

图 2-2 晶胞及晶格常数

在研究晶体时，往往要借助于一些参数来表述晶胞的形状、尺寸等特征。通常采用的有晶胞在三维空间坐标系中的边长及棱边间的夹角。边长分别用 a、b、c 表示，其单位用 A°（埃，$1A° = 10^{-8}$cm）表示，a、b、c 称为晶格常数。夹角分别用 α、β、γ 表示，其单位为度。如图 2-2 所示。

（4）晶粒和晶界。在晶格中，晶胞排列的位置与方向，简称为位向。在一个完整的外形不规则的晶体中，晶胞的位向应是一致的。换句话说，如果相互靠近的晶胞位向一致，就构成了一个完整的晶体。这种内部晶胞位向基本一致而外形不规则的小晶体，称为“晶

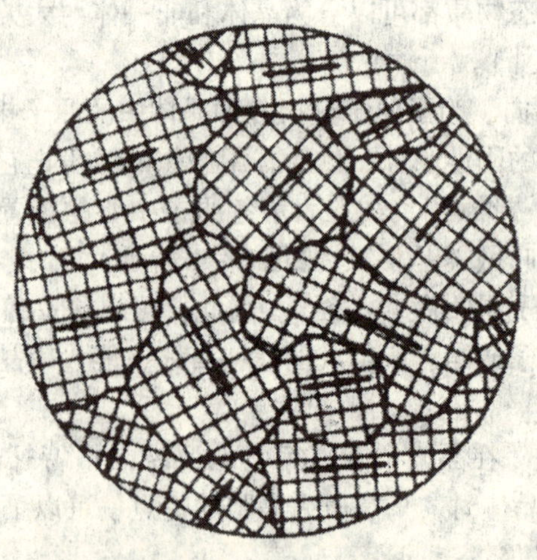

图 2-3 晶粒和晶界

粒”。晶粒和晶粒之间的边界，叫做“晶界”，如图 2－3 所示。在晶界上，原子排列是紊乱的，呈现不规则排列，我们把这种现象称为晶格扭曲或晶格畸变。晶格畸变在一定程度上增加了原子间的作用力，从宏观的角度看，使得金属的抗力提高，即强度增加。

2. 常见金属的晶格类型

从理论角度讲，晶胞的 6 个参数可以有多种组合形式，但是，由于金属原子是以金属键结合的，而金属键的键力较强，且无方向性，因此，金属原子总趋于密排，这就大大减少了晶格的类型，而且常常形成具有高度对称性的比较简单的典型的晶格类型。在常用的金属材料中，晶格类型主要有以下三种：

（1）体心立方晶格。体心立方晶格的晶胞是一个正六面体，其晶格常数 $a=b=c$，$\alpha=\beta=\gamma=90°$，通常可用一个常数 a 表示晶胞特征。在体心立方晶格的晶胞中，立方体的 8 个顶角各有 1 个原子，中心还有 1 个原子，见图 2－4。具有这种晶格类型的金属有：912℃以下的铁（称为 $\alpha-Fe$）、铬（Cr）、钨（W）、钼（Mo）、钒（V）等。

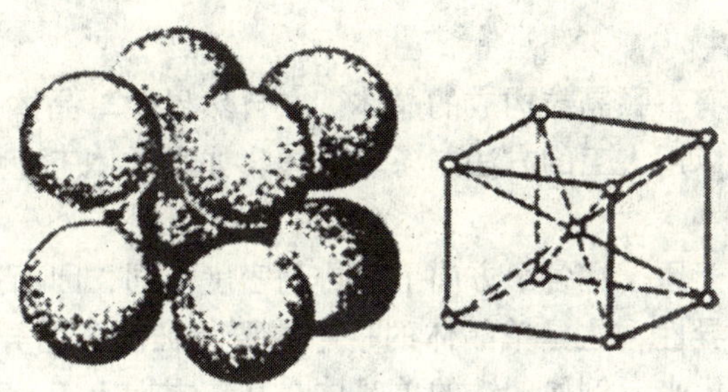

图 2－4 体心立方晶格晶胞

（2）面心立方晶格。面心立方晶格的晶胞也是一个立方体，晶格常数 $a=b=c$，$\alpha=\beta=\gamma=90°$。因此，仍可用一个常数 a 表示其结构特征。在面心立方晶格的晶胞中，立方体 8 个顶角各有 1 个原子，6 个面的中心处，各有 1 个原子，如图 2－5 所示。具有面心立方晶格类型的金属有：912℃～1394℃之间的铁（称为 $\gamma-Fe$）、铜（Cu）、铝（Al）、银（Ag）、镍（Ni）等。

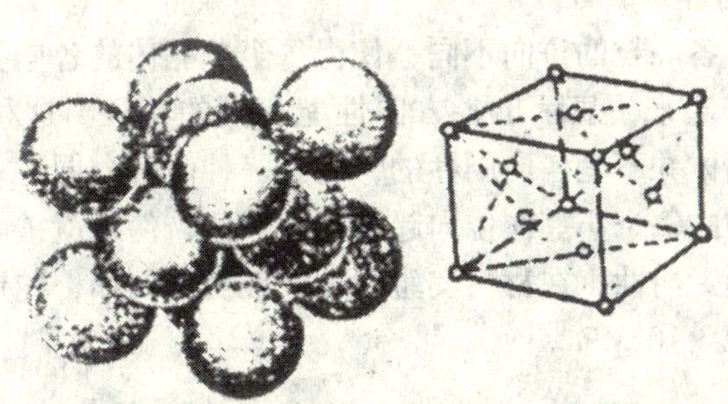

图 2－5 面心立方晶格晶胞

（3）密排六方晶格。密排六方晶格的晶胞是一个六方柱体，它有 8 个面，上底和下底为正六边形。在密排六方晶格的晶胞中，晶格常数通常采用 2 个：六方底的边长 a 和两底边之间的高度 c。在六方底的 12 个顶角及中心各有 1 个原子，另外，在六方柱体中上下底之间还均匀分布着 3 个原子。见图 2－6。属于这种晶格类型的金属有：镁（Mg）、锌（Zn）、铍（Be）、镉（Cd）、室温下的钛（Ti）等。

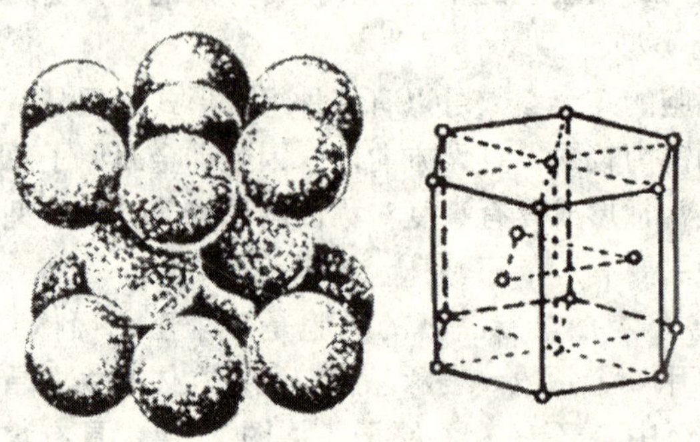

图 2－6　密排六方晶格晶胞

（二）单晶体的特性

所谓单晶体，即只有一颗晶粒构成的晶体。在自然界中单晶体是很少见的。由于工业生产的需要，目前，可以用人工的方法制备单晶体，如半导体工业中常用材料硅单晶、锗单晶等。

在单晶体内部，由于原子在各个方向上的排列密度不同，因而造成晶体在各个方向上的性能不同，称为各向异性，这是单晶体的一个主要特征。各向异性可以在导电、导磁、力学性能等诸方面表现出来。例如，铁的单晶体在某一方向上 $E=29\times10^4$ MPa，而与其成一定角度的另一方向上 $E=13.5\times10^4$ MPa。在工程上，利用单晶体的各向异性，可以获得特殊的效果，如单向导电性。

（三）多晶体的特性

在工程上我们使用的实际金属晶体，由于受到许多内、外部因素的影响，例如结晶条件、金属液的纯度等，其结构都是由许多尺寸很小的、结晶方位不同而晶格类型相同的单晶体组合而成的，也就是说，是由许多晶粒构成的。这种由许多晶粒构成的实际晶体，我们称为多晶体。

1. 多晶体的伪无向性

在多晶体中，由于各晶粒的位向不同，使得每个单晶体的各向异性的特征在全方位互相弥补或抵消，被掩盖起来，显示出各方向性能相同的特征。这种现象我们称为伪无向性，也就是说，金属晶体并不是各向同性的，而是一种假各向同性。当经过某种加工处理以后，如多晶体金属中的每个小晶体位向趋于基本一致，伪装就被除去，重新显示出各向异性。多晶体金属的伪无向性，在材料实验中可以证明，例如，纯铁在各个方向上的弹性模量 E，经测试均为 21×10^4 MPa。

2. 晶体缺陷

一个晶体内部结晶方位一致且每个结点上都填满原子，这是一种理想晶体。事实上，由于结晶及其他种种条件的影响，实际金属的晶体内部存在着大量的缺陷。这些缺陷使金属多晶体的性能发生很大的变化。根据晶体缺陷存在形式的几何特征，通常将其分为点缺陷、线缺陷和面缺陷三种。

（1）点缺陷。点缺陷是指在晶体空间中，其三维尺寸都很小的一种缺陷。主要形式是空位和间隙原子。如图 2－7 所示。它们的出现，是由于各种内外部条件的影响所致。在这些条件影响下，晶体的某些结点处出现原子的空缺，而在一些晶格的空隙处又填充着多余的原子。前者称为空位，后者称为间隙原子。

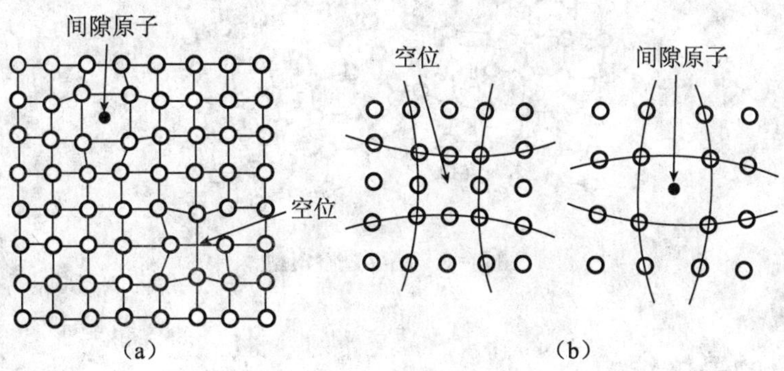

图 2－7　空位和间隙原子

（2）线缺陷。线缺陷是在晶体的某一晶面上，沿某一方向伸展开来呈现线状分布的一种缺陷。其晶体中的表现为，晶体的某处有一列或若干列原子发生有规律的错排，这个现象称为“位错”。位错是晶体中一部分晶体相对另一部分晶体的局部滑移而造成的结果，晶体滑移部分与未滑移部分的交界线为位错线。由于晶体中局部滑移的方式不同，有不同形式的位错，刃型位错是最简单形式的位错，如图 2－8 所示。从图中可以看出，刃型位错是在一个完整晶体的某处垂直插入一个多余的半个原子面，多余的半个原子面使完整的晶格被破坏，晶体发生晶格畸变而分为上下两部分。

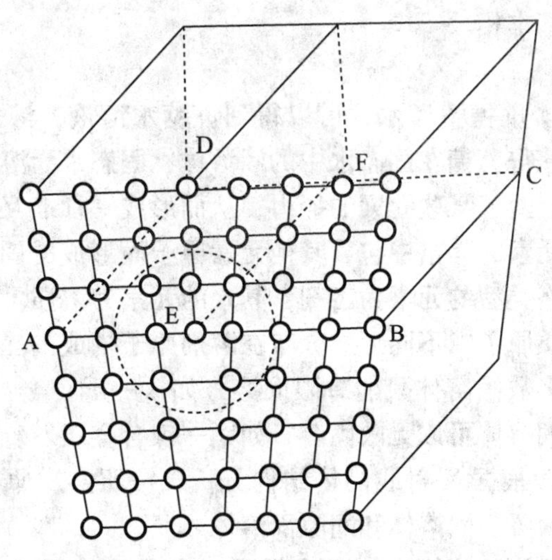

图 2－8　刃型位错

（3）面缺陷。面缺陷是呈面状的缺陷。这种缺陷即晶界和亚晶界，主要指晶界，如图 2－9 所示。我们已知在晶界处原子排列是不规则的，其原因是晶界处的原子同时受到相邻晶粒结晶位向的综合影响。

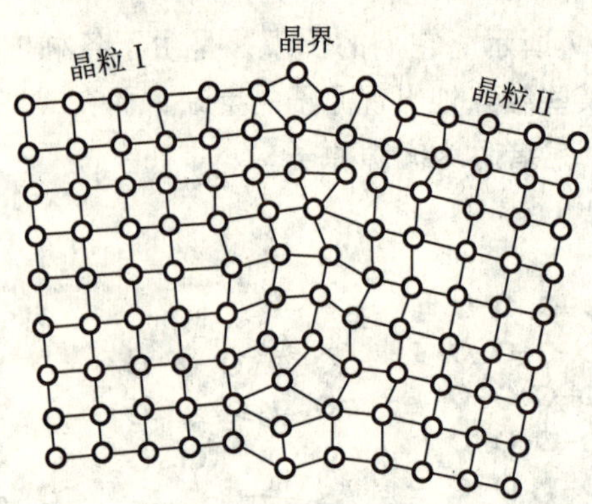

图 2-9　晶界过渡模型

二、合金的晶体结构

纯金属的晶体都是由同一元素的原子组成的，每个晶粒的化学成分和晶格类型都是相同的；而合金的晶体是由两种或两种以上元素的原子组成的，它们可能以不同方式排列，各个晶粒的化学成分和晶格类型可能很不相同。因此，合金的晶体结构比纯金属复杂。

（一）合金中的相及特征

1. 相的概念

在合金中，凡是成分相同、晶格类型相同，并与其他相邻部分有明显分界面的均匀部分称为相。应该说明，如果合金中的晶粒成分相同且晶体结构也相同，那么，虽有界面分开，它们仍属同一相；如果合金中晶粒成分、结构互不相同或其一不同，则它们属于不同的相。合金溶液、固溶体、金属化合物及纯金属晶体均为合金中的相，而常见的固溶体和金属化合物是合金中的基本相。

2. 固溶体

（1）固溶体的概念。蔗糖溶于水，可以得到蔗糖水溶液，溶剂和溶质分别为水和蔗糖。如果糖水结为冰则获得蔗糖在固态水中的固溶体，固态水为溶剂，蔗糖为溶质。

金属在固态下也具有溶解某些元素的能力，从而形成一种能互相溶解成分和性能均匀的固态相，即一种金属元素的晶格中包含其他元素原子而形成的固态相，称为固溶体。含量较多的能保持原有晶格类型的元素为溶剂，其余的元素为溶质。形成固溶体时总保持溶剂的金属晶格类型，溶质原子以不同形式分布在溶剂原子构成的晶格中。因此，固溶体的化学成分是不固定的，多数固溶体只能有限固溶，如铁—碳合金，并且溶解度也随温度、压力而变化。只有少数固溶体可以无限固溶，如铜—镍合金。

（2）固溶体的分类。根据 X 射线晶体结构分析，按照溶质原子在溶剂金属晶格中分布的不同，把固溶体分为置换固溶体和间隙固溶体。

①置换固溶体。在置换固溶体中，溶质原子置换出溶剂原子而占据原溶剂原子的结点，如图 2-10（a）所示。这种结构中，溶质原子完全随机地分布在溶剂晶格结点上，由于溶剂晶格中融入了与其不同类的原子，会引起晶格畸变，使晶格常数发生变化，畸变的大小与代位原子的直径有关，材料的物理、力学性能也会改变。

②间隙固溶体。在间隙固溶体中，溶质原子添加到溶剂金属晶格的间隙中。在一般情况下，只有溶剂原子半径和溶质原子半径相差较大时，才能形成间隙固溶体，其标准为

$D_{质}/D_{剂} \leqslant 0.59$。其中，$D_{质}$为溶质原子的直径，$D_{剂}$为溶剂原子的直径。见图 2－10（b）。由于溶剂晶格中的间隙有限，故间隙固溶体的各组元只能有限互溶，又由于填入空间的原子总大于空隙，因此，间隙固溶体的晶格常数总大于溶剂晶格常数，并导致晶格畸变。

（a）置换固溶体

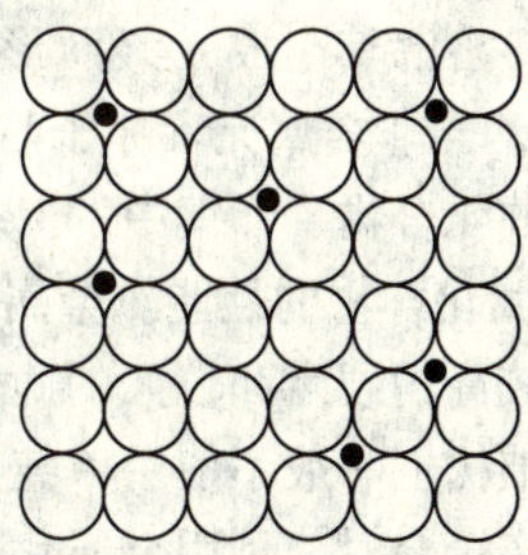
（b）间隙固溶体

图 2－10　置换固溶体和间隙固溶体

（3）固溶体的性能。不论是间隙固溶体，还是置换固溶体，都可以引起晶格畸变，由此引起了固溶体强度、硬度的提高。这种因溶入溶质元素使固溶体强度和硬度提高的现象，称为固溶强化。在工程上，经常利用这种方法或通过此途径来强化材料。溶质加入量适当，则不仅可提高材料的强度和硬度，同时，材料仍可保持相当好的塑性和韧性。

材料固溶强化提高性能的程度，与溶质的种类及溶质溶入量有很大关系。一般来讲，溶质溶入量越多，强度和硬度随之而增大；在间隙固溶体中，当达到过饱和溶解时，固溶体的晶格严重畸变，合金的硬度大大地提高。

由于固溶强化的作用，固溶体具有较好的综合力学性能。同时，随着溶质元素大量的溶入，金属的电阻升高，电阻温度系数减少。因此，可用固溶体做电阻丝等高电阻材料。由于固溶体呈单相，其耐腐蚀性好，可用做耐蚀材料。

3. 金属化合物

（1）金属化合物的概念和作用。合金当中形成的晶格类型和性能完全不同于组成元素，并具有明显的金属特性的固态相，称为金属化合物。合金中金属化合物的数量、形状、尺寸和分布对合金性能会产生很大影响。它可以使合金的硬度和强度及磁矫顽力提高，但也可导致合金韧性恶化。

（2）金属化合物的类型及结构特征。金属化合物根据其形成条件的特点，常见以下三类：

①正常价金属化合物。通常由周期表上相距较远、电化学性相差很大的两种元素形成，一般是金属元素与第四、五、六族元素组成的。这种化合物原子间的结合力为离子键，因此，它们严格遵守化合价规律，其成分不变可用化学式表示，如 Mg_2Si、Mg_2Pb 等。

②电子化合物。按照一定电子浓度组成的具有一定晶格类型的化合物称为电子化合物。它的主要特征是不遵循原子价规律。电子化合物也可以用化学式表示，但其成分是不固定的，构成它的某一组元可以在一定范围内变化。另外，电子浓度决定电子化合物的晶格类型。

③间隙化合物。是由原子直径较大的过渡族金属和原子直径较小的碳、氮、氢、硼组成的化合物。它们以金属元素占据晶格结点，非金属元素有规律地嵌入晶格间隙，故称其

为间隙化合物。它与间隙固溶体有本质的区别：间隙固溶体保持溶剂金属的晶格类型，间隙化合物的晶格是与组成元素晶格类型完全不同的新的晶格。由于这种化合物的形成是以原子直径作为尺寸条件，故又称尺寸因素化合物。当非金属元素原子直径与过渡族金属元素原子直径比（$d_{非}$ / $d_{金}$）≤0.59 时，形成的间隙化合物具有比较简单的晶格，称为间隙相。如钨、钼、钒、钛、铌等的碳化物以及过渡族金属的氮化物，都是间隙相。由于间隙相本身能够溶解其组成元素而形成化合物为基的固溶体，其成分可以在一定范围内变动，如 Fe_4N。当非金属元素原子与过渡族金属元素原子直径的比值 >0.59 时，则形成复杂晶格类型的化合物，如钢中的 Fe_3C。

（3）金属化合物的性能。金属化合物一般具有较为复杂的晶体结构，突出的特性是熔点高，具有较高的硬度和较大的脆性。用金属化合物可以生产高温陶瓷材料和硬质合金。但是，工程结构上一般不使用单纯金属化合物合金，因为它的脆性太大而韧性不好。往往在制备或生产合金时，利用金属化合物作为强化相，以提高材料的性能。

（二）合金的相结构和组织组成物

常用的合金按金相组织，可分为单相合金与多相合金两大类。

单相合金是只由一种相组成的合金，单相合金的显微组织和纯金属相同。

多相合金是由两种或两种以上的相组成的合金，两种以上的相组成的多相合金的组织比较复杂，下面仅研究两相组成的多相合金。这两相可以分别是纯金属、固溶体、固溶体和纯金属、固溶体和化合物等。两相可能以不同方式形成合金的组织组成物。

所谓组织组成物，是指在金相显微镜下看到的组成合金显微组织的独立部分。多相合金的相与组织组成物，有时是一致的，有时是不一致的。例如，钢是铁和碳的合金，由铁素体（一种固溶体）和渗碳体（一种金属化合物）两相组成。不同含碳量的钢，显微组织不同。图 2－11 是 45、T8、T12 三种钢的显微组织示意图。由图中可看出：T8 的显微组织是由黑白相间的层片组成的，这种组织叫珠光体，是片状渗碳体分布在铁素体中的两相混合物；45 号钢的显微组织是由铁素体和珠光体组成的；T12 钢的显微组织是由珠光体和网状渗碳体组成的。其中的铁素体，渗碳体即上述钢的相，又是组织组成物；而珠光体只是组织组成物，不是一种相，它本身是两相组成的机械混合物。

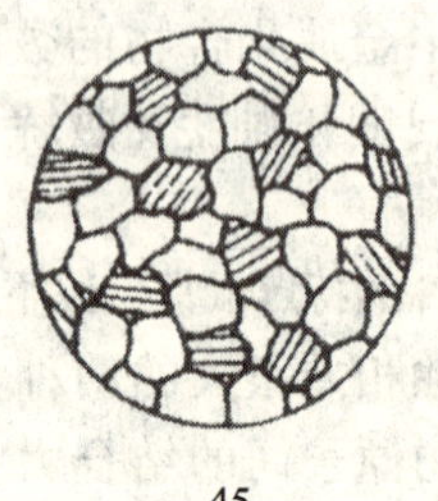

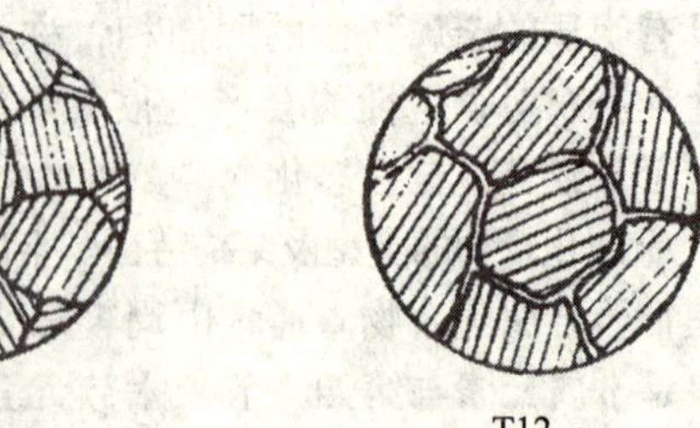

图 2－11　钢的显微组织示意图

三、金属材料的组织结构与性能的关系

（一）晶格类型与金属材料性能的关系

上述常见金属的晶格类型为体心立方晶格、面心立方晶格和密排六方晶格，它们的原

子排列及紧密程度不同，其性能也不同：塑性以面心立方晶格最好，体心立方晶格次之，密排六方晶格最差；强度以体心立方晶格为最好。

（二）晶粒大小与金属材料性能的关系

由于生产、加工条件不同，成分相同的金属材料的晶粒大小可以不同。晶粒越细，金属材料的强度、硬度、塑性、常温及低温下的韧性越高，脆性转变温度越低。这是由于金属材料是由许多位向不同的晶粒所组成的，当一颗晶粒要进行变形（滑移）时，必须克服在它周围的与其位向不同的晶粒的阻碍。显然金属材料的晶粒越细，它变形时遇到的阻力就越大，塑性变形抗力——强度、硬度就越高。此外，晶界处原子排列不规则，晶格畸变，能阻止滑移的进行，因此，晶界的强度、硬度在常温下总比晶粒内部高，金属材料晶粒越细，则晶界越多，金属材料的晶粒越细，其强度、硬度越高。

金属材料的晶粒越细，在一定体积内晶粒的数目越多，在相同的变形量下变形就越能分散在更多的晶粒内进行，每个晶粒内的变形也就越均匀，越不易产生应力的过分集中。此外，晶粒越细，则晶界的曲折就越多，越不利于裂纹的传播。因此，晶粒越细，金属材料的塑性、韧性就越好。

（三）合金相结构与金属材料性能的关系

1. 单相合金的性能

单相合金由于是单一的相构成，其性能与构成它的相是一致的。工业上常用的单相合金都是单相固溶体，因此，其性能取决于溶剂金属的性质、溶质的种类、数量、溶入方式。溶质和溶剂组成一定的固溶体，溶质溶入的越多，则合金中晶格畸变越多，从而使合金的强度、硬度升高，电阻增加，同时，还能保持较好的塑性、韧性和耐蚀性。

2. 多相合金的性能

工业上应用的合金除单相固溶体外，大多数是多相合金。多相合金是由两种或两种以上的相所组成的。多相合金其中的各相仍保持自己的性能特点，因而多相合金的性能，一般取决于组成相的性能和相对数量。此外，还取决于它们的形状、大小和分布情况。

多相合金最常见的相结构是以一种固溶体为基体，在其上分布着第二相。第二相一般是硬而脆的化合物或以化合物为溶剂的固溶体。具有这类相结构的合金，塑性变形能力比单相固溶体合金低，受到外力作用时，塑性变形主要在基体内进行，而第二相则对基体的变形起阻碍作用。其作用情况又分四种：

（1）脆性第二相以连续网状分布在晶体的晶界上。这种分布使得塑性、韧性好的基体晶粒被硬、脆的第二相包围起来，因而使合金的塑性、韧性大大降低。更有甚者，若硬脆相的熔点低，在合金被加热或者进行热加工时，脆性相较基体先熔化，削弱了晶粒之间的结合力，使合金在压力的作用下沿晶界断裂。这种现象，就是合金的热脆性。

（2）脆性第二相以片状分布在基体的晶粒中。由于第二相不连续，故对基体的破坏不太严重，但还是对基体相的塑性产生了一定的约束。这个约束来自第二相在基体中的层片分布。层片分布使得相界增加，加重了晶格畸变。所以，合金的塑性不如基体，而强度和硬度大大提高。层片越细，这种作用越大。

（3）脆性第二相以颗粒状或球状分布在基体的晶粒中。这种分布情况较片状对塑性的约束小，也就是减少了对基体塑性和韧性的不良影响，因此，塑性较前两种分布情况好。在弥散程度相同的条件下，由于球表面积比片状表面积小，故减少了相界，对塑性变形抗力减小，因此，合金的强度、硬度比第二种情况低。从总体看，这种分布使合金具有较好

的塑性、韧性，并且具有一定的强度和稍低的硬度。用于冷冲压、冷挤压、冷镦的钢材都要求这种组织。工具钢、轴承钢也要求这种组织，以便降低硬度，容易进行切削加工。

（4）脆性第二相以弥散质点分布在基体的晶粒中。弥散质点分布，就是极细小而分散的颗粒分布。这种分布形态使得合金中获得很大的相界面，因而晶格畸变大大增加，进而使合金的强度和硬度大大提高。另外，由于弥散质点极细小，它们对基体的塑性和韧性的削弱作用减小到很低，故在强度和硬度提高的同时，还能保持较高的塑性和韧性。在工程上，经常靠弥散第二相质点提高合金强度，这称为弥散强化或沉淀强化。许多高强度钢和铍青铜等有色合金都是靠弥散强化的手段来获得高强度的。

第二节　金属的结晶和塑性变形

一、金属的结晶和铸态组织

金属材料的性能是受其内部组织影响的，而内部组织又由生产（熔炼、铸造、压力加工、热处理等）过程决定的。铸态组织是金属材料的原始组织，它不但对铸件的性能有直接影响，而且对经过压力加工后的金属材料的性能也有一定影响，金属材料的铸态组织又与结晶有着密切的关系。

（一）结晶温度和过冷度

1. 结晶温度

金属的结晶是指金属由液态转变为固态的过程，也就是原子由不规则排列的液体逐步过渡到原子规则排列的晶体的过程。发生结晶现象的温度叫结晶温度。

金属的结晶温度可以用热分析实验测得，大概过程如下：先将金属熔化并使温度尽量均匀，然后，以极其缓慢的速度冷却，每隔一定的时间测定记录一次温度，将实验结果绘制成温度随时间变化的曲线，即热分析冷却曲线，如图 2－12 所示。由图看出，在金属开始结晶时，由于放出结晶潜热，在曲线上出现一段水平线，在这一水平线延续的时间内温度不变，这个温度，就是“平衡结晶温度”，用 T_O 表示，如图 2－12 所示。

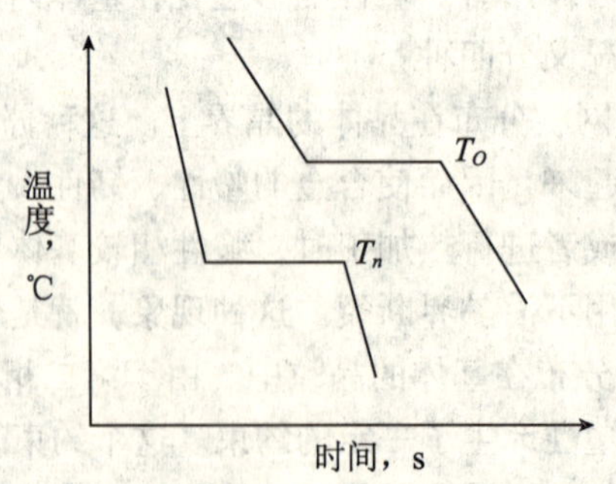

图 2－12　纯金属结晶时的冷却曲线示意图

由于在平衡结晶温度下结晶与熔化是一个平衡可逆的过程，为了使结晶顺利进行，就必须打破这个平衡向结晶方向移动。也就是说，必须当外界温度低于平衡结晶温度时才能做到此点，在低于平衡结晶温度的温度下才结晶。这个温度称为实际结晶温度。事实上，

工程中很难做到极其缓慢冷却，也非完全必要，所测得的只能是某种冷却速度下的结晶温度，即实际结晶温度，一般用 T_n 表示。见图 2－12。

2. 过冷度

由于实际结晶温度总低于平衡结晶温度，两者间总存在一定的差值。这个差值称为过冷度，用 ΔT 表示。即：

$$\Delta T = T_O - T_n$$

由上述分析可以推论，过冷度是结晶得以顺利进行的必要条件。

过冷度的大小与冷却速度有关。一般来讲，冷却越快，过冷度越大。液体结晶时所需过冷度的大小，则取决于液体的体积和金属晶体生长的需要。在同样的冷却速度下，体积小的液态金属可以获得很大的过冷度，而体积大的液态金属只能获得很小的过冷度。纯度越高的液态金属结晶时，所需过冷度要高于含有较多杂质的液态合金的过冷度。

（二）结晶的一般过程

液态金属向固态金属的转变不是一瞬间完成的，它必须经过一个由小到大、由局部到整体、由少到多的发展过程。

通过大量的实验观察，结晶过程总是从形成一些极小的晶体开始的。这些小晶体称为晶核。当液态金属冷却到结晶温度时，在液体中先生出一批晶核，然后，以它们为核心不断吸附周围金属液中的原子而长大，同时，液相中又不断产生出新的晶核并长大，直至液相完全消失为止，即每个晶核都长大到相互接触，此时结晶终了，如图 2－13 所示。实验证明，结晶时这种“形核—长大”的过程是一切物质（包括非金属物质）结晶的普遍规律。

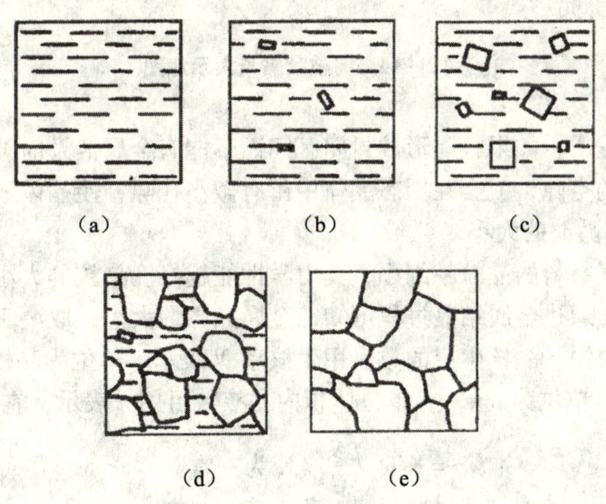

图 2－13 纯金属结晶过程示意图

1. 晶核的形成

晶核在结晶时是关键。一般金属液中结晶时常有两种生核形式，自发生核与非自发生核。

（1）自发生核。自发生核就是只依靠液态金属本身在一定过冷度条件下形成晶核。自发生核的机理，就是液态金属中近程有序的原子集团在过冷的条件下不再分解而稳定下来，形成极细微的晶体，成为晶核。

（2）非自发生核。在金属液体内，总是多多少少存在着各种固态的杂质微粒。金属结晶时依附于这些杂质微粒而产生晶核，成为非自发生核。由于杂质与金属晶体间的表面张力较小，且杂质表面存在凹孔和缝隙，使得金属液中的原子很容易附着。这就使得非自发生核常成为结晶的先导。工程上，也经常用人工增加非自发晶核的方法来细化晶粒，提高材料的性能。

2. 晶核的长大

晶核生成及长大的初期，原子排列较规则，因而晶体的外形也是规则的，但是，由于热量最容易由尖角处散失，因此，尖角处的过冷度要大于其他部位而获得最有利的生长条件，即晶体的尖角处优先成长，其结果是晶体长成树枝形状，称为枝状晶。根据晶体各部位过冷度的不同，可在先长出的枝状晶（称为一次晶）上再长出分枝而形成二次晶；同样，还可长出三次晶、四次晶……在长出长枝晶（晶轴）的同时，晶粒要不断长粗，最后，以树枝状骨架形成一个完整的晶粒，即所谓树枝状晶，如图 2－14 所示。

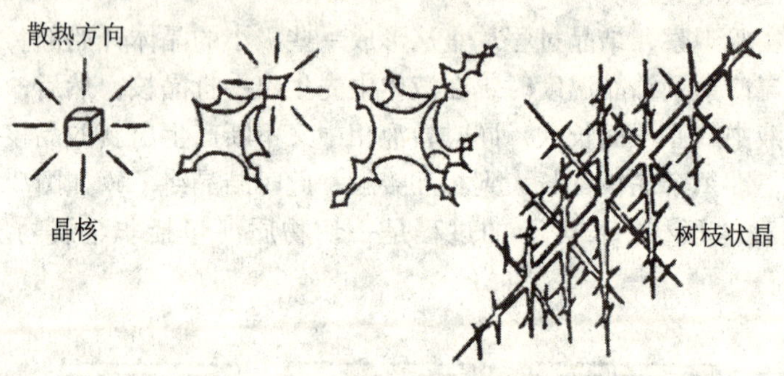

图 2－14　树枝状晶长大示意图

在晶体生长过程中，如果枝晶形成封闭区间而不能有金属液及时补充，因冷却时体积收缩而造成的晶间的空隙，就会在固态晶体中留有微小孔隙，使晶体不完整，组织疏松。

（三）如何控制晶粒的大小

前面讲过，金属材料的晶粒越细小，其力学性能越好。晶粒的大小一般用单位体积内晶粒的数目来表示。通过金属结晶过程可知，金属晶粒的大小，取决于结晶时晶核生成的数目和晶核成长的快慢。晶核生成的数目用生核率 N 表示，单位为晶核数目/$m^3 \cdot s$；晶核成长速度用 G 表示，单位为 mm/s；单位体积内晶核数目用 n 表示，它们之间的关系式为：

$$n = K \cdot \sqrt{\frac{N}{G}} \quad (K\text{ 为一常数})$$

由该式可知，只要 N/G 的值增大，n 就增大。控制晶粒大小的方法有以下几种：

1. 快速冷却

过冷度 ΔT 与生核率 N 和成长率 G 与过冷度的关系如图 2－15 所示。由图可以看出：

（1）当过冷度不太大时，N 与 G 都呈增长状态，而 G 比 N 的增长要快，故 N/G 的值是减小的，故 n 的数目减少，即形成粗大的晶粒。

（2）当过冷度加大到一定的数值以后，N 的增长速度比 G 要快，N/G 的值是增大的，故 n 的数目增多，晶粒细小致密。可见快速冷却可以获得细晶粒组织。

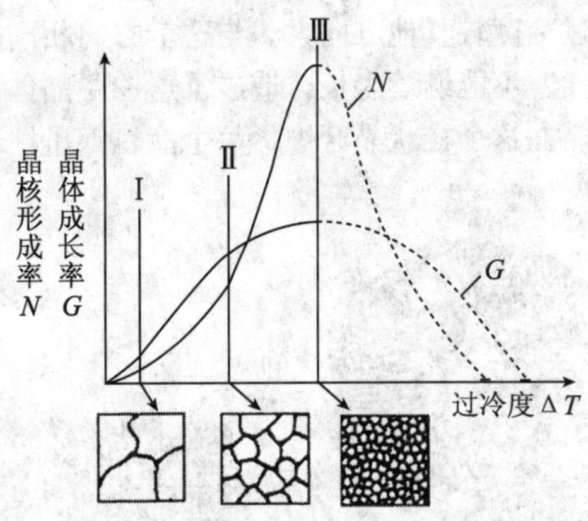

图 2－15 生核率和成长率与过冷度的关系

2. 进行变质处理（孕育处理）

在液态金属中人工加入非自发晶核的方法称为变质处理。加入的人工晶核称为变质剂。在工程上，经常采用这种方法来细化晶粒。在金属中加入人工晶核，实质上是增加了生核率 N。在某种情况下，变质剂还可吸附在晶核上减低晶核的成长率，这都可以使 N/G 值增加，从而使 n 增大，晶粒细化。

3. 控制熔化温度

大量的实践表明，液态金属的过热也影响铸态晶粒的大小。金属熔化过程中所达到的最高温度叫熔化温度。熔化温度过高，即使降低到正常温度再进行浇注，获得的金属晶体组织仍会粗大。

研究表明，上述影响的产生，主要是因为在过热高温的影响下，金属液中存在的高熔点难熔质点被熔化，从而减少了金属液中非自发晶核所致。因此，在工程上，熔炼和熔化金属时都要严格控制熔化温度。

4. 其他方法

在金属结晶时，如果把生长较快的树枝状晶折断，则使晶粒生长速度相对变慢，晶粒变小。同时，折下的碎晶可以作为晶核而细化晶粒。在工程上，采用了许多方法来破碎树枝状晶，如机械振动、超声波振荡、电磁搅拌、离心铸造等方法，都可以达到阻碍、破碎枝晶生长，促进生核的目的。

（四）铸锭组织和性能

1. 铸锭组织的结构

如果将金属铸锭沿纵向及横向剖开，制成试片后可以清楚地看到铸锭的剖面上显示有三个不同特征的晶区，如图 2－16 所示。

（1）表面细晶粒区。液态金属刚刚注入锭模时，模壁的温度低，与模壁接触的表面层金属液遭到剧烈的冷却，获得很大的过冷度，生出大量的晶核，从而形成很薄的一层细密晶粒，获得细晶粒组织，构成铸锭的表面细晶粒区。这一细晶粒区一般只有几毫米厚，有时甚至难以分辨。

（2）柱状晶区。表面细晶粒区形成后，使铸模中的金属液外面包围上一层热壳，无形中增加了铸模的厚度，同时，铸模温度也已升高。这都使热量的散去减慢，从而使过冷度较表面细粒晶区结晶时减小，又由于能量（热量）优先在垂直与模壁的方向上散去，因

此，在垂直于模壁方向上过冷度较其他方向大。与这个方向相同的树枝状晶优先生长，其他方向的树枝状晶则被阻拦，不能继续生长，造成了这一层晶体的定向生长，构成了粗大而垂直于模壁的柱状晶区。在这个桂状晶区中，每个晶粒都呈柱形，轴心垂直于模壁。

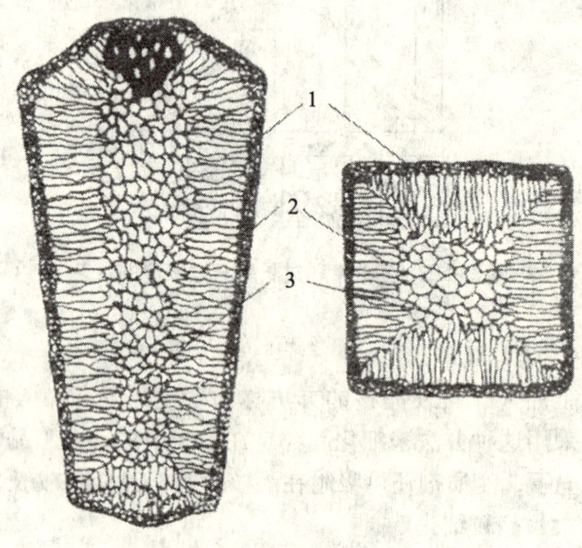

图2－16　铸锭组织示意图

1—表面细晶粒区；2—柱状晶区；3—中心等轴晶区

随着时间的延长，如果在铸锭凝固过程中，在液态金属内始终维持较大的内外温差，并且在结晶前沿的液体中没有形成晶核，那么，柱状晶核就可以一直向中心生长，直到相对生长的两排柱状晶相遇为止，这种情况称为穿晶。

（3）中心等轴晶区。一般情况下，结晶进行到越接近铸模中心，液体的内外温差就越小。此时，铸模已经被加入到较高的温度，铸锭已结晶的部分相对于剩下的金属液是一个高温的外壳，再加上结晶潜热的放出，这都使金属液体散热减慢，其温度逐渐趋于均匀。因此，可以认为，铸锭中心部分的液体几乎是同时进入过冷状态的，在这部分金属液中，由于过冷而生出晶核，但由于过冷度较小，晶核数目较少。这些晶核的生长阻止了柱状晶的继续生长，因为没有明显的优先散热方向，故在铸锭的中心部分形成粗大的等轴晶区。

2. 铸锭组织的性能

铸锭的组织与铸锭的工艺性能和力学性能有密切的关系。

首先，表面细晶区由于晶粒细小致密，因而力学性能很好，但是这一晶区太薄，在工程上实用价值不大。

其次，柱状晶区由于晶粒的生长带有一定的方向性，故呈现各向异性。在两排相对生长的柱状晶相遇的结合处和铸锭横截面显示的对角线处，常常聚集低熔点的杂质而形成脆弱区，当进行锻压和轧制时，容易在脆弱区开裂。因此，对于塑性不太高的材料来讲，不希望柱状晶过于发展。但塑性好的材料，如铝、铜则希望得到致密的柱状晶，这些材料在锻轧时不会发生开裂现象，工艺性能不恶化。

在工程上，是否获得柱状晶、柱状晶如何发展，一般通过控制锭模冷却能力、浇注温度、过热程度等来进行调整。铸模冷却能力越强，浇注温度越高，过热程度越高，柱状晶

越发展。另外，任何促进中心等轴晶成核的处理，如变质处理、机械振动等，都会阻碍柱状晶的发展。

最后，对于中心粗大等轴晶区，由于晶粒交错结合，各向的性能较为均匀。但是，由于中心最后结晶，补充收缩不利常常出现疏松。一些非金属的杂质也会存在于此区域，故此区域组织粗大，致密度差，力学性能不高。

上述种种分析，说明了铸锭的结构、组织、性能都是不均匀的。在生产上可以调整冷却条件、调整成分，以调整三个区域的大小及晶粒的粗细，获得希望的组织结构和性能。

此外，在金属铸锭中，还经常存在着各种铸造缺陷，如缩孔、疏松、气泡、偏析、裂纹、非金属夹物等，都影响着金属材料的性能，它们有的可以防止，有的在随后压力加工过程中可以被清除。

（五）同素异构转变

1. 同素异构转变的概念

有一些金属，如铁、钴、钛、锰、锌、锡等，在结晶成为固态后继续冷却，还会发生金属结构的变化，从一种晶格转变为另一种晶格。这种金属在固态下由于温度的变化所发生的晶格类型转变，称为同素异构转变。

金属的同素异构转变，依赖原子的重新排列来完成，而且遵循结晶的一般规律，因此，同素异构转变实质是一个结晶的过程，也就是说，同素异构转变是在一定过冷度下进行的，其转变也是由生核与核长大来完成的。为了区别于液态转变成固态的结晶，同素异构转变又称为二次结晶。

2. 纯铁的同素异构转变

纯铁从1538℃冷凝至室温的转变过程，是同素异构转变的一个典型例子。

纯铁的冷却曲线及各温度区间的晶格类型如图2－17所示。

纯铁在1538℃时结晶后，其晶格为体心立方，称为δ-Fe，继续冷却至1394℃时发生晶格类型转变，由体心立方变为面心立方，称为γ-Fe。冷却至912℃时又发生晶格类型的转变，面心立方又转变为体心立方，称为α-Fe。其变化可用下式表示：

$$\text{液态} \xrightleftharpoons{1538℃} \underset{\text{体心立方}}{\delta\text{-Fe}} \xrightleftharpoons{1394℃} \underset{\text{面心立方}}{\gamma\text{-Fe}} \xrightleftharpoons{912℃} \underset{\text{体心立方}}{\alpha\text{-Fe}}$$

3. 同素异构转变的特点

（1）具有遗传特征。液态金属结晶时，其晶核基本上可在液体体积内的各处产生，但在固态转变时，新相的晶核往往只在某些特定的地点（如旧相的晶粒的晶界和某些特定面上）产生。旧晶粒的粗细影响新相晶粒的大小，所以说，同素异构转变具有遗传特征，即旧晶粒越细，生核几率越大，生成的新晶粒也越细；反之，则获得粗大晶粒。

（2）较易过冷和获得较细组织。同素异构转变的成核和核长大过程，同样需要原子的扩散，而在固态下原子的扩散比在液态下困难得多，因而转变需要的时间较长，在快速冷却条件下，转变就容易被推到较低的实际结晶温度下进行。由于过冷度大，所以，固态转变的组织较细。

（3）产生内应力。同素异构转变往往会造成较大的内应力，这是由于在固态下原子重新排列引起体积变化而造成的。例如，由γ-Fe转变为α-Fe时，体积膨胀约为1%，在较低的温度下，金属的塑性较差，少量的体积变化就会引起明显的内应力。

除了上述种种，同素异构转变还会引起其他一些性能的转变。如磁性转变，铁的磁性

转变温度为768℃，在此温度以上，纯铁无磁性，在此温度以下，则纯铁有磁性。

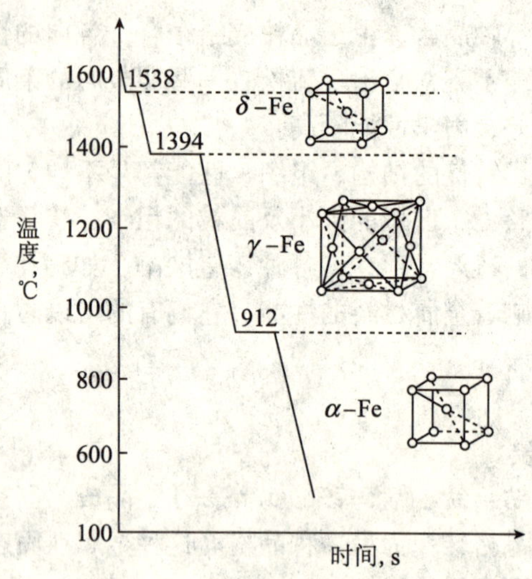

图2-17　纯铁的同素异构转变

二、金属的塑性变形及其对金属性能的影响

塑性变形，是指当外力消除后不能完全恢复原状的变形。在生产上，为了使金属材料形成我们所需要的各种形状和尺寸，广泛采用锻造、轧制、拉拔、冲压等加工方法使金属发生塑性变形。通过塑性变形，还可以改善材料的力学性能，使材料的硬度和强度提高。因此，研究金属塑性变形的规律，掌握塑性变形与性能的关系，对有效地提高金属材料的性能，合理选材和使用，具有实际意义。

（一）金属塑性变形的实质

实际使用的金属材料大多是多晶体，其塑性变形是比较复杂的。为了便于了解金属塑性变形的实质，先从简化了的情况来研究塑性变形，即先讨论单晶体的塑性变形，再借助于此来研究多晶体的塑性变形。

1. 单晶体的塑性变形

金属的塑性变形，在常温下主要是通过滑移和孪晶而进行的。

（1）滑移变形。将一个表面经过良好抛光的纯锌单晶体进行拉伸实验。当其发生塑性变形后，可以看出，其表面上出现了许多与应力轴线成45°角左右的互相平行的线条，这就是一组组晶面滑移后的表现，也就是说，锌单晶体塑性变形时，沿着某一结晶平面发生了位于此平面两侧的两部分的相对移动，造成了单晶体的塑性变形。这一现象就称为滑移。见图2-18。

金属晶体的滑移，是在切应力的作用下才能产生的，大量的实验已证明了这一点。当正应力作用在晶体上时，晶体的原子受力而离开原始平衡位置，致使晶格拉长或扭曲，如果引起正应力 σ 的外力不超过原子间的结合力，外力除去后，原子位置将回复而使变形消失，即此时为弹性变形，但当外力超过原子结合力后，晶体将被拉断，直接从弹性变形过渡到断裂破坏而中间不发生塑性变形。

当切应力作用在晶体上时，若切应力较小时，则只是发生弹性的剪切变形。若切应力增大而超过受剪晶面上的滑移抗力，则晶面两侧的两部分晶体产生相对滑移，求得在新的位置上的稳定状态。此时，两部分晶体位向仍一致，移动面上的原子移动一定的距离（移动距离是原子间距的整数倍）。当外力去除后，已经位移了的原子不能再回复原位，即发生塑性变形。

晶体的滑移总是在某些特定的晶面和晶向上进行的，不是任意晶面、任意晶向都可滑移。

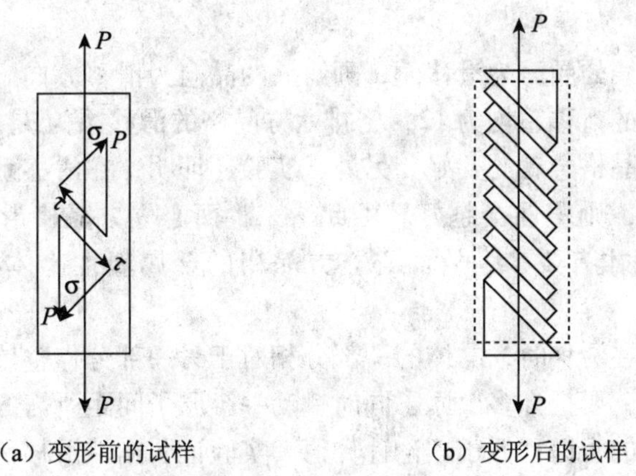

（a）变形前的试样　　（b）变形后的试样

图 2－18　锌单晶体的塑性变形

大量的实验证实，滑移总是发生在原子的密排面和密排方向上。这是因为在密排面和密排方向上原子排列密度大，原子的结合力最强，而密排面和密排方向与其他相邻的面上的原子距离较远，结合力较弱，故密排面与相邻面和密排方向与相邻晶向间就容易发生相对的移动，如图 2－19 所示。Ⅰ面比Ⅱ面原子排列密度大，因此，沿Ⅰ面最容易发生滑移。在晶体学中，将发生滑移的晶面称为滑移面，发生滑移的晶向称为滑移方向。一个滑移面和其上的一个滑移方向构成一个滑移单元，称为滑移系。金属中滑移系越多，说明滑移所能采用的空间位向越多，金属的塑性变形能力就越强。常见的三种金属晶格的滑移面和滑移方向如图 2－20 所示。

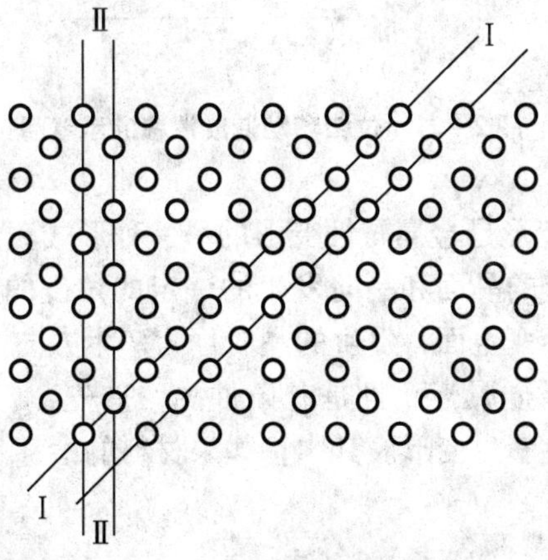

图 2－19　滑移面示意图

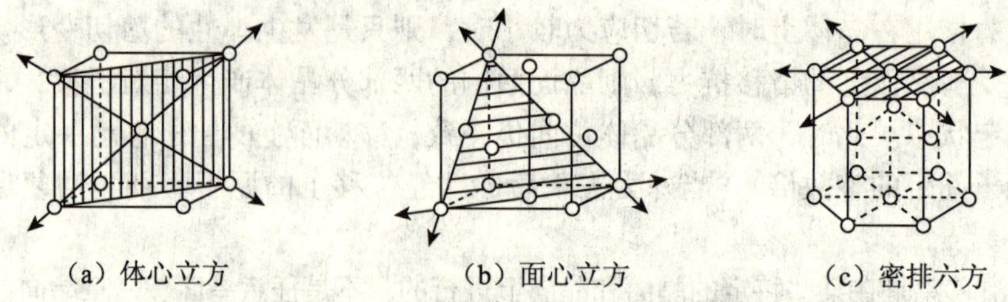

图 2－20 常见三种金属晶格的滑移面及滑移方向示意图

图 2－20 中画斜线的晶面为滑移面，画箭头的晶向为滑移方向。可以看出，体心立方晶格、面心立方晶格的滑移系均为 12，密排六方晶格的滑移系为 3，故前两种晶格类型的金属塑性比密排六方晶格金属的要好。另外，实验还证明，在滑移系数目相同时，若滑移面上的滑移方向越多，则塑性会越好。由此看来，面心立方晶格滑移面上有 3 个滑移方向，而体心立方晶格才有 2 个，故面心立方晶格的金属塑性比体心立方晶格的金属塑性好。

最初，人们设想在滑移时，晶体的一部分相对于另一部分作整体的相对滑动，即刚性滑动。按照这种设想，要把许多个原子同时挪动一个原子间距所需的力是相当大的，但实际测出的滑移时所需的力远远低于理论计算值。实验证明刚性滑移是不科学的。经过近四十多年的研究，人们最终发现滑移变形是通过位错运动完成的。如图 2－21 所示，晶体中存在着一个刃型位错，在图示切应力 τ 的作用下，这个位错会从左至右一格一格的移动即位错中心沿滑移面自左向右运动，当其移出晶体右边缘时，晶体的上、下两部分相对移动了一个原子间距。可见，滑移并不需要晶体上、下两部分原子都移动一个间距，只是位错中心前进一个原子间距时，其附近少数原子做很小的挪动，因而滑移时的切应力是不大的。

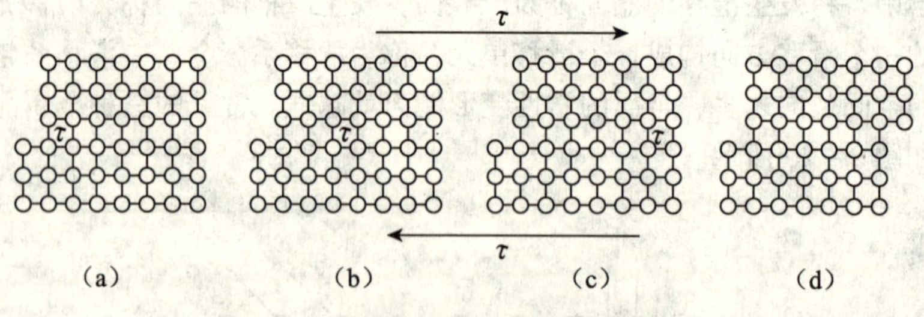

图 2－21 位错移动造成滑移的示意图

(2) 孪生变形。孪生变形是金属塑性变形的另一种形式。晶体在切应力的作用下，一部分相对于另一部分沿一定的晶面和晶向发生的一定的角度的切变（即转动），称为孪生变形。孪生发生的晶面称为孪生面，发生的晶向称为孪生方向。发生孪生的部分称为孪生带。孪生变形只发生于某些金属，而且是有条件的。首先，它需要比滑移大得多的切应力，当滑移受阻时，常发生孪生变形。其次，如果材料的滑移系数小，对滑移不利时，常发生孪生变形。

2. 多晶体的塑性变形

多晶体的塑性变形是通过其中每个单晶体的滑移与孪生而进行的。因为切应力是在与拉伸应力呈45°角的方向上最大，因此，在多晶体中，最先发生滑移的将是那些滑移系恰好与外力呈45°角分布的一些晶粒，然后，再是那些滑移系接近于45°角的晶粒，依次类推，即多晶体金属将按照晶粒方向的不同逐批地进行滑移。但是，由多晶体中各晶粒位向不同且存在晶界，则每个晶粒的塑性变形将受到制约和阻碍，所以，比单晶体的塑性变形复杂得多。

（1）晶界的影响。晶界上原子排列不规则，并常有杂质聚集，当滑移变形时，位错被晶界阻碍而在晶界前积累起来。若要位错穿过晶界，则需要更大的外力，因而塑性变形抗力也越大。

（2）晶粒位向的影响。在多晶体中各晶粒的位向不尽相同。因此，当某一晶粒处于有利位向而滑移时，其他晶粒则可能处于滑移不利位向而不能滑移，反而牵制和约束了滑移的晶粒。这实际上也是增加了塑性变形抗力。

由上述两点可见，晶粒越细，则晶界面积越大并晶粒位向越趋于不一致，故材料的变形抗力越大，强度、硬度越高，而且细晶粒变形均匀，不易产生裂纹，从而提高了塑性和韧性。

（二）冷塑性变形对金属组织和性能的影响

金属的塑性变形能引起材料性能的显著变化，而性能的变化又是由组织的变化引起的。

1. 显微组织的变化

金属在变形量不大的情况下，晶粒内首先出现明显的滑移带，随着变形量的加大，滑移带增多，此时，晶粒逐渐碎化成许多位向略有不同的小晶块，这种组织称为亚晶粒或亚结构。在亚晶粒的边界上聚集着大量的位错，存在着严重的晶格畸变。变形抗力增大，这说明了亚晶粒的晶界也阻碍了位错的运动。

2. 产生加工硬化

塑性变形对金属的力学性能影响很大，其表现为随着变形量的增大，材料的强度和硬度提高而塑性、韧性下降。这种因冷塑变形引起的金属强化的现象称为加工硬化。图2－22示意了低碳钢冷变形程度与几种主要力学性能指标之间的关系。

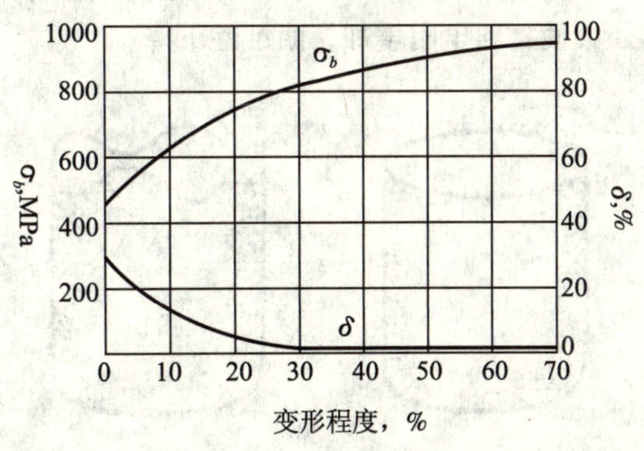

图2－22　低碳钢的加工硬化

金属的加工硬化，在生产实际中有着重要的意义。首先，可以利用加工硬化来提高金属的强度、硬度和耐磨性，特别是那些加工后不能通过热处理强化的材料，一般用加工硬

化可达到强化材料的目的。同时，当已变形部分变硬后，变形会在未变形的部分发展，而达到金属的均匀变形。其次，加工硬化在一定程度上还可以增加材料使用的安全性。这是因为，材料在承受载荷时，往往因内应力分布不均匀而使局部超载，出现应力集中现象。当应力峰值超过材料的屈服点时，便产生塑性变形，伴随变形而出现加工硬化，阻止了变形的发展并使应力重新分布。

金属的加工硬化也给生产带来了一些不利的影响，如变形时硬度提高而使加工困难。这就需要安排一些中间处理环节降低硬度，恢复金属的塑性变形能力。

3. 产生内应力

在冷塑性变形时，外力对金属所做的功，约有90%消耗于金属的塑性变形并转化为热能，使金属温度升高而耗失。另外10%则残留在金属的内部组织中，这就是所谓的内应力，也叫残余内应力或形变内应力。

具有内应力的金属材料，在存放、加工和使用过程中，内应力可能重新分布，会降低硬度、耐蚀性、产生脆性，致使材料或工件发生变形或开裂。例如，冷拉圆钢被车削掉一层后，常会伸长，就是内应力重新分布的结果。

具有内应力的金属材料在承受外力时，内应力可能与外力叠加或抵消，从而降低或提高材料的承载能力。此外，内应力还降低金属材料的耐蚀性，在应力状态下金属材料所遭受的腐蚀称为应力腐蚀。

可见，只有在内应力与外力抵消的少数情况下，内应力的存在才有利。而在多数情况下，内应力的存在对性能不利。这时可通过热处理（去应力退火）来消除。

4. 形变织构

当塑性变形量很大时，由于变形时晶体的转动，使晶体的各晶粒某些晶向都不同程度地转到与外力相近的方向。这样，就使得原来位向不同的各个晶粒取得接近于一致位向的择优取向。此时的组织结构称为形变织构。

金属或合金中形成织构，使其性能带有方向性，对于加工工艺往往造成极大的影响。这在多数情况下是我们不希望的。例如，用冷轧薄板深冲杯形工件时，往往出现薄厚不均匀，上沿不齐的“制耳”现象。见图2－23。但在某些情况下，织构却是有用的，例如变压器用硅钢片，形成织构后，则铁损大为减少，磁导率显著增加，因此，电磁性能好。

此外，冷塑性变形还会使材料电阻增加，耐蚀性下降。

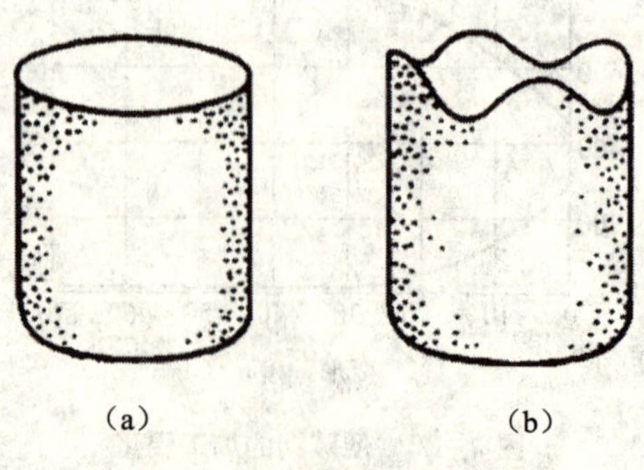

图2－23　冷冲压“制耳”现象

（三）冷塑性变形后的退火对金属材料组织和性能的影响

金属材料经冷塑性变形后产生的内应力和加工硬化现象有时是不需要的。所以，在许多情况下，经过冷塑性变形的金属材料要经过退火来消除内应力或加工硬化。所谓退火，就是将材料加热至预定温度并在该温度下保持一定时间后再缓慢冷却。退火之所以能消除金属材料冷塑性变形后存在的内应力和加工硬化现象，是因为当温度升高时材料内部的原子活动能力增大，使材料的组织结构发生了“回复”、“再结晶”等变化。

1. 回复

当加热温度不太高时，原子扩散能力低，组织不会发生明显的变化，但是，原子作短距离扩散，使晶格畸变程度减轻，从而使材料的内应力明显下降。这种在加热温度不高时因原子活动能力增大而改善材料组织和性能的过程，称为回复。工业上利用回复来消除材料的内应力称为消除应力退火。

2. 再结晶和再结晶温度

当冷变形金属被加热至较高温度时，由于原子扩散能力增加，可以大大改变材料的性能，在较高温度时，从晶粒被拉长的布满滑移带的组织上首先长出一些细小的晶核，而后逐渐长大直至互相接触为止。每个晶核都长成一个新的等轴晶而替代了原来的晶粒。新的晶粒与被替代晶粒有完全相同的晶格，使变形的晶粒或破碎的晶粒再结晶为冷变形前的结构，把冷塑性变形造成的各种缺陷影响除去，因此，加工硬化也随之消除，金属又回复到未变形时的状态。这一转变过程，称为再结晶（退火）。再结晶过程并未改变晶格类型。

金属冷塑性变形后，要发生再结晶需要一定的条件。每一种金属发生再结晶时需要的能量不同，因而它们再结晶时的温度也不同。能够使某种金属发生再结晶的最低温度为这种金属的再结晶温度，用 $T_{再}$ 表示。实验证明，金属的再结晶温度与其熔点有关。它们之间的关系可用下式表示：

$$T_{再} \approx 0.4T_{熔}$$

式中的温度单位为开（K）。一些纯金属的再结晶温度见表 2－1。

表 2－1　几种纯金属的再结晶温度

金属	再结晶温度℃	熔点℃	金属	再结晶温度℃	熔点℃
锡	<室温	232	铜	200	1083
铅	<室温	327	铁	450	1538
锌	室温	420	镍	600	1452
铝	150	660	钼	900	2560
镁	150	695	钨	1200	3370

（四）冷、热塑性变形的界限

金属在再结晶温度以下进行加工，发生塑性变形引起加工硬化，必要时还需进行再结晶处理才可消除。如果我们在加工之前先把金属加热至再结晶温度以上，再在这个温度下对金属进行加工，那么，金属塑性变形一方面导致加工硬化，另一方面又同时进行了再结晶消除加工硬化，其效果是加工以后的材料不会出现加工硬化现象。由此可见，在再结晶

温度以上和以下对金属进行加工的效果是不同的。在工程上，以再结晶温度为界，在此温度以上不产生加工硬化的塑性变形过程称为热塑性变形，也叫热加工；在此温度以下产生加工硬化的塑性变形过程称为冷塑性变形，也叫冷加工。

（五）热塑性变形对金属组织和性能的影响

1. 改善组织

热加工使金属铸态遗留下来的组织缺陷得到明显改善，从而提高材料的性能。例如，气泡、缩孔大部分可焊合，铸态疏松得到改善，材料的致密度增加。再如铸态得到的粗大柱状晶组织通过变形被破碎为等轴晶，大块的碳化物可以经变形被压碎并使其分布均匀，这都提高了材料的性能。

2. 细化晶粒

粗大的晶粒经过变形被破碎，使晶粒细化，但如果变形量小或加工终止温度高，则晶粒仍然粗大。因此，要选择适当的变形量和终了温度。

3. 形成纤维组织

热加工可改变金属材料内部夹杂物的形状及分布情况，并使其细化。由于许多夹杂物在高温下也具有一定的塑性，因而在热塑性变形过程中它们会顺着金属流动的方向被拉长，即形成了一条条被拉长的平行于加工方向的黑色条纹，这就是纤维组织。在低倍观察时叫做流线。

具有纤维组织的材料带有明显的方向性，沿着纤维方向（纵向）的强度、塑性和韧性都明显大于垂直于纤维方向（横向）的上述性能。表 2－2 给出了轧制正火状态 45 号钢的纵向和横向力学性能。

表 2－2　　45 号钢力学性能与纤维方向的关系

取样方向	σ_b，MPa	$\sigma_{0.2}$，MPa	δ,%	ψ,%	σ_k，J / cm²
顺着纤维（纵向）	715	47	17.5	62.8	6.2
垂直纤维（横向）	672	44	10	31	3.0

经过热压力加工的金属材料，一般都存在纤维组织。在实际生产中，应尽量使纤维的方向与零件承受的最大应力方向相适应，使纤维呈连续分布，以获得较高的力学性能。图 2－24 是锻造的曲轴与切削加工的曲轴纤维组织分布情况示意图，从图中可以看出锻造的曲轴纤维是连续的。因此，其力学性能好。

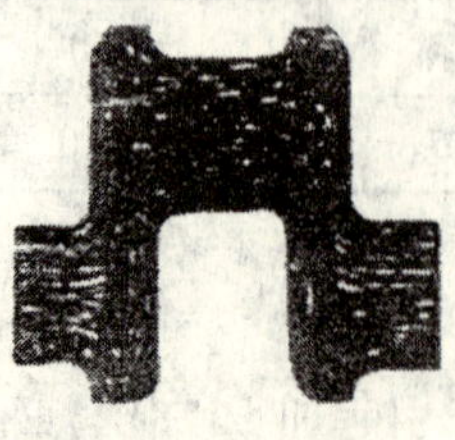
（a）锻造的

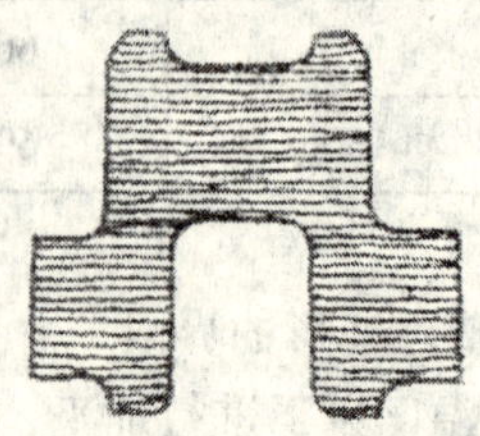
（b）切削的

图 2－24　曲轴纤维组织示意图

第三节　二元合金相图和铁碳合金

一、二元合金相图

（一）相图的概念

合金的组织是受结晶条件、温度、成分影响的。用于表示合金系在平衡条件下不同相与温度、成分之间关系的图解叫做相图。相图还可以表示合金成分、温度与组织状态之间的关系，所以，又叫做状态图。另外，因为相图反映的是在极其缓慢的加热或冷却条件下合金组织变化的规律（这种条件称为平衡条件），所以，也叫做平衡图。

（二）二元合金相图的表示方法

用于表示二元合金系中不同相与温度、成分之间关系的图解叫做二元合金相图。

二元合金相图需要采用两个坐标轴表示，纵轴为温度轴，以℃表示；横轴为成分轴，以第二组元的重量百分数表示；坐标原点表示基元素。见图 2－25。在图中任意作一水平线，这一水平线代表一定的温度；任意作一垂线，垂线代表某一成分的合金；图中任一点称为状态代表点，表示某一成分的合金，在某一温度下所处的状态。

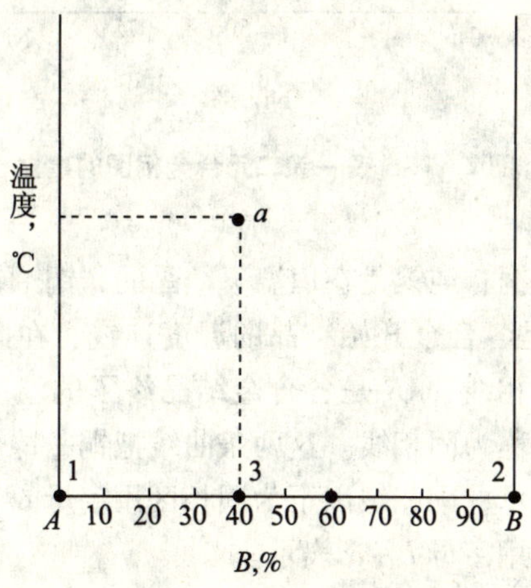

图 2－25　二元合金相图表示法

（三）二元合金相图的建立

二元合金相图都是用实验方法测得的，其中，以热分析法最简单、最常用。下面以铜－镍二元合金为例，说明热分析法测得相图的过程。

（1）配制不同成分的铜镍合金，如：

Ⅰ100%铜

Ⅱ75%铜和 25%镍

Ⅲ50%铜和 50%镍

Ⅳ25%铜和 75%镍

Ⅴ100%镍

配制的合金越多，测得的相图越精确。

（2）作出上述各合金的冷却曲线，并找出各冷却曲线上的临界点，即组织发生转变时的温度。

（3）画出温度—成分坐标系，作出各合金的成分垂线，并在其上标出临界点。

（4）把不同成分合金的各相同意义的临界点连接成光滑的曲线，并标出各点的字母和各区的相或组织符号，所得的整个图形就是铜－镍二元合金相图，如图2－26所示。

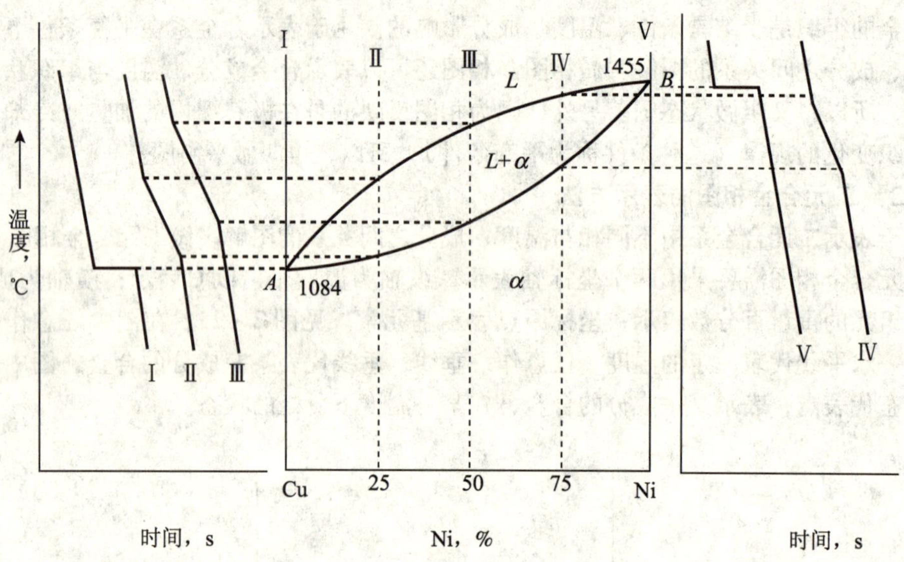

图2－26　铜－镍二元合金相图的建立

从图2－26可看出，纯铜、纯镍是在恒温下结晶的，铜－镍合金Ⅱ、Ⅲ、Ⅳ都是在一定温度范围内结晶的。*AB*是各合金开始结晶的温度连线，在此线以上所有的合金都处于液相状态，因而此线称为液相线，*AB*是各合金结晶终了的温度连线，在此线以下合金都处于固相状态，所以，此线称为固相线。这两条曲线把铜—镍合金划分三个相区：液相线以上为液相区，用字母*L*表示；固相线以下为固相区用字母α表示；液相线和固相线之间是液相、固相两相共存区，用字母$L+\alpha$表示。

（四）二元合金相图的基本类型

不同元素组成的合金，相图的形式不同，已测出的各种形式相图，经过综合分析可以归纳为五种基本类型，任何复杂的相图都可以看成由这些基本相图组成的。五种类型相图如下：

1. 匀晶相图

两个组元在液态和固态均能无限互溶的合金系所组成的相图，称为匀晶相图。如Cu－Ni、Fe－Cr、Fe－Ni、Au－Ag、W－Mo等均具有这种类型相图，如图2－27（a）所示。

2. 共晶相图

两个组元在液态无限互溶，固态有限溶解并发生共晶反应形成的相图，称为共晶相图。如Pb－Sb、Pb－Sn、Ag－Cu、Al－Si等合金系均具有这种类型的相图，如图2－27（b）所示。

3. 包晶相图

两个组元在液态无限互溶，固态形成有限固溶体并发生包晶转变所形成的相图，称为包晶相图，如图2－27（c）所示。

4. 形成稳定化合物的相图

在某些二元系合金中，组元间可形成一种或数种稳定化合物。所谓稳定化合物是指这些化合物具有一定的化学成分（A_mB_n）、一定的熔点，在熔化前既不分解，又不发生化学反应。在相图中为代表纯组元以外的另一条垂线，如图2－27（d）所示。

5. 共析相图

两个组元结晶为一个固态相（一般是固溶体）后，继续冷却时，由这一固态相同时转变为另外两个成分，晶体结构完全不同的新的固相，这种相图称共析相图，如图2－27（e）所示。

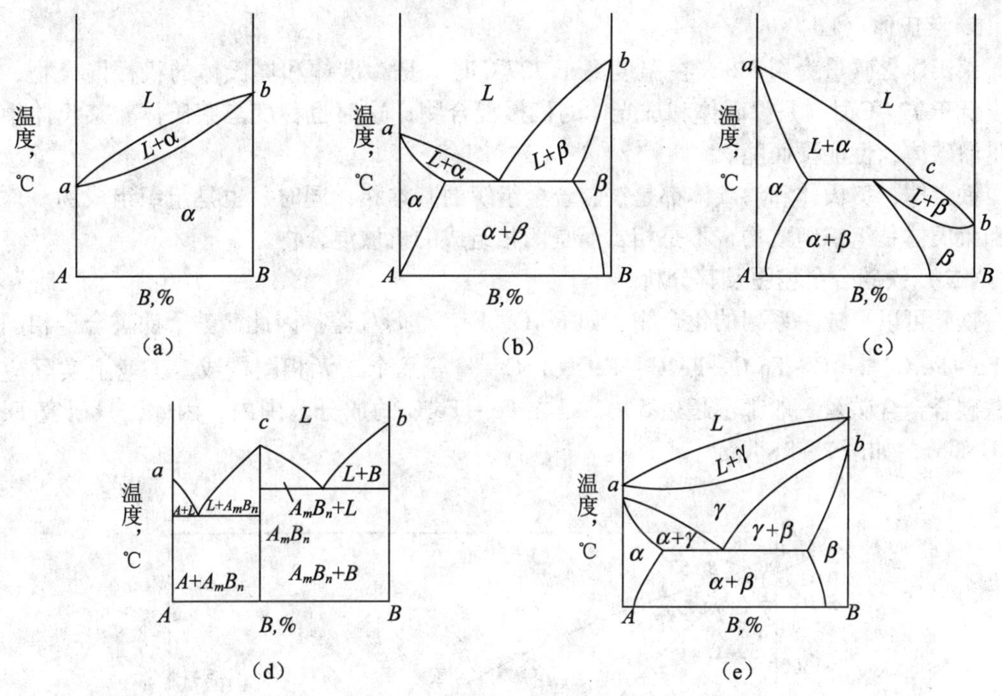

图2－27　二元合金相图基本类型

二、铁碳合金相图

（一）铁碳合金的平衡组织

铁碳合金平衡条件下的相和组成物，随含碳量、温度不同而不同，主要有以下几种：

1. 铁素体（F）

铁素体是碳在α－Fe中的固溶体，具有体心立方晶格。铁素体的溶碳能力极小，室温时约为0.0008%，727℃时溶碳能力最大，为0.0218%。铁素体由于含碳量极少，其性能与纯铁很相似，强度、硬度低，塑性、韧性很好，770℃以下有磁性。

2. 奥氏体（A）

奥氏体是碳在γ-Fe中的固溶体，具有面心立方晶格，它的溶碳能力比铁素体大得多，在1148℃时最大，可达2.11%，727℃时为0.77%。奥氏体无磁性，强度和硬度随含碳量

增加而提高，由于具有面心立方晶格，不论含碳量多少，其塑性都很好。奥氏体是高温相，在727℃以上存在。

3. 渗碳体（Fe_3C）

渗碳体是铁和碳形成的化合物，含碳量为6.69%，具有复杂的结构。渗碳体的硬度很高（HB820），但强度低，脆性大，塑性几乎等于零。

4. 珠光体（P）

珠光体是由铁素体和渗碳体组成的机械混合物。含碳量为0.77%，铁素体和渗碳体的比大致为7∶1。在显微镜下能看到珠光体呈层片状的特征。由于珠光体是由硬、脆的渗碳体片与软韧的铁素体片彼此相间组成。因此，其性能介于二者之间。珠光体只存在727℃以下，当温度高于727℃时，就转变为奥氏体。

5. 莱氏体（Ld）

莱氏体含碳量为4.3%，在温度高于727℃时，是渗碳体和奥氏体的机械混合物，在温度低于727℃时，是渗碳体和珠光体的机械混合物，这时也称变态莱氏体。莱氏体中有大量渗碳体，性能硬而脆。

铁素体、奥氏体和渗碳体都是铁碳合金组织的基本相，同时，也是组织组成物。珠光体和莱氏体是组织组成物，不是相，而是两相组成的机械混合物。

（二）铁碳合金相图及其分析

铁碳可以形成一系列的化合物，如Fe_3C、Fe_2C、FeC等。因此，整个铁碳合金相图是由$Fe-Fe_3C$、Fe_3C-Fe_2C、Fe_2C-FeC、$FeC-C$等几个二元相图构成。工业上实际应用的铁碳合金含碳量一般都不超过5%，是在$Fe-Fe_3C$的成分范围内，因此，只研究$Fe-Fe_3C$部分，如图2-28所示。

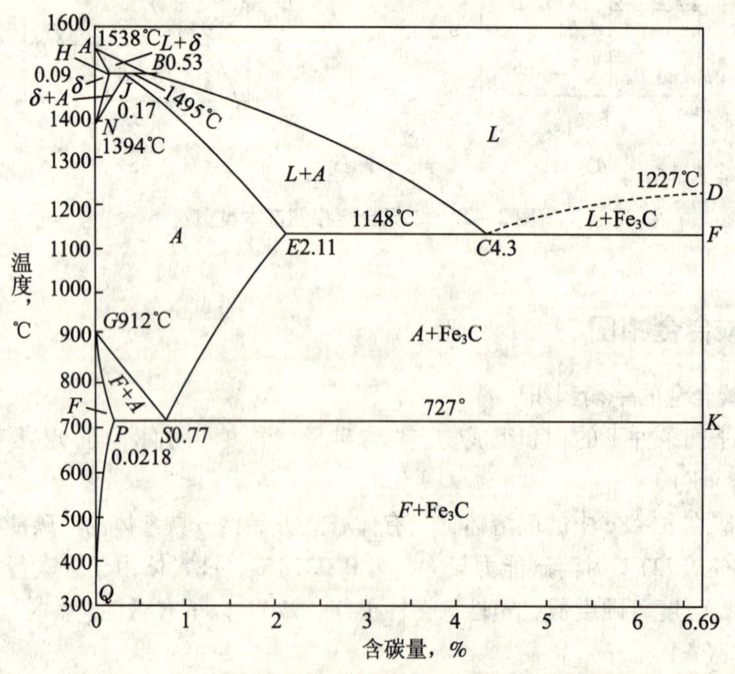

图2-28　$Fe-Fe_3C$相图

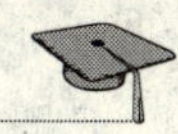

铁碳合金相图看上去很复杂，实际上是由包晶、共晶、共析三个基本类型相图组成的。

1. 相图中的特征点

铁碳合金相图中的特征点均采用固定的拉丁字母表示，特征点的代表字母及含义，如表2-3所示。

表2-3　铁碳合金相图中的特征点及含义

特征点	温度℃	含碳量%	含　义
A	1538	0	纯铁的熔点
B	1495	0.53	包晶转变时液态合金的成分
C	1148	4.3	共晶点 $L_c \rightleftharpoons A_E + Fe_3C$
D	1227	6.69	渗碳体的熔点
E	1148	2.11	碳在 γ-Fe 中的最大溶解度
F	1148	6.69	渗碳体的成分
G	912	0	α-Fe⇌γ-Fe 同素异构转变点
H	1495	0.09	碳在 δ-Fe 中的最大溶解度
J	1495	0.17	包晶点 $L_b + \delta_H \rightleftharpoons A_j$
K	727	6.69	渗碳体的成分
N	1394	0	γ-Fe⇌δ-Fe 同素异构转变点
P	727	0.0218	碳在 α-Fe 中的最大溶解度
S	727	0.77	共析点 $A_S \rightleftharpoons F_p + Fe_3C$
Q	室温	0.0008	碳在 α-Fe 中的溶解度

2. 相图中的主要线

相图中的主要线及含义，如表2-4所示。

表2-4　铁碳合金相图中的主要线及含义

主要线	含　义
ABCD	液相线
AHJECF	固相线
HN	$A \rightleftharpoons \delta$ 的同素异构转变温度线，即碳在 δ 中溶解度线
JN	$A \rightleftharpoons \delta$ 的同素异构转变温度线
GS	$F \rightleftharpoons A$ 的同素异构转变线，常以 A_3 表示
GP	$F \rightleftharpoons A$ 的同素异构转变线
PQ	碳在铁素体中的溶解度，也叫固溶线
ES	碳在奥氏体中的溶解线，常以 A_{cm} 表示

续 表

主要线	含　　义
HJB	包晶转变线 $L_B + \delta_H \rightleftharpoons A_J$
ECF	共晶转变线 $L_c \rightleftharpoons A_E + Fe_3C$
PSK	共析转变线 $A_S \rightleftharpoons F_p + Fe_3C$，常以 A_1 表示

3. 相图中的相区

相图中有5个单相区、7个两相区、3条三相共存的水平线。

单相区：*ABCD* 液相线以上的液相（*L*）区、*ANHA* 内的 δ 相区、*GPQG* 内的铁素体（*F*）相区、*NJESGN* 内的奥氏体（*A*）相区、*DFK* 垂线代表的渗碳体（Fe_3C）相区。

两相区：分别存在于两个单相区之间，它们是 *ABJHA* 内的 $L+\delta$、*JBCEJ* 内的 $L+A$、*CDFC* 内的 $L+Fe_3C$、*NHJN* 内的 $\delta+A$、*GSPG* 内的 $F+A$、*SEFKS* 内的 $A+Fe_3C$、*PSK* 线和 *PQ* 线以内的 $F+Fe_3C$。

三相共存的水平线：*HJB* 包晶线上 *L*、δ、*A* 三相共存、*ECF* 共晶线上 *L*、*A*、Fe_3C 三相共存、*PSK* 共析线上 *A*、*F*、Fe_3C 三相共存。

（三）铁碳合金按相图分类

铁碳合金按在相图中的位置不同可分为三类：

1. 工业纯铁（C<0.0218%）

2. 钢（0.0218%<C<2.11%）

钢又分为亚共析钢（0.0218%<C<0.77%），共析钢（C=0.77%），过共析钢（0.77%<C<2.11%）。

3. 生铁（2.11%<C<6.69%）

生铁也叫白口铁。生铁又分为亚共晶生铁（2.11%<C<4.3%），共晶生铁（C=4.3%）和过共晶生铁（4.3%<C<6.69%）。

（四）典型合金的平衡结晶过程

由于 δ 相及其有关的包晶转变在实际应用中意义不大，在下面讨论中予以省略。下面以六种典型的铁碳合金为例，对其平衡结晶过程进行分析，如图2－29所示。

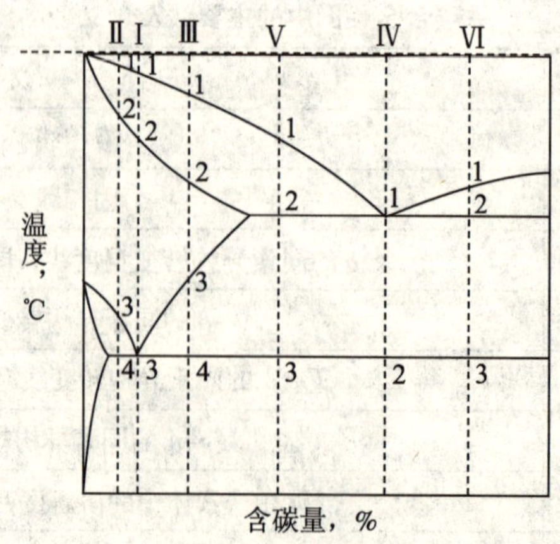

图2－29　六种典型铁碳合金的结晶过程分析

1. 共析钢（C=0.77%）

图2-29中合金Ⅰ为共析钢。共析钢在温度高于1点时，合金为液溶体，当温度降至1点时，从液溶体中开始结晶出奥氏体，温度在1点与2点之间时，为液溶体与奥氏体两相共存，随着温度的降低，奥氏体量不断增加，冷却到2点时，液溶体全部结晶成奥氏体，合金具有单相奥氏体组织，继续冷却到3点（*S*点）时，发生共析转变，奥氏体全部转变成珠光体。温度再继续降低时，珠光体基本上不再发生变化。所以，常温下共析钢的组织是珠光体，其显微组织如图2-30所示。

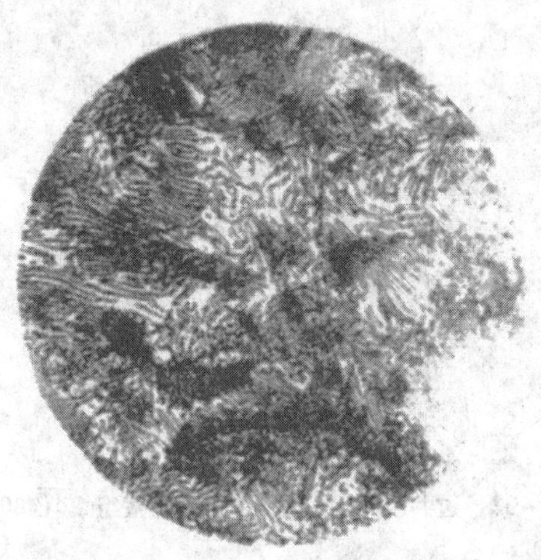

图2-30　共析钢的显微组织（250×）

2. 亚共析钢（C=0.77%）

图2-29中合金Ⅱ为亚共析钢。温度在1点和3点之间时的结晶过程与共析钢相似。当温度降至3点与*GS*线相交后，从奥氏体中开始析出铁素体，称为先共析铁素体。随着温度的下降，奥氏体含碳量增加，相对量不断减少，当温度降至4点（727℃）时，剩余的奥氏体含碳量为0.77%，发生共析转变，生成珠光体。温度在4点以下继续冷却过程中铁素体析出三次渗碳体（$Fe_3C_{Ⅲ}$），但数量极少，可忽略不计。因此，亚共析钢室温的平衡组织为铁素体和珠光体，其显微组织如图2-31所示。

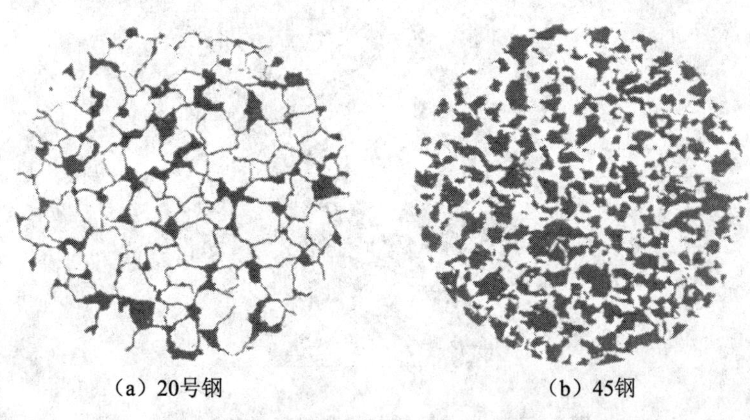

（a）20号钢　　　　（b）45钢

图2-31　亚共析钢的显微组织

3. 过共析钢（0.77% < C < 2.11%）

图2－29中合金Ⅲ为过共析钢。温度在1点和3点之间时的结晶过程与共析钢相似。当温度降至3点与ES线相交后，从奥氏体中开始析出渗碳体，以网状分布在奥氏体晶界上，这种由奥氏体中单独析出的渗碳体，叫做二次渗碳体（Fe_3C_{II}）。随着温度的下降，析出二次渗碳体的数量增多，奥氏体中含碳量相对降低，当温度降至4点，与PSK线相交时，奥氏体含碳量已降至0.77%，发生共析反应转变成珠光体。过共析钢常温组织为珠光体和网状二次渗碳体，其显微组织如图2－32所示。

图2－32　过共析钢（1.2%C）的显微组织（400×）

4. 共晶生铁（C＝4.3%）

图2－29中合金Ⅳ为共晶生铁。温度在1点以上时，合金为液溶体。当温度降至1点即*C*点（1148℃）时，发生共晶转变生成莱氏体Ld（$A+Fe_3C$），继续冷却过程中莱氏体中奥氏体不断析出二次渗碳体。二次渗碳体主要分布在奥氏体边界上，与共晶渗碳体连成一片，无法分辨。当温度降至2点与PSK线相交时，剩余奥氏体发生共析转变生成珠光体。此时，高温时的莱氏体（$A+Fe_3C$）转变成低温莱氏体（$P+Fe_3C$），又叫变态莱氏体，用L′d表示。继续冷却到室温合金的组织不再发生变化，室温平衡组织为低温莱氏体，由条状或粒状珠光体和渗碳体基体组成，其显微组织如图2－33所示。

图2－33　共晶生铁的显微组织（100×）

5. 亚共晶生铁（2.11% < C < 4.3%）

图 2 - 29 中合金Ⅴ为亚共晶生铁。温度降至 1 点时，合金液溶体中析出奥氏体，叫先共晶奥氏体，继续冷却先共晶奥氏体增多，降至 2 点时，剩余液溶体发生共晶反应，生成高温莱氏体（$A + Fe_3C$）。在 2 点以下，继续冷却，先共晶奥氏体和共晶奥氏体中都析出二次渗碳体，随着二次渗碳体的析出，奥氏体含碳量减少，冷却至 3 点奥氏体发生共析反应，生成珠光体，高温莱氏体转变为低温莱氏体，3 点以下继续冷却，合金的组织不再发生变化，室温组织为珠光体、低温莱氏体和二次渗碳体，其显微组织如图 2 - 34 所示。

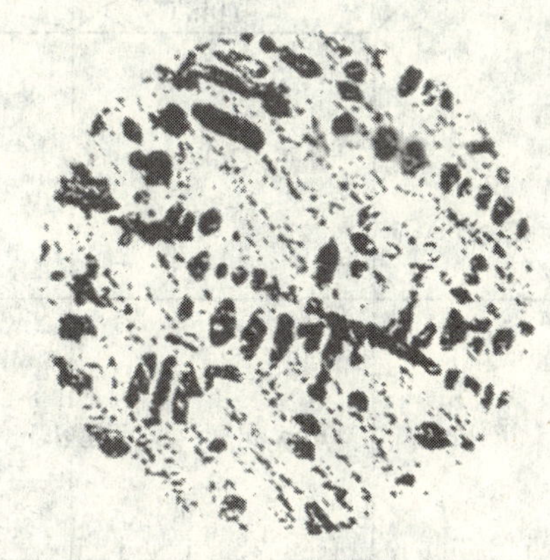

图 2 - 34　亚共晶生铁的显微组织（100 ×）

6. 过共晶生铁（4.3% < C < 6.69%）

图 2 - 29 中合金Ⅵ为过共晶生铁。温度降至 1 点时，先析出渗碳体，这种从液溶体中析出的渗碳体叫做一次渗碳体，温度在 1 点和 2 点之间，随着温度的降低一次渗碳体量不断增加，液溶体的量不断减少，含碳量也不断减少。当温度降至 2 点时，液溶体含碳量为 4.3%，发生共晶反应，生成高温莱氏体，一次渗碳体无变化。在温度 2 点和 3 点之间继续冷却时，莱氏体中的奥氏体将不断析出二次渗碳体，含碳量不断减少，冷却至 3 点时，奥氏体含碳量达到 0.77%，此时，发生共析转变，生成珠光体，继续冷却合金组织没有变化，常温下的组织为低温莱氏体和一次渗碳体，其显微组织如图 2 - 35 所示。

图 2 - 35　过共晶生铁的显微组织（100 ×）

通过以上六种典型合金平衡结晶过程的分析，便可得知各种成分的铁碳合金在不同温度下，其组成物是什么，因而，可用组织组成物标注铁碳合金相图，如图 2 – 36 所示。

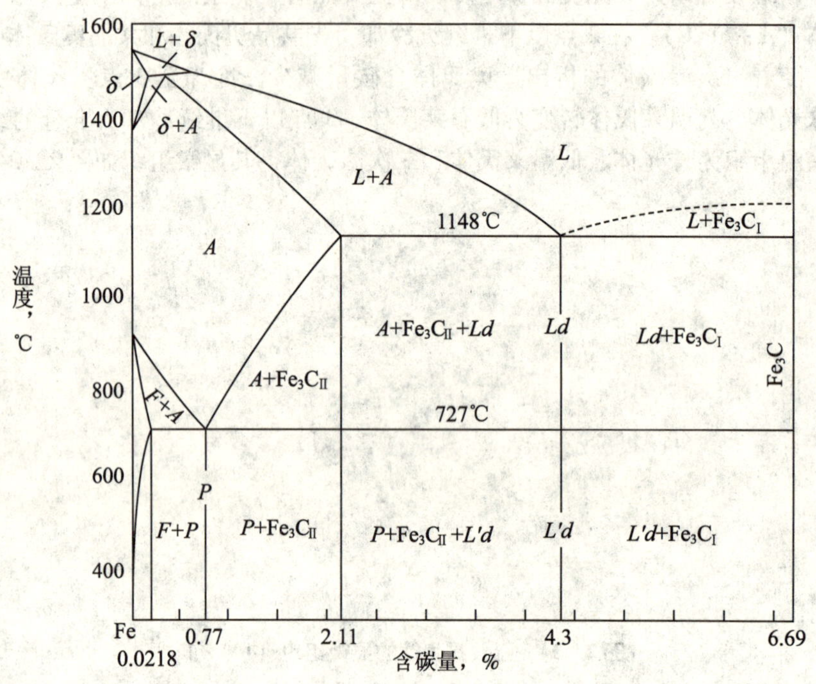

图 2 – 36　标注组织组成物的铁碳合金相图

三、平衡条件下铁碳合金的性能

（一）力学性能

合金的性能受其组织影响。平衡条件下铁碳合金的室温组织是由铁素体和渗碳体两相组成，铁素体是个软而韧的相，渗碳体是个硬而脆的相，铁碳合金的力学性能受这两相的影响，情况如下：

硬度主要受组成相的硬度及相对量影响，而受第二相形状、分布影响较小，所以，随着含碳量的增加渗碳体数量增加，合金的硬度呈直线关系增加。

强度的大小除受组成相或组成物性能、相对量影响外，受第二相形状、分布影响很明显。亚共析钢的组织组成物为铁素体和珠光体，渗碳体全部存在于珠光体中，由于珠光体是铁素体和渗碳体层片相间的组织，且组织均匀、细密，有很高的强度，所以，在亚共析钢范围内，随着含碳量的增加，珠光体数量增加，钢的强度呈直线增加。含碳量达到 0. 77%，即共析钢，其组织全部是珠光体，这时钢的性能就是珠光体的性能。含碳量超过 0. 77% 以后，为过共析钢，组织由珠光体和二次渗碳体组成，随着含碳量的增加，二次渗碳体析出的量增加，并呈网状分布在珠光体周围，起着削弱合金强度的作用，在含碳量小于 1% 时，由于二次渗碳体析出量少，且未连成网，钢的强度随含碳量的增加仍提高，但已不再成直线关系了，含碳量为 1% 时，强度达到最大值，含碳量大于 1% 以后由于二次渗碳体析出量增加，并形成网状，钢的强度迅速下降，含碳量增加到 2. 11% 后组织中出现莱氏体，强度降到很低。

塑性、韧性随含碳量的增加，铁素体的减少、渗碳体的增加而不断降低，当渗碳体形成网状后急剧降低。

平衡条件下含碳量对铁碳合金力学性能的影响如图 2－37 所示。

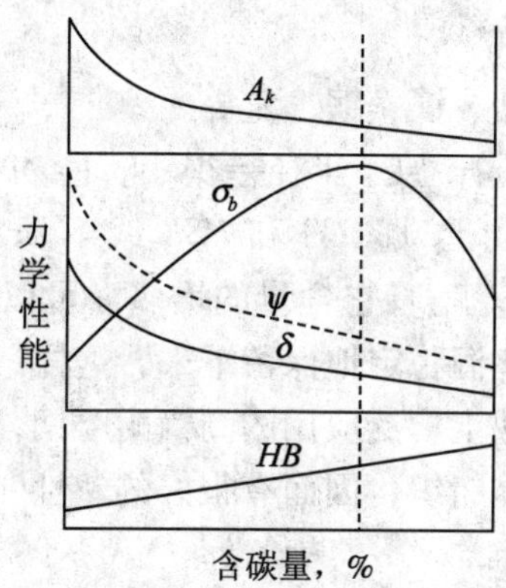

图 2－37　含碳量对铁碳合金力学性能的影响

为了保证工业用钢具有足够的强度和一定的塑性、韧性，其含碳量一般不超过 1.4%。生铁组织中有大量的渗碳体，又硬又脆，难以压力加工，故应用不广，主要用作炼钢和铸铁的原料。

（二）物理、化学性能

随着含碳量的增加，铁碳合金组织中渗碳体增多，合金的矫顽力呈直线增加；最大磁导率呈直线下降，因此，高碳钢可制造永久磁铁（硬磁材料），纯铁可制造电磁铁的铁芯（软磁材料）。此外，随着含碳量的增加，电阻也接近呈直线增加，耐蚀性逐渐下降。

（三）工艺性能

1. 铸造性

从铁碳合金相图可看出，接近共晶成分（C＝4.3%）的生铁，液相线和固相线距离最小，而且熔点低，铸造性能好。此外，低碳钢的液相线和固相线距离小，铸造性能也很好，但熔点较高。

2. 压力加工性

钢的冷压力加工性（指冲压性）随含碳量增加而降低，而热压力加工性（指锻造性）无论含碳量多少，都较好，因为钢在高温下均可获得单相奥氏体组织，奥氏体为面心立方晶格，塑性好。

（四）合金元素对铁碳合金相图的影响

铁碳合金中的钢是重点。钢中除了铁和碳以外，还有硅、锰、硫、磷、氮、氧、氢等元素，这些元素是原料或冶炼过程中带入的，叫做常存元素。为了适应某些使用要求，特意提高硅、锰的含量或特意加进铬、镍、钨、钼、钒等元素，这些特意加进的或提高含量的元素叫做合金元素。

含有合金元素的钢，叫做合金钢。在合金钢中，组织与成分、温度之间关系要用三元或多元相图表示，很复杂。为了便于研究，人们习惯于以铁碳二元合金相图为基础，来考虑合金元素对它的影响，以此作为研究合金钢组织和性能的依据。同时，合金钢在使用时

都要进行热处理，钢在热处理时往往是加热到使组织转变为奥氏体，然后，以不同速度冷却，获得所需要的组织和性能。因此，在此着重研究合金元素对铁碳合金相图中奥氏体相区和 *S* 点、*E* 点的影响及其实际意义。

1. 对奥氏体相区的影响

（1）扩大奥氏体相区

扩大奥氏体相区的元素有锰、镍、铜、氮等。

锰、镍与 γ-Fe 晶体结构相同，原子半径差很小，能和 γ-Fe 形成无限固溶体。它们加入钢中后，能使相图中的 *NJ* 线上升，*GS* 和 *PSK* 线下降，使奥氏体存在范围扩大。图 2－38 为锰对奥氏体相区的影响。随着它含量的增多，可以把奥氏体相区扩大到室温，使原先在高温存在的奥氏体能在室温稳定地保留下来，这样钢在室温时便具有单相奥氏体组织，这类钢也叫奥氏体钢。工业上广泛应用的高锰耐磨钢，铬、镍不锈钢等都属于奥氏体钢。这类钢由于具有单相奥氏体组织，因而有很好的塑性、韧性，同时，也具有很大的加工硬化能力。

氮、铜能部分溶于 γ-Fe 中，形成间隙固溶体，也能扩大奥氏体相区，但由于它们只能部分溶于 γ-Fe，所以，只能少量加入钢中，对钢获得单一奥氏体组织起辅助作用。

（2）缩小奥氏体相区

缩小奥氏体相区的元素有硅、铬、钼、钨、钒、钛等。除硅外，它们的晶体结构多为体心立方晶格，与 α-Fe 相同，在 α-Fe 中的溶解度远大于在 γ-Fe 中的溶解度，因而都能缩小奥氏体相区。其中，铬、钒与 α-Fe 原子半径也很接近，与 α-Fe 能无限互溶，当这些元素含量达到一定量时，可使奥氏体相区封闭以致完全消失。当钢中加入这些元素后，能使相图中 *NJ* 线下降，*GS* 线和 *PSK* 线上升，使奥氏体相区缩小，以至消失。图 2－39 为铬对奥氏体相区的影响。如钢中含有大量的这类元素，可使其在熔点以下加热或冷却时均无相变发生，始终保持单一的铁素体组织，这类钢称为铁素体钢。工业上应用的高硅变压器钢，高铬不锈钢、硅、铝的抗氧化钢等，都属于铁素体钢。

以上两种情况，都能使钢获得单相组织，因没有相变，以致这类钢不能用热处理方法进行强化。

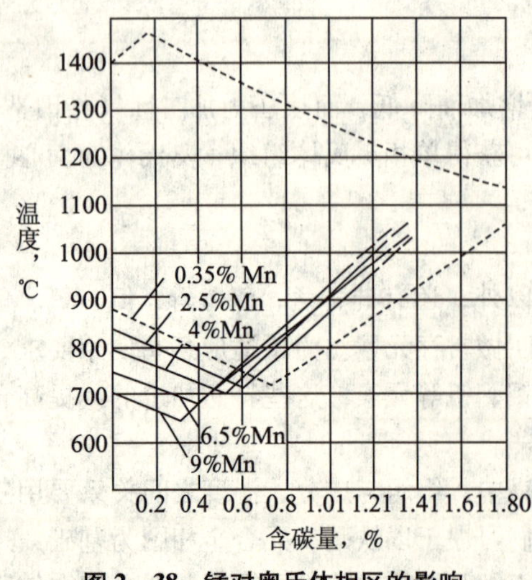

图 2－38　锰对奥氏体相区的影响

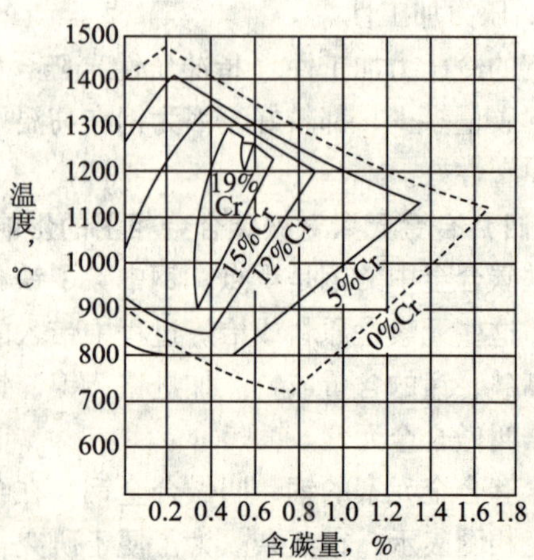

图 2－39　铬对奥氏体相区的影响

2. 对特征点的影响

（1）改变共析点温度

合金元素镍、锰等使共析温度（A_1）降低；铬、硅、钼、钨、钛等使共析温度升高，如图2－40（a）所示。因此，合金钢的热加工温度和热处理加热温度与含碳量相同的碳钢不同。

（2）改变S、E点的成分

大多数合金元素都能使S、E点左移，降低共析点的含碳量和γ-Fe中的最大含碳量，图2－40（b）表示合金元素对共析点的影响。例如，含铬为12%时，共析点含碳量为0.4%，所以，含碳量0.4%、含铬12%的钢，其组织不再是铁素体和珠光体，而全部为珠光体。又如，含有大量钨的高速工具钢（W18Cr4V）含碳量仅0.8%左右，组织中就含有莱氏体组织，这种钢叫莱氏体钢。显然，由于S、E点的左移，合金钢共析点的含碳量比碳钢低，使相同含碳量的亚共析合金钢，比碳钢含有较多的珠光体；而过共析合金钢含有更多的二次碳化物。在判断合金钢的退火组织时要特别注意这一点。

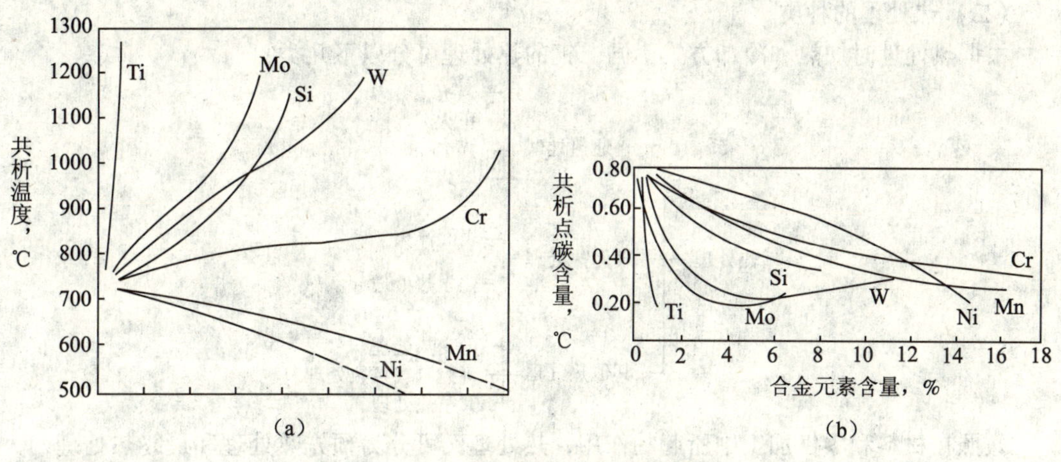

图2－40　合金元素对共析成分和共析温度的影响

第四节　钢的热处理

一、概述

（一）热处理的概念、特点和意义

热处理是将钢加热到一定的温度，在该温度下保温一段时间，然后，以一定的速度冷却的工艺过程。对钢进行加热、保温和冷却是热处理的必要条件，不同的热处理方法，加热温度，冷却速度不同，但都可以用温度—时间坐标图描绘出来。见图2－41。该图称为热处理规范图或热处理工艺曲线。加热温度、保温时间、冷却速度通常又叫热处理工艺参数。

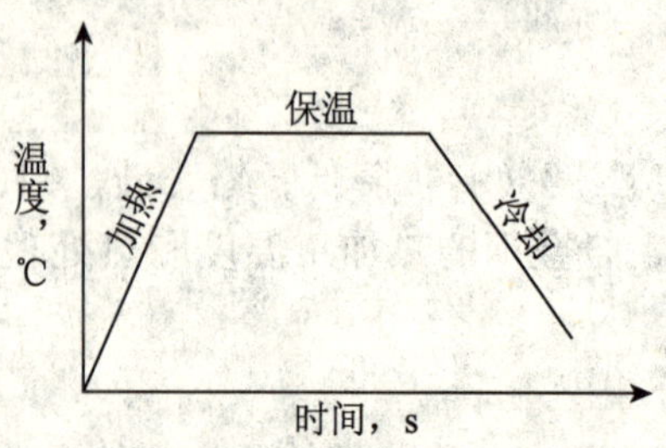

图 2-41　热处理工艺曲线示意图

热处理的特点是不改变零件或成材的形状和尺寸（变形热处理除外），而通过改变其内部组织，使钢的性能得到改善。钢所以能进行各种热处理，主要是因为钢在固态下能发生相变。

随着工农业生产的发展和科学技术的进步，使用条件对钢性能的要求也更高和更加多样化。改善钢的性能有两个途径：一是研制新钢种；二是对钢进行热处理。

（二）热处理的种类

根据热处理时加热和冷却方式不同，钢的热处理可分以下几类：

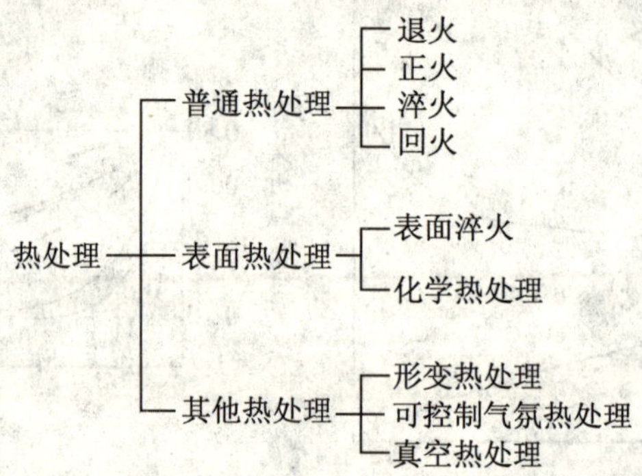

按照在材料和零件加工中所起的作用，热处理又可分为预先热处理和最终热处理两大类。预先热处理，其目的是为冷加工（切削加工和冷压力加工）或进一步热处理做组织准备，如降低硬度、提高塑性、消除内应力、细化晶粒等。若预先热处理是在冷加工中穿插进行的，也叫中间热处理。预先热处理多在冶金企业进行。所谓热处理状态交货，一般指的就是由冶金企业进行预先热处理的交货方式。为了获得材料和零件使用性能的热处理，叫最终热处理，主要在机械制造部门进行。如果金属材料由冶金企业交货后直接使用，则出厂前的预先热处理也就成了最终热处理。

（三）加热或冷却对铁碳相图临界点的影响

在实际生产中，加热速度或冷却速度都比较快，组织转变具有滞后现象。因此，临界点会升高或下降，加热或冷却速度越快，临界点升高或降低得越多。为了区分加热时或冷却时的临界点，通常在表示临界点的字母后面加注“C”或“r”。铁碳合金相图中具有重要意义的 A_1、A_3、A_{cm} 临界点，在加热时表示为 A_{C_1}、A_{C_3}、$A_{C_{cm}}$；在冷却时表示为 A_{r_1}、A_{r_3}、$A_{r_{cm}}$。见图 2-42。

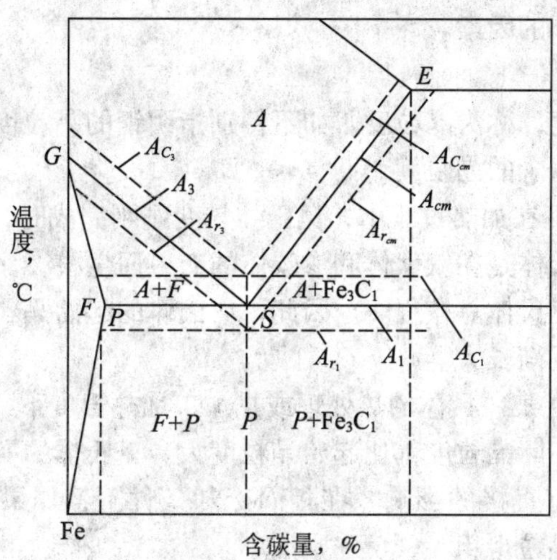

图 2－42 加热或冷却对铁碳相图临界点的影响

二、钢在加热时的转变

钢的热处理大多数情况下都是首先把钢加热，使其组织转变为奥氏体，然后，再以不同的方式冷却。因此，讨论钢在加热时的转变，主要是了解奥氏体的形成过程及影响奥氏体晶粒大小的因素。

（一）奥氏体的形成

钢的室温组织向奥氏体转变的过程，称为奥氏体化，一般分为三个阶段进行。

1. 珠光体转变为奥氏体

钢件加热至 A_{C_1} 时，钢中的珠光体转变为奥氏体。与其他相变一样，珠光体向奥氏体转变也是由生核和核长大两个过程完成的。当加热至 A_{C_1} 时，奥氏体晶核首先在铁素体和渗碳体的相界面上形成，然后，分别向铁素体和渗碳体区域生长，直到珠光体全部变成奥氏体。

2. 铁素体的转变及碳化物的溶解

加热至 A_{C_1} 以上，珠光体已全部转变成奥氏体。此时，亚共析钢中的渗碳体及其他碳化物逐渐溶入奥氏体。当加热至 A_{C_3} 以上时，亚共析钢的铁素体全部转变成奥氏体；当加热至 $A_{C_{cm}}$ 以上时，过共析钢中的渗碳体全部溶入奥氏体，组织全部奥氏体化。当钢中含有合金元素，如钒、钛、铌等，它们的碳化物要在更高温度时才能溶入奥氏体，因而这些合金钢必须加热至更高温度才能奥氏体化。

3. 奥氏体成分的均匀化

奥氏体刚刚形成时，成分是不均匀的，原先铁素体存在的区域内含碳量比较低，原先渗碳体存在的区域内含碳量较高。为了使奥氏体成分均匀，必须有一定时间以保证原子能充分扩散。所以，在热处理或热加工的加热过程中，当钢件加热到奥氏体化温度后，还要保温一定时间，使钢件内外温度均匀，原子能充分扩散而得到成分均匀的奥氏体。

（二）奥氏体晶粒的大小

对大多数钢来说，虽然在使用状态时组织并不是奥氏体，但奥氏体是钢进行冷却转变的母相，其晶粒大小对热处理后钢的组织和性能有直接的影响。因此，必须了解奥氏体晶

粒度的概念和影响其大小的因素。

1. 奥氏体的晶粒度

表示晶粒大小的尺度，称为晶粒度。如不特别指明钢的晶粒度，就是指奥氏体的晶粒度。奥氏体有三种不同概念的晶粒度。

（1）起始晶粒度。钢在加热过程中，奥氏体转变刚刚完成时，奥氏体晶粒的大小，称为起始晶粒度。由于奥氏体是在铁素体和渗碳体的交界面生核，而铁素体和渗碳体的交界面又很多，这样形成的奥氏体晶核很多。因此，奥氏体的起始晶粒度都比较细小，在继续加热或保温时，晶粒才逐渐长大。

（2）实际晶粒度。在某一具体的热处理或热加工加热温度下，获得的奥氏体晶粒的大小，称为实际晶粒度。实际晶粒度都比起始晶粒度大。奥氏体的实际晶粒度对钢在室温时的晶粒大小及钢的性能有直接的影响。在相同冷却条件下，如果奥氏体实际晶粒是粗大的，则冷却后钢的室温晶粒也粗大，反之则细小。

（3）本质晶粒度。不同钢种的钢，晶粒长大倾向是不同的。根据冶金标准的规定，将钢加热到930±10℃，保温8小时，冷却后测得的晶粒度，称为本质晶粒度。将其放大100倍，分为8个晶粒大小级别，并制成标准图谱，晶粒号越大，晶粒越细小。见图2－43。通常把本质晶粒度为1～4级的钢称为本质粗晶粒钢；把本质晶粒度为5～8级的钢称为本质细晶粒钢。

应该指出，本质晶粒度只表示在规定条件下奥氏体晶粒长大的倾向，并不代表钢的实际晶粒大小。本质细晶粒钢如果加热温度过高或保温时间过长，也会得到粗的晶粒；而本质粗晶粒的钢在严格控制加热温度和保温时间条件下，也可以得到细晶粒。

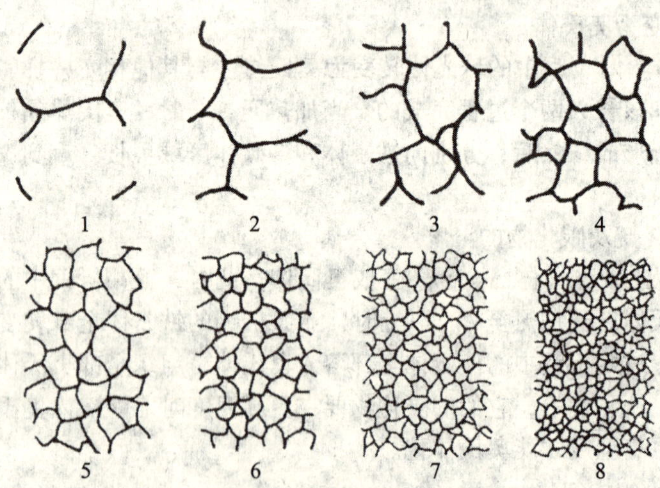

图2－43　钢的标准晶粒度等级（100×）

2. 影响奥氏体晶粒度的因素

（1）加热温度和保温时间。加热温度是影响奥氏体晶粒长大的最重要因素，加热温度越高，晶粒越容易长大，要想得到细晶粒，必须严格控制加热温度，对本质粗晶粒钢更为重要。在一定的温度下，保温时间越长，晶粒也越粗大，但影响不如加热温度明显。

（2）化学成分。钢的化学成分对奥氏体长大有重要影响。钢中加入能生成稳定碳化物

的元素（如钒、钛、铌等）和能生成稳定氧化物及氮化物的元素（如铝等）能阻止晶粒长大，这是因为它们生成的碳化物、氧化物和氮化物，往往弥散分布在奥氏体晶界上，机械地阻碍奥氏体晶界的推移，起着细化晶粒的作用。而锰和磷则有促使奥氏体晶粒长大的倾向。在工业生产中，一般经铝脱氧的钢或在钢中加适量合金元素钒、钛、铌等，可得到本质细晶粒钢，而只用锰脱氧的沸腾钢是本质粗晶粒钢。

三、钢在冷却时的转变

热处理过程中，对钢进行加热、保温，获得均匀的奥氏体后，随后还要冷却。实践证明，冷却方式不同，冷却速度不同，奥氏体转变后的组织和性能也不同。热处理工艺中，奥氏体化后的冷却方式有两种：等温冷却和连续冷却。

（一）奥氏体在等温冷却时的转变

将已奥氏体化的钢迅速冷却到临界点 A_1 以下某一温度进行保温，使其在该温度下转变，这种冷却叫等温冷却。通常把临界点以下，还未发生组织转变的奥氏体，叫过冷奥氏体。奥氏体的等温转变也称过冷奥氏体的等温转变。

1. 过冷奥氏体等温转变曲线

用来描述过冷奥氏体在等温冷却时，转变温度、转变时间和转变产物之间关系的曲线叫过冷奥氏体等温转变曲线。它是用实验方法测得的。将待测钢种制成若干组试样，全部加热至奥氏体化，然后，将各组试样分别冷却至 A_1 以下不同温度进行保温，再用金相显微镜观察组织转变情况，找出过冷奥氏体在不同温度下，开始转变和转变终了的时间，并将各个温度的转变开始点和终了点绘在“温度—时间”坐标中，把意义相同的点连接起来，便绘得过冷奥氏体等温转变曲线。因曲线形状像字母 C 或 S，也称 C 曲线或 S 曲线。

2. 共析钢的 C 曲线

图 2-44 为共析钢的 C 曲线。从图中可知，自温度 A_1 到 M_s 之间有两条曲线，左边一

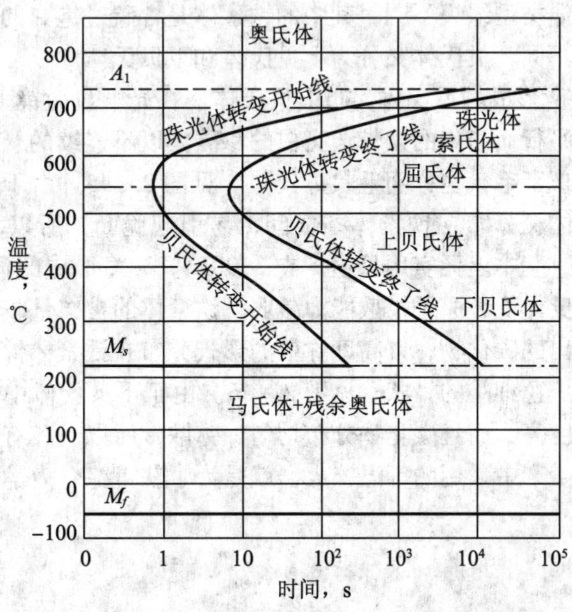

图 2-44　共析钢 C 曲线

条为过冷奥氏体等温转变开始线，右边一条为转变终了线，曲线的上部向 A_1 线接近而不相交，曲线下部的两条水平线上面一条为过冷奥氏体向马氏体转变开始线，以 M_s 表示，下面一条为马氏体转变终了线，以 M_f 表示。从纵轴到转变开始线的水平距离叫孕育期，表示过冷奥氏体在各温度等温转变之前所经历的时间。孕育期越长，过冷奥氏体越稳定，孕育期最短的部分通常叫做 C 曲线的"鼻尖"。共析钢 C 曲线的鼻尖部位约为 550℃。

3. 共析钢等温转变的产物

共析钢等温转变的产物分三种类型：

（1）珠光体类型组织。从 A_1 以下到 550℃温度范围内发生的转变叫珠光体转变，转变产物为珠光体类型组织，即渗碳体呈片状分布在铁素体基体上的组织，转变时过冷度越大，生成组织层片越细，根据层片粗细不同，分别叫做珠光体（P）、索氏体（S）和屈氏体（T）。珠光体的层片在普通显微镜（500×）下可看到，索氏体的层片须在放大 1000～1500 倍下才能看到，而屈氏体须在放大 10000～15000 倍的电子显微镜下才能分辨。这三种组织没有本质区别，也没有严格的界限，只是层片粗细不同。由于层片粗细不同，其性能不同，层片越细，强度、硬度越高，塑性、韧性越好。它们的性能见表 2－5。

表 2－5　珠光体类型组织性能

组织名称及代号	HRC	σ_b（MPa）	σ_s（MPa）	δ（%）	ψ（%）
珠光体（P）	7～23	900～1100	300～600	12～16	20～30
索氏体（S）	23～34	1100～1300	600～750	16～17	30～42
屈氏体（T）	34～37	1300～1450	750～900	11～17	34～42

（2）贝氏体组织。过冷奥氏体从 C 曲线鼻尖以下到 M_s 温度范围内（550℃～230℃）发生的转变叫贝氏体转变，转变产物称为贝氏体（B）。贝氏体也是由铁素体和渗碳体两相组成的，但和珠光体类型组织不同，其中的铁素体是含碳过饱和的固溶体。根据转变温度和生成物组织形态不同，贝氏体又分为上贝氏体和下贝氏体。

在 550℃～350℃所形成的贝氏体，叫上贝氏体。在光学显微镜下，铁素体呈暗黑色，自晶界向晶粒内长成平行而密集的条带，亮白的渗碳体以不连续的、短杆状分布在铁素体条之间，整个组织形似羽毛，也称羽毛状贝氏体。见图 2－45。由于铁素体条较宽，塑性变形抗力不大，渗碳体又分布在铁素体条之间，易引起脆断，所以，上贝氏体的强度不高，塑性、韧性很差，基本上无实用价值。在 350℃～230℃形成的贝氏体，叫下贝氏体，由于转变温度较上贝氏体低，原子扩散能力减弱，铁素体的含碳量较上贝氏体有更大的过饱和度，自奥氏体析出的碳化物，以高度弥散的形式分布在铁素体针内，在显微镜下，下贝氏体中的铁素体呈黑色细小的针状。见图 2－46。由于下贝氏体中铁素体片细小，碳的过饱和度大，位错密度高，而且碳化物分布均匀、弥散，所以，具有很高的强度、硬度和良好的塑性和韧性。生产中采用的等温淬火，就是为了获得综合力学性能较好的下贝氏体组织。

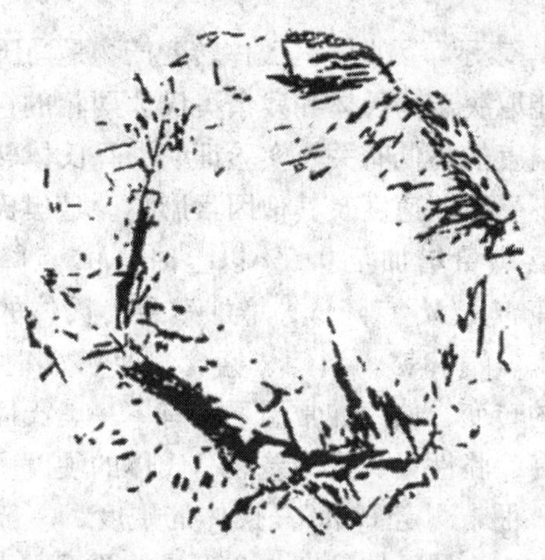

图 2-45 上贝氏体的显微组织（0.8%C）（200×）

图 2-46 下贝氏体的显微组织（0.8%C）（200×）

（3）马氏体和残余奥氏体。将奥氏体自 A_1 以上温度迅速冷至 M_s（230℃）以下发生的转变，为马氏体转变，转变产物是马氏体和残余奥氏体。由于转变温度低，过冷度大，铁、碳原子都失去了扩散能力，在 M_s 以下奥氏体直接发生同素异构转变，转变为铁素体，奥氏体的含碳量全部转移到铁素体中，铁素体由于含碳过饱和晶格发生畸变，变成体心正方晶格（$a=b\neq c$）。碳在 α-Fe 中的过饱和固溶体叫做马氏体，用符号 M 表示。马氏体转变前后，新相马氏体和旧相奥氏体之间没有成分的变化，只是晶格的改组，这种转变也称非扩散型转变。而转变前后新相与旧相之间有成分变化的，称为扩散型转变。由此得知，珠光体类型转变属于扩散型转变。而贝氏体转变属于半扩散型转变。

当奥氏体过冷至 M_s 以下，便有一批马氏体在奥氏体中出现，并以极快的速度瞬时长大，而且产生很大的体积膨胀，给周围奥氏体很大压力，抑制奥氏体向马氏体的继续转变。必须继续冷却，在更低温度下才会有新的马氏体生成，直至马氏体转变终了温度 M_f（共析钢约为 -50℃），转变才中止。可见马氏体是在一定温度范围内（$M_s \sim M_f$）连续冷却的转变产物。需要指出的是，即使冷至马氏体转变终了温度 M_f，奥氏体也不能 100% 地转变成马氏体，总有一部分奥氏体被保留下来，在通常的热处理条件下，多数是冷至室温，这样保留下来的奥氏体数量将更多。被保留到室温，组织仍未发生转变的这一部分奥氏体，

称为残余奥氏体。用A'或$A_{残}$表示。因此，马氏体转变产物是马氏体加残余奥氏体。

马氏体转变产物的性能取决于马氏体和残余奥氏体两相的性能和相对量，而残余奥氏体的数量又与马氏体转变温度的高低有关。实验证明，马氏体转变温度的高低主要是由奥氏体成分决定的，基本上不受冷却速度及其他因素影响。随奥氏体含碳量的增加，马氏体转变温度降低，当奥氏体含碳量增加至0.5%以上时，M_f点降至室温以下，合金元素除铝、钴外，其他元素均可使M_s、M_f点降低，增加残余奥氏体的数量，不过其作用比碳小得多，影响较大的元素是镍、锰和铬。当镍、锰含量足够多时，会使M_s降至室温以下，从而抑制奥氏体向马氏体的转变，使钢在常温下具有单一奥氏体组织。

马氏体的特点是硬度高，脆性大，塑性差。马氏体的硬度主要取决于含碳量，马氏体因与残余奥氏体混在一起，很难测定100%马氏体的硬度，一般用淬火钢的最大硬度值来代替马氏体的硬度。图2-47为马氏体硬度与含碳量的关系。由图可知，马氏体的硬度随含碳量的增加而急剧增大，当含碳量增至0.8%左右时由于钢中残余奥氏体量增多，硬度不再增加，最高可达HRC65。

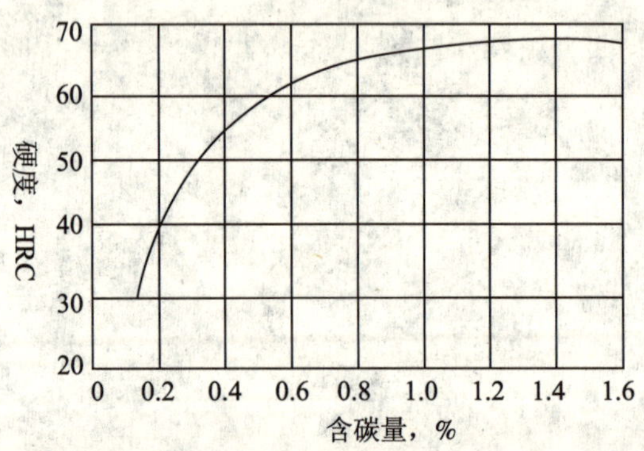

图2-47　马氏体硬度与含碳量的关系

马氏体的组织形态也因含碳量而异，当奥氏体含碳量小于0.4%时，几乎全部形成板条状，叫板条状马氏体或低碳马氏体，如图2-48所示。板条状马氏体除有过饱和碳原子的固溶强化作用外，还有高密度位错，因而强化效果显著，又由于含碳量低，马氏体转变温度（M_s、M_f）高，钢中残余奥氏体量少，并且在随后的冷却过程中还会有细小的碳化物自马氏体中析出，造成弥散强化，因此，有较高的强度和硬度。同时，由于含碳量低，过饱和度小，残余应力小，还具有较高的塑性和韧性。奥氏体含碳量大于1%时，全部形成针片状，叫做针状马氏体或片状马氏体，也叫做高碳马氏体。见图2-49。由于含碳量高，过饱和度大，内应力大，加之高碳马氏体形成速度极快（只需10^{-7}s，而低碳马氏体为10^{-4}s），在马氏体针片相遇的地带，由于彼此撞击容易出现显微裂纹，所以，高碳马氏体硬度高，脆性大。奥氏体含碳量为0.4%~1%时，为板条状马氏体和针状（或片状）马氏体的混合物。

残余奥氏体的硬度低，它的存在显著降低工件的硬度和耐磨性，同时，它还是一种不稳定组织，在工件长期使用中会发生分解，引起工件尺寸的变化，对精密工件和零件尺寸精度极不利。在热处理工艺中，为了减少残余奥氏体的数量，淬火时可继续冷却到零度以下，以延续马氏体的转变，这种工艺称为“冷处理”。

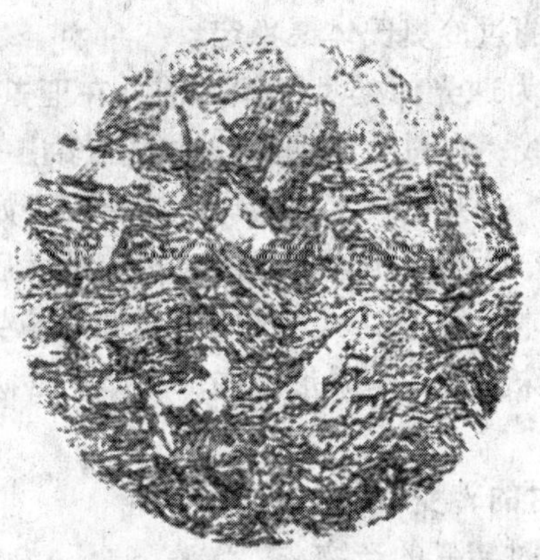

图 2-48　低碳（0.08%C）马氏体的显微组织（320×）

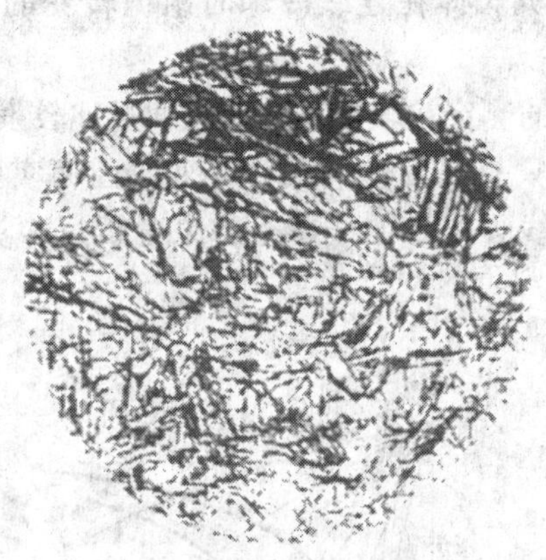

图 2-49　高碳（1.2%C）马氏体的显微组织（500×）

4. 亚共析钢与过共析钢的 C 曲线

亚共析钢和过共析钢的 C 曲线分别见图 2-50 和图 2-51。与共析钢 C 曲线基本相同，不同的地方有两点：

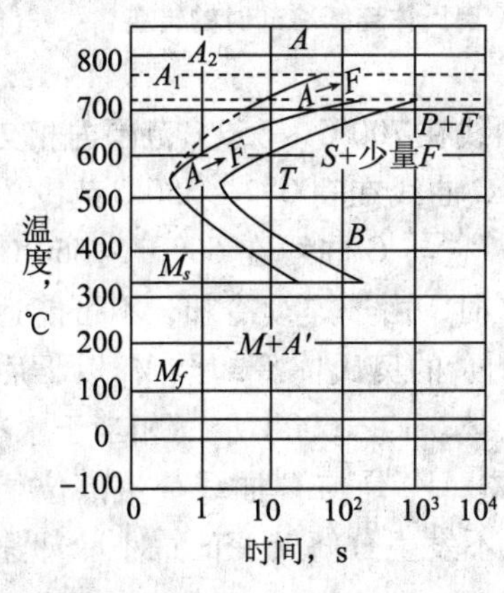

图 2-50　亚共析钢的 C 曲线

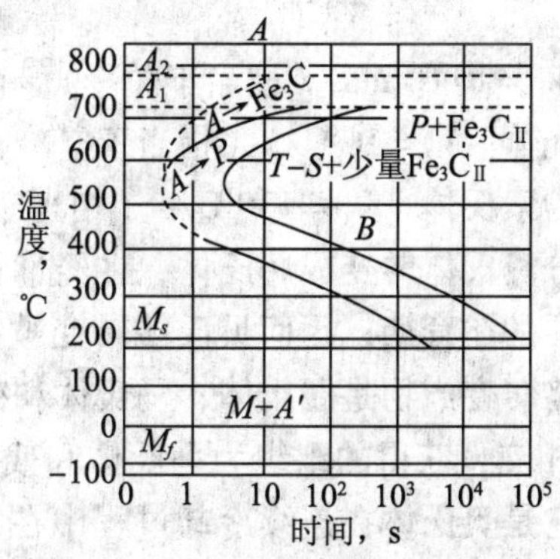

图 2-51　过共析钢的 C 曲线

（1）奥氏体的含碳量与共析钢成分相差越多，C 曲线的位置距纵轴越近，过冷奥氏体

越不稳定。碳钢中以共析钢的过冷奥氏体最稳定。

（2）在过冷奥氏体分解为珠光体类型组织之前，在亚共析钢的C曲线上多出一条反映先共析铁素体开始析出的线；在过共析钢的C曲线上多出一条反映二次渗碳体开始析出线。随着过冷度增大，先共析相开始析出线与珠光体转变开始线逐渐接近，在C曲线的鼻尖处与之重合。这说明，过冷度越大，过冷奥氏体转变结束后，组织中先共析铁素体或二次渗碳体数量越少，而珠光体数量越多，当过冷至C曲线鼻尖处温度时，奥氏体就不再析出先共析相，而全部转变为珠光体。这时形成的珠光体的含碳量不会符合共析成分。这样的共析体称为伪共析体。

（二）奥氏体连续冷却时的转变

1. 过冷奥氏体连续冷却时转变的产物

在实际热处理时，过冷奥氏体大多是在连续冷却中转变的，如随炉冷、空气中冷、水冷、油冷等。用来表示过冷奥氏体在连续冷却时组织转变的曲线，称钢的连续冷却转变曲线。

由于连续冷却转变曲线的测定比较困难，而且通过比较发现，连续冷却转变曲线与等温冷却转变曲线比较相似，只是不发生贝氏体转变。因而实际生产中，常以C曲线为依据，将过冷奥氏体冷却速度线画在C曲线图上，来分析过冷奥氏体在连续冷却时的转变，如图2－52所示。

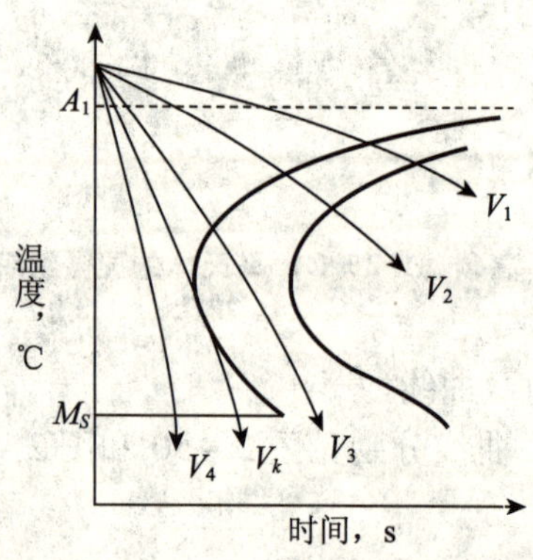

图2－52　在共析钢C曲线上分析过冷奥氏体连续冷却时的转变

图中V_1＝10℃/min（相当于炉冷），它与C曲线在700℃～650℃范围内相交，其转变产物为珠光体。V_2＝10℃/s（相当于空冷），它与C曲线在600℃～550℃范围内相交，其转变产物为索氏体。V_3＝130℃/s（相当于油冷），它与C曲线在600℃～550℃范围内相交，一部分奥氏体转变成屈氏体，在经过贝氏体区时，由于连续冷却，不可能达到贝氏体转变所需要的孕育期，因而贝氏体转变被抑止，剩余的奥氏体冷却至M_s以下后转变为马氏体，最终转变产物是屈氏体、马氏体和残余奥氏体。V_4＝600℃/s（相当于水冷），它不与C曲线相交，获得的组织为马氏体和残余奥氏体。V_k是与C曲线鼻尖部位相切的冷却速度线，它是奥氏体在连续冷却过程中在M_s以上不发生分解转变的最小冷却速度，叫做临界冷却速度或临界淬火速度。

2. 奥氏体连续冷却转变的特点

通过上述分析，可知奥氏体连续冷却转变有以下特点：

（1）奥氏体连续冷却的转变温度比等温冷却转变温度低，冷却速度越快，转变温度越低。

（2）奥氏体连续冷却转变是在一个温度范围内进行的，因而形成的组织粗细不均匀。有时转变物会出现几种组织的混合物。

（3）在连续冷却时，碳钢不能形成单一贝氏体组织，原因前面已述及。加入合金元素铬、钨等，使C曲线形成两个鼻尖，才会形成单一贝氏体。

（4）C曲线的位置距纵轴越远（越靠右），过冷奥氏体越稳定，越不易在冷却过程中发生中间转变，因而其临界冷却速度越小，越易在较缓慢的冷却条件下得到马氏体组织。

四、钢的退火和正火

（一）退火

将钢件加热到适当温度，保温一定的时间，然后，缓慢冷却（一般为随炉冷却），以获得接近于平衡组织的热处理工艺，称为退火。

根据钢的成分和退火目的的不同，退火可分为：完全退火、等温退火、球化退火、去应力退火和再结晶退火等。

1. 完全退火和等温退火

完全退火又称重结晶退火，一般称为退火。完全退火是将钢件加热至 A_{C_3} 以上20℃ ~ 30℃，保温一段时间，然后，缓慢冷却。所谓“完全”，是指退火加热时，钢的组织结构完全转变成奥氏体，冷却时发生重结晶（固态结晶有晶格类型转变，称为重结晶，如果没有晶格类型转变，则称为再结晶）。完全退火只适用于亚共析成分的各种碳钢和合金钢，一般常作为一些不重要工件的最终热处理，或作为某些重要件的预先热处理。

完全退火全过程所需时间非常长，特别是对于某些比较稳定的合金钢，往往需要数十小时，如果在对应钢的C曲线上，珠光体形成温度下进行奥氏体的等温转变处理，这样就有可能在等温处理前后，稍快地进行冷却，以便大大缩短整个退火的过程。这种退火方法便叫做等温退火。等温退火是完全退火的特殊形式，比完全退火有以下优点：一是退火操作时间短；二是奥氏体在等温下进行分解，组织均匀。

完全退火和等温退火主要目的是细化晶粒，改善组织，为最终热处理做组织准备。

2. 球化退火

将钢件加热至 A_{C_1} 以上20℃ ~30℃，保温一定时间，使钢中碳化物成为球状的热处理过程，叫做球化退火。球化退火主要适用于共析和过共析成分的钢。球化退火后的组织是在铁素体基体上，分布着细小均匀的、球状（颗粒）的渗碳体。球化退火的目的是降低钢的硬度和改善切削加工性。

3. 去应力退火

去应力退火又称低温退火（或高温回火）。这种退火是将钢件加热至低于 A_{C_1} 的某一温度（约为500℃ ~650℃），保温一定时间后缓慢冷却。去应力退火不发生组织转变，主要用来消除铸件、锻件、焊接件、热轧件等的残余应力，避免钢件在随后的切削加工及使用过程中变形或开裂。

4. 再结晶退火

再结晶退火是将钢件加热到 A_{C_1} 以下，再结晶温度以上 150℃ ~200℃，保温一定时间，然后冷却（随炉冷或空冷）。主要用于消除冷变形（冷拉、冷轧、冷冲压等）产生的加工硬化现象，降低硬度，提高塑性。

去应力退火和再结晶退火的加热温度都在 A_{C_1} 以下，钢组织都未发生相变，因此，又称为不发生相变退火。

（二）正火

将钢件加热到 A_{C_3} 或 $A_{C_{cm}}$ 以上 30℃ ~50℃，保温适当时间后从炉中取出空冷，使奥氏体转变为珠光体类型组织（索氏体）的操作，称为正火。

正火对于亚共析钢、共析钢和过共析钢都适用。

正火的目的：对亚共析钢和共析钢主要是细化晶粒、消除组织中的缺陷、提高强度、硬度；对过共析钢主要是消除或减少网状二次渗碳体，并为进一步热处理做组织准备。

各种退火和正火的加热温度范围见图 2－53。

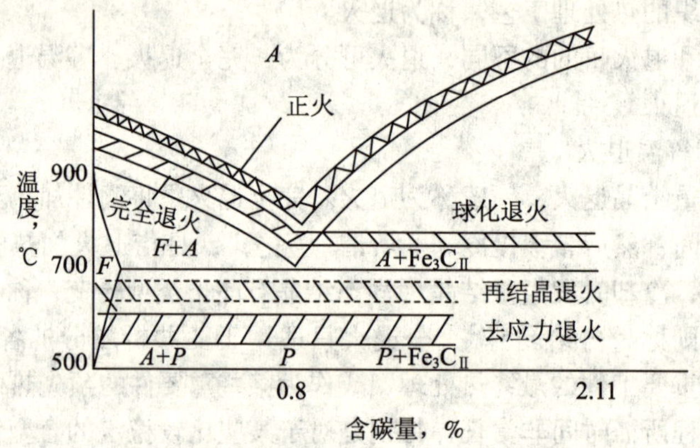

图 2－53　钢的退火和正火加热温度范围

五、钢的淬火和回火

（一）淬火

将钢加热到 A_{C_3} 或 A_{C_1} 以上 30℃ ~50℃，保温后快速冷却（以大于 V_k 的速度冷却）的一种操作叫做淬火。

1. 淬火的种类和目的

根据淬火后获得的组织不同，淬火可分为：马氏体淬火、贝氏体淬火和固溶处理。

使钢件连续冷却至 M_s 温度以下，发生马氏体转变的淬火，称马氏体淬火。一般说的淬火都是指马氏体淬火（本教材也是讲述的马氏体淬火），主要目的是获得马氏体组织，提高钢件的硬度和耐磨性。使钢件迅速冷却至稍高于 M_s 温度，在此温度使其发生贝氏体转变的淬火，称为贝氏体淬火或等温淬火，主要用于尺寸较小、形状复杂的工作，以获得下贝氏体组织，使钢件具有较高的强度、硬度，同时，还有较好的塑性和韧性。使钢件淬火后获得单一奥氏体组织的淬火，叫固溶处理。固溶处理用于含大量锰、镍等合金元素的耐磨钢、不锈钢、耐热钢，以获得奥氏体组织。

2. 淬火的加热温度

钢的淬火加热温度范围见图 2－54。

亚共析钢淬火加热温度为 A_{C_3} 以上 30℃～50℃，是为了获得单一的奥氏体组织，淬火后可得到细小而均匀的马氏体。如果淬火加热温度低于 A_{C_3}，钢的组织中会保留一部分先共析铁素体，淬火后会出现软点，硬度达不到规定的要求，如果加热温度过高，会得到粗大的马氏体，增加了钢的脆性，还会增加淬火应力，引起钢件变形。

过共析钢淬火加热温度为 A_{C_1} 以上 30℃～50℃，是因为过共析钢淬火加热前，要经过球化退火，故加热至 A_{C_1} 以上时，其组织为奥氏体和一部分未熔的粒状碳化物（渗碳体），淬火后奥氏体转变为马氏体和残留奥氏体，未熔碳化物被保留下来，不但不会降低钢的硬度，反而对提高钢的耐磨性有利。如果把钢加热到 $A_{C_{cm}}$ 以上获得单相奥氏体再冷却，这时由于奥氏体含碳量增加，淬火后组织会有较多的残余奥氏体，反而降低了钢的硬度和耐磨性。同时，由于淬火加热温度高，奥氏体晶粒长大，淬火应力增大，对钢的力学性能不利。

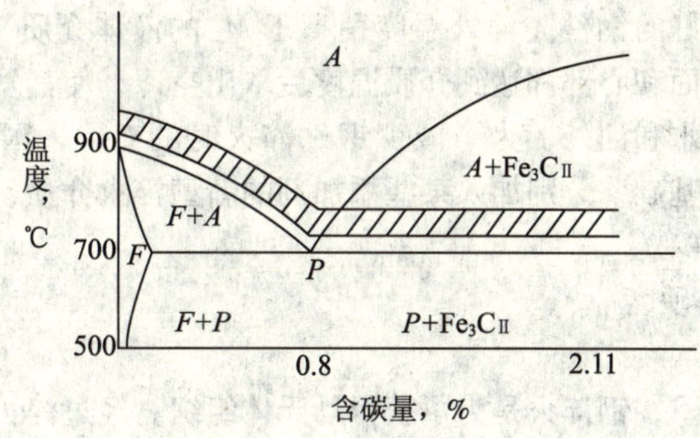

图 2－54　钢的淬火加热温度范围

对于合金钢，淬火的加热温度允许比碳钢提高一些，这是因为大多数合金元素（锰、磷除外）能阻碍奥氏体晶粒长大，加热温度提高有利于合金元素充分熔解和均匀化，以便淬火取得更好效果。

3. 淬火冷却速度和冷却介质

淬火冷却速度是淬火后获得理想组织和性能的重要条件。为了使钢淬火后获得马氏体组织，必须使冷却速度大于临界冷却速度，但冷却速度快就不可避免地在工件内部造成巨

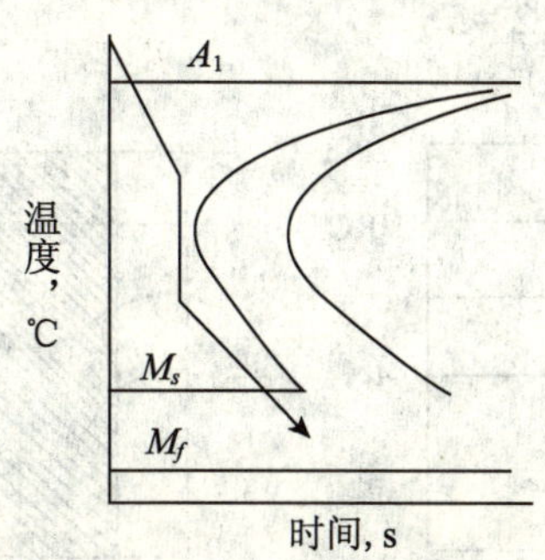

图 2－55　钢的理想的冷却速度曲线

大内应力，引起变形和开裂。如何选择合适的冷却速度，既能使钢获得马氏体组织，又不变形开裂，理想的冷却速度曲线见图2－55。从图中可以看出，淬火要获得马氏体组织，并不需要在整个冷却过程中都进行快速冷却，主要是通过C曲线鼻尖附近（600℃～400℃）应快速冷却，以保证马氏体转变，而在稍低于A_{r_1}和M_s（300℃～200℃）处缓慢冷却，以减少淬火应力，避免工件开裂或变形，但至今还未找到一种冷却介质能进行这种理想的冷却。

常用的淬火冷却介质是水和油，水在650℃～400℃范围内冷却能力大，在300℃～200℃范围内冷却能力也大，因此，用水做淬火介质有利于马氏体转变，却易变形和开裂，只适用于形状简单、断面较大的工件。油在300℃～200℃范围内冷却缓慢，可降低马氏体转变形成的组织应力，减少变形和开裂，但在650℃～400℃范围内也冷却缓慢，一般适用于合金钢工件，因为合金钢的过冷奥氏体稳定性大，C曲线靠右。

为了得到理想冷却速度，在热处理工艺方面，还常采用双液淬火和分级淬火的方法。

双液淬火是将加热好的钢件先淬入冷却能力较强的介质中冷却到稍高于M_s点的温度，然后，再淬入另一种冷却能力较弱的介质中冷却，如水淬油冷、水淬空冷等。

分级淬火是将加热好的钢件先淬入温度稍高于M_s的液体介质（如盐溶液或碱溶液）中，稍停留，待钢件表面和心部都达到介质温度后取出空冷，使其发生马氏体转变。

淬火冷却介质除了水和油外，为了减少钢件淬火时的变形，国内外进行了大量的研究，研究出以水和油为基础，分别加入某些添加剂的新型淬火介质，如水玻璃淬火剂、过饱和硝盐水溶液淬火剂等。

4. 钢的淬透性和淬硬度

（1）淬透性

①概念。通常情况下，钢淬火是为了获得马氏体组织。经过淬火，如果钢件整个界面都获得马氏体组织（实际上是50%马氏体），就称淬透了。工件在淬火时，表面冷却速度最大，心部冷却速度最小，凡工件截面上冷却速度大于临界冷却速度的，淬火后能获得马氏体，否则，得不到马氏体，习惯将工件表面到50%的马氏体区（也称半马氏体区）的深度，叫做淬透层深度，而且把不同钢种获得淬透层深度的能力，称为淬透性。淬透性是反映不同钢种在淬火后获得马氏体难易程度的，它是钢的重要热处理性能，对钢的力学性能有很大影响。

②对钢的力学性能的影响。例如将淬透性不同的两种钢制成直径相同的轴，进行淬火加高温回火处理（叫调质处理），其中一个轴淬透性高，能淬透，另一个轴淬透性低，未淬透，它们的力学性能比较见图2－56。

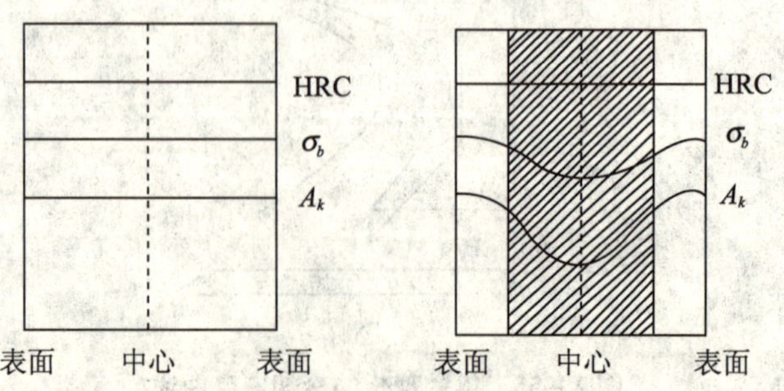

图2－56　淬透性不同的钢调质处理后的力学性能

由图2－56可见，两者硬度虽然相同，但其他力学性能有明显不同，淬透性高的钢其力学性能沿截面是均匀分布的，淬透性低的钢力学性能沿截面不是均匀的，心部韧性（A_k）更低。这是因为淬透的轴高温回火后组织从表及里都是一样的，即渗碳体呈粒状分布（叫回火索氏体），具有较高的韧性。未淬透的轴心部组织为层片状，叫索氏体，其韧性较低。

③实用意义。钢的淬透性越好，越能采用比较缓和的冷却剂来淬火，从而减少热处理时的变形和开裂。因此形状复杂的零件，大尺寸且使用条件要求表里性能一致的零件就必须选用淬透性高的钢来制造。

（2）淬硬性

淬硬性是钢在正常淬火条件下，所能达到的最大硬度。与淬透性是两个不同含义的概念，二者不能混淆。淬硬性的大小主要取决于钢的含碳量，或者确切说是取决于淬火加热时固溶于奥氏体中的含碳量，奥氏体中固溶含碳量越多，淬火后钢的硬度越高。淬透性的好坏，主要取决于钢中合金元素及含量。因而淬透性好的钢，淬火后硬度不一定高。一般情况下工具钢和滚动轴承要求淬硬性大。

（二）回火

1. 回火的概念

将淬火后的钢件加热到低于 A_{C_1} 的某一温度，保温一定时间后，以任意冷却速度冷至室温的热处理工艺，称为回火。

淬火后的钢一般不能直接使用，都要进行回火，因为淬火后的钢得到的是马氏体和残余奥氏体，它们都是不稳定的组织，在使用过程中会发生分解，导致工件尺寸的变化。马氏体还很脆，并存在内应力，使工件容易变形和开裂。另外，对于机械零件来说，主要是要求具有良好的综合力学性能，淬火后的钢件经回火后可以改善钢的塑性和韧性，获得良好的综合力学性能。

2. 钢在回火时组织和性能的变化

钢的回火实质上是过饱和固溶体的脱溶过程，所谓脱溶，是指溶质原子从过饱和固溶体中析出的过程。随着回火温度的升高，淬火钢组织和性能的变化大致可分为四个阶段。

（1）200℃以下马氏体的分解。在200℃以下回火时，马氏体开始分解，马氏体中的碳以碳化物薄片形式弥散析出，并与母相马氏体保持共格关系。此时，马氏体的含碳量虽然有所减少，正方度有所降低，但仍然是过饱和的。因此，钢的硬度并未降低，但内应力下降，韧性明显提高。这种由降低了含碳量的马氏体和与其共格的弥散碳化物组成的两相组织，称为回火马氏体。回火马氏体是两相组织，比淬火马氏体容易腐蚀，因此，在相同腐蚀条件下，回火马氏体的显微组织比淬火马氏体黑。

（2）200℃～300℃残余奥氏体的分解。由于马氏体的分解，正方度降低，减轻了对残余奥氏体的压力，促使残余奥氏体分解为下贝氏体，下贝氏体和回火马氏体很相似。这个阶段钢的组织仍是回火马氏体，但内应力大大降低，钢的硬度无明显下降，因为马氏体不断分解造成的硬度降低为下贝氏体生成带来的硬度增加所弥补。

（3）300℃～400℃回火屈氏体的形成。由于温度升高，碳原子的扩散析出能力增大，马氏体迅速分解，转变成铁素体，但仍保留原马氏体形状，碳化物逐渐稳定并与母相失去共格关系，逐渐聚集成为非常细小的颗粒状。人们把这种仍保持原马氏体形状的铁素体和微细粒状渗碳体的混合物，称为回火屈氏体。这一阶段，钢的内应力进一步消除，硬度逐渐降低，塑性逐渐提高，弹性极限达到最大值。

（4）400℃～650℃回火索氏体的形成。当回火温度升高到400℃以上时，一方面，铁素体通过再结晶而形成新的等轴晶粒；另一方面，渗碳体进一步聚集长大，成为颗粒状。人们把等轴状铁素体和颗粒状渗碳体的混合物，称为回火索氏体。回火索氏体具有良好的综合力学性能。既有较高的强度和硬度，又有良好的塑性和韧性。

3. 回火的种类和应用

根据对工件回火后性能的不同要求，按回火加热温度的高低，可将回火分为三种。

（1）低温回火。加热温度为150℃～250℃，低温回火后的组织是回火马氏体，如图2－57所示。主要目的是降低淬火钢的内应力和脆性，而保持高的硬度（HRC为58～64）和耐磨性。适用于高碳钢制造的量具、刃具、轴承以及表面淬火、渗碳零件的处理。

（2）中温回火。回火温度为350℃～500℃，回火后组织为回火屈氏体，如图2－58所示。主要目的是进一步消除内应力，提高钢的弹性，多用于中、高碳钢制造的弹簧、冷冲模等。

（3）高温回火。加热温度为500℃～650℃，回火后的组织为回火索氏体，如图2－59所示。主要目的是调整钢的强度、塑性、韧性等指标，以获得好的综合力学性能。一般习惯将淬火后高温回火联合的热处理，称为调质处理。适用于中碳钢制造的轴、齿轮、连杆等重要的结件。

4. 钢的回火性能

钢的回火性能与淬火钢在回火过程中组织的转变密切相关，主要有以下几种。

（1）回火稳定性。回火稳定性也叫抗回火性，是指钢淬火硬化后，在回火过程中抵抗硬度降低的能力。如某种钢的回火稳定性高，这种钢与回火稳定性低的钢在获得同一硬度时，可在较高温度下回火，这样有利于消除因淬火而产生的内应力，提高钢的韧性。此外，用回火稳定性高的钢制造的刃具，在切削受热时不易软化变钝。

图2－57　45号钢回火马氏体的显微组织

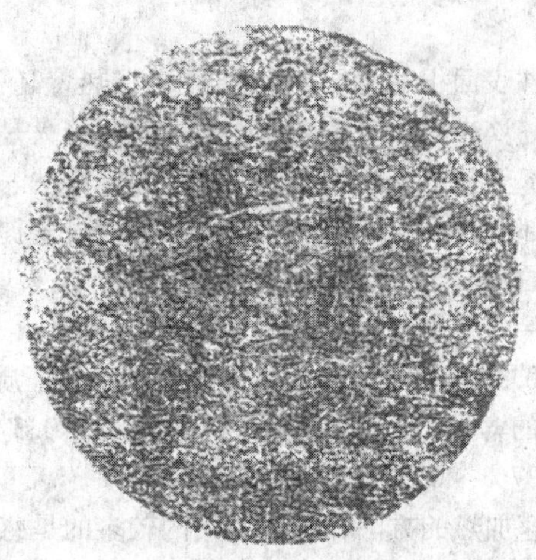

图 2－58　45 号钢回火屈氏体的显微组织

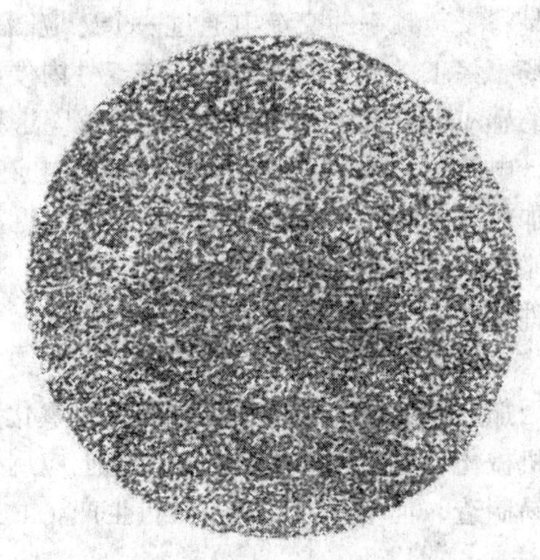

图 2－59　45 号钢回火索马氏体的显微组织

(2) 回火脆性。回火过程中，淬火钢性能变化总的趋势是随着回火温度的升高，钢的强度、硬度降低，而塑性、韧性提高。但某些合金钢（含铬、镍、锰、硅的合金钢）在 450℃～650℃温度范围内进行回火时，韧性显著降低的这种现象，称为回火脆性。回火脆性通过快冷或加入合金元素的方法可以防止或消除。

(3) 二次硬化。二次硬化是当钢的回火温度升高到 400℃～600℃时，原先逐渐降低的硬度出现提高的现象。二次硬化是提高钢的红硬性及蠕变强度的主要方法，对高速工具钢及某些耐热钢极为重要。

六、钢的表面热处理

通过改变钢件表面组织或成分来改变钢件性能的热处理方法，叫表面热处理。许多零件如齿轮、凸轮轴、阀杆等，工作时表面要求硬度高、耐磨性好，而心部要求韧性好和强度高，这种条件单从选材方面去解决很困难，而采用表面热处理可以达到这种要求。常用的表面热处理方法有表面淬火和化学热处理。

（一）钢的表面淬火

利用快速加热，使钢件表面很快达到淬火温度，在热量还来不及传到钢件心部的时候，就立即快速冷却，这种淬火方法叫做表面淬火。表面淬火是对钢件一定深度的表面层进行淬火，同时，又使心部保持未淬透状态的一种局部淬火法。表面淬火能够提高钢件表面的硬度和耐磨性，而心部保持足够的塑性和韧性，还能显著提高钢件的耐疲劳性能。为了保证钢件心部具有良好的力学性能，表面淬火前须进行正火或调质处理。表面淬火后，还需要进行低温回火以消除内应力，调整硬度。

表面淬火适用于含碳0.35%～0.55%的中碳钢，为了保证质量稳定，表面淬火用钢常常要"限碳"即要求较窄的含碳范围。如40号钢含碳量为0.37%～0.45%，如果用作表面淬火，则含碳限制在0.37%～0.43%范围内。

表面淬火必须采用快速加热的方法，工业上用的较多的是感应加热表面淬火法和火焰加热表面淬火法。

1. 感应加热表面淬火法

感应加热表面淬火法是将一定频率的交流电通过一个感应圈，在感应圈的周围便会产生一个频率相同的交变磁场，将工件置于此磁场中，在工件内便产生与感应圈内交流电频率相同、方向相反的封闭的感应电流（涡流）。由于集肤效应这种感应电流主要集中在工件的表面，而且频率越高，电流集中的表面层越薄。由感应电流很快就将工件表面加热，在几分钟内可将工件表面加热至800℃～1000℃，而心部还接近室温，在加热后立即喷水（或浸油）冷却，即可达到表面淬火的目的。

由于感应电流透入工件的深度主要决定于电流频率，因此，可选用不同频率来达到不同的淬透层深度。

感应加热表面淬火法因加热速度快，减少了零件淬火时氧化、脱碳、变形等缺陷，淬透深度易控制，易于实现机械化和自动化。因此，在工业上应用很广，但设备较贵，对于形状复杂的零件感应圈不易制造，且不宜单件或小批量生产。

2. 火焰加热表面淬火法

火焰加热表面淬火法是用乙炔—氧或煤气—氧的混合气体燃烧的火焰，喷射在零件表面上，使它快速加热，达到淬火温度时，立即喷水冷却。这种方法淬透层深度一般为2～6mm，若要淬得更深，往往引起零件表面过热。

火焰加热设备简单、成本低，不受工件体积和淬火部位的限制，但加热温度不易控制，质量往往不稳定。

（二）钢的化学热处理

化学热处理时将钢件放在某种介质中加热，经一定时间的保温，使介质中的活性原子渗入钢件表层，以改变钢件表层的化学成分和组织（大多数情况是再经过其他热处理）从而改变性能的热处理。

化学热处理根据渗入元素的不同，分为渗碳、渗氮、碳氮共渗、渗金属等。

1. 渗碳

将碳渗入钢件表面的热处理叫渗碳。渗碳的目的是提高钢件表面层的硬度、耐磨性和疲劳强度，而心部仍保持一定强度和较高的塑性和韧性。因此，渗碳用钢必须是低碳钢或低碳合金钢，一般含碳量为0.1%～0.25%，根据获得活性碳原子的物质不同，可分为气体渗碳、液体渗碳、固体渗碳等。目前应用较多的是气体渗碳。

气体渗碳是将钢件放入密封的渗碳炉中，加热到900℃～950℃，使钢奥氏体化，再向炉内滴入煤油、液化石油气等，使其分解产生活性碳原子，渗入钢件表面。渗碳后钢件表面含碳量可达0.9%～1.1%，属于过共析钢，渗碳层深度一般为0.5～2mm。渗碳只改变了钢件表面层的化学成分，渗碳后还须淬火和低温回火，才能达到性能要求。

渗碳处理需时间长，工件易变形，但渗碳后钢件的硬度和耐磨性高，而且渗碳处理能保证渗碳层沿形状复杂的钢件轮廓均匀分布。

2. 渗氮

将氮渗入钢件表面，形成含氮硬化层的化学热处理叫渗氮或氮化。渗氮的目的是提高钢件表层的硬度和耐磨性，还能提高钢件的疲劳强度和耐蚀性。渗氮方法也很多，有气体渗氮、盐浴渗氮、离子渗氮等，以气体渗氮使用得最多。氮化用钢通常是含有铝、铬、钼等合金元素的钢，如38CrMoAl就是典型的氮化专用钢。铬、钼、铝这些元素都可与氮形成硬度很高的氮化物或合金氮化物，从而大大提高钢件表面的硬度，可达HRC69～72。为了保证钢件心部有较高的强度和韧性，氮化前需对钢件进行调质处理。

氮化的优点是加热温度低，氮化后可不再进行其他热处理，钢件的变形也小。缺点是工艺复杂、成本高。因此，氮化处理多用于耐磨性和精度都要求较高的零件，如机床的丝杠、镗床主轴等，或在较高温度下工作，要求耐磨、耐蚀的零件，如高速柴油机曲轴、汽缸套、汽轮机阀门等。

3. 氰化

同时向钢件表面渗入碳和氮的化学热处理叫氰化，也叫碳氮共渗。主要目的是提高钢件的硬度、耐磨性和疲劳强度，多用于碳素结构钢、一般合金结构钢和高速工具钢零件。

4. 渗金属

在高温下向钢件表面渗入不同金属，使其表面合金化，从而具有耐热、耐蚀等特殊性能的热处理，称为渗金属。按渗入金属不同，分为渗铝、渗硅、渗锌、渗硼等。渗铝主要改善钢件高温抗氧化性能；渗硅主要是提高抗大气腐蚀性；渗硼主要提高耐磨性。渗金属的基本原理和其他化学热处理相似，但由于渗金属是金属之间的相互扩散，原子半径相差不大，原子在晶格中的迁移比较困难，为了使金属原子获得足够的扩散能量，就需要更高的温度和较长的时间。

第三章　黑色金属材料商品

第一节　钢

一、钢的分类与牌号

（一）分类

钢的分类方法有很多种，可以按含碳量的多少分，可以按冶炼方法分，也可以按钢中合金元素的含量分，等等。在这里，介绍六种分类方法。

1. 按化学成分分类

（1）碳素钢（按C%分类）

工业纯铁：C%≤0.04%；

低碳钢：C%<0.25%；

中碳钢：C% 0.25%~0.60%；

高碳钢：C%≥0.6%。

（2）合金钢（按合金元素含量分类）

低合金钢：合金总含量≤5%；

中合金钢：合金总含量>5%~10%；

高合金钢：合金总含量≥10%。

2. 按冶炼方法分类

（1）按炉别分类

平炉钢：包括碱性平炉钢、酸性平炉钢；

转炉钢：包括顶吹、侧吹、底吹及酸性、碱性；

电炉钢：包括电弧炉钢、感应炉钢及真空感应炉钢等。

（2）按脱氧程度分类

沸腾钢：脱氧程度较低；

镇静钢：脱氧程度高，较纯净；

半镇静钢：脱氧程度介于以上两种钢之间。

3. 按品质分类

（1）普通钢：含磷量<0.045%，含硫量0.05%~0.055%。

（2）优质钢：含磷、硫均小于0.040%。

（3）高级优质钢：含磷<0.035%，含硫<0.030%。

4. 按用途分类

（1）建筑及工程结构钢：普通碳素结构钢、低合金结构钢、钢筋钢。

（2）机械用钢：调质结构钢、表面硬化结构钢、易切削结构钢、冷冲压成型用钢、弹

簧钢、轴承钢。

（3）工具用钢：刃具钢、量具钢、模具钢。

（4）特殊性能用钢：不锈耐酸钢、耐热钢、电热合金钢、耐磨钢、电工用钢。

（5）专门用途钢：锅炉钢、桥梁钢、船舶钢、压力容器钢。

5. 按金相组织分类

（1）退火状态：亚共析钢、共析钢、过共析钢。

（2）正火状态：珠光体钢、贝氏体钢、奥氏体钢、马氏体钢。

（3）无相变或部分发生相变：铁素体钢、奥氏体钢。

6. 综合分类方法

主要依据钢的品质和钢的用途并考虑管理、分配的方便，进行综合分类。

（1）普通钢：普通碳素结构钢、低合金结构钢、各种专门用途的普通结构钢。

（2）优质（包括高级优质）钢：结构钢、优质碳素结构钢、合金结构钢、弹簧钢、滚动轴承钢、各种专门用途的优质结构钢。

（3）工具钢：碳素工具钢、合金工具钢、高速工具钢。

（4）特殊性能钢：不锈耐酸钢、耐热钢、电热合金钢、电工用钢、耐磨钢。

（二）牌号

根据《钢铁产品牌号表示方法》（GB221－79）规定，我国的钢号用汉语拼音字母、国际化学元素符号及数字结合起来表示。即用汉语拼音字母表示钢的名称、用途、特性、脱氧程度、冶炼质量等。见表3－1。用国际化学元素符号表示钢中的主要元素，用阿拉伯数字表示钢的顺序号、元素含量或性能数据等。

表3－1　　钢号中汉语拼音缩写字母

名　称	采用汉字及其拼音		采用符号
	汉字	拼音	
屈服点（碳素结构钢、低合金高强度结构钢）	屈	Qu	Q
易切削钢	易	Yi	Y
滚动轴承钢	滚	Gun	G
碳素工具钢	碳	Tan	T
原料纯铁	原铁	Yuan Tie	YT
电工用纯铁	电铁	Dian Tie	DT
电工用热轧硅钢	电热	Dian Re	DR
电工用冷轧无取向硅钢	电无	Dian Wu	DW
电工用冷轧取向硅钢	电取	Dian Qu	DQ
家用电器用热轧硅钢	家电热	Jia Dian Re	JDR
钢轨钢	轨	Gui	U
自行车用钢	自	Zi	Z
铆螺钢（冷镦钢）	铆螺	Mao Luo	ML
标准件用碳素钢	标螺	Biao Luo	BL

续 表

名　　称	采用汉字及其拼音		采用符号
	汉字	拼音	
锚链钢	锚	Mao	M
地质钻探钢管用钢	地质	Di Zhi	DZ
中空钢	中空	Zhong Kong	ZK
耐蚀合金	耐蚀	Nai Shi	NS
精密合金	精	Jing	J
变形高温合金	高合	Gao He	GH
铸造高温合金			K
焊接用钢	焊	Han	H
铸钢	铸钢	Zhu Gang	ZG
轧辊用铸钢	铸辊	Zhu Gun	ZU
船用钢	船	Chuan	C
汽车大梁用钢	梁	Liang	L
汽车车轮轮毂用钢	轮毂	Lun Gu	LW
矿用钢	矿	Kuang	K
锅炉钢	锅	Guo	g
桥梁钢	桥	Qiao	q
压力容器用钢	容	Rong	R
多层压力容器用钢	容层	Rong Ceng	RC
低温压力容器用钢	低容	Di Rong	DR
焊接气瓶用钢	焊瓶	Han Ping	HP
保证淬透性结构钢	（可淬透的）	（Hardenability 英文）	H
沸腾钢	沸	Fei	F
半镇静钢	半	Ban	b
镇静钢	镇	Zhen	Z
特殊镇静钢	特镇	Te Zhen	TZ
高级电工纯铁或高级优质钢	高	Gao	G
特级电工纯铁	特	Te	E
超级电工纯铁	超	Chao	C
A 级碳素结构钢			A
B 级碳素结构钢			B
C 级碳素结构钢			C
D 级碳素结构钢			D

代表平均含碳量的数字，结构钢用万分之几的两位数表示；工具钢、不锈耐热钢用千分之几的一位数表示。滚动轴承钢、高速工具钢及含碳大于 1% 的合金工具钢，钢号中一般不表示含碳量；碳素结构钢（用屈服点的数值表示）及某些用顺序号表示的专业用钢，

钢号中也不表示含碳量。

代表合金元素的数字，除铬轴承钢和低铬合金工具钢中的铬以千分之几表示外，其他合金元素一律以平均含量的百分数数字写在其元素符号的右边。如果元素的平均含量小于1.5%，则只写元素符号，不表明元素含量。

铸钢、焊接用钢的钢号在头部分别加“ZG”和“H”以示区别。保证淬透性结构钢钢号则在尾部加“H”以示区别。

下面向大家介绍主要的几种。

1. 碳素结构钢

钢号由代表屈服点的字母Q、屈服点数值、质量等级符号（A、B、C、D）、脱氧方法符号（F、b、Z、TZ）四个部分顺序组成，例如，Q235-AF，表示该钢号为屈服点235MPa的A级沸腾钢。在钢号组成方法中，“Z”与“TZ”代号予以省略，例如，Q235-C，表示该钢号为屈服点235MPa的C级镇静钢。

碳素结构钢一般用于制造不重要的机械零件和用做建筑、桥梁的金属结构件，可以进行适当的热处理。

2. 优质碳素结构钢

（1）用表示平均含碳量的阿拉伯数字表示牌号，如：“10”、“20”分别表示含碳量为0.10%和0.20%的优质碳素结构钢。

（2）如果含锰量较高，则标出Mn，如“50Mn”表示含碳0.50%，含锰0.70%～1%的镇静钢。

（3）如果是高级优质碳素结构钢，则在钢号尾部加A，如“20A”表示含碳0.20%的高级优质碳素结构钢。

优质碳素结构钢一般用来制造较重要的机器零件。10～25号钢的强度低，但塑性、韧性好，有良好的焊接性能，常用于冲压和焊接件；35～50号钢调质处理后有良好的综合性能，广泛地应用在机器制造当中；60号以上的钢热处理后有良好的弹性，主要用来制作弹簧。

3. 碳素工具钢

（1）普通含锰碳素工具钢：以T和含碳量（千分之）表示，如T9，表示含碳量为0.9%的碳素工具钢。

（2）高锰工具钢：在数字后标出Mn，表示含锰量在0.4%～0.6%，例如：T8Mn。

（3）如果是优质钢，在牌号尾部加A。

工具钢比其他钢要有较好的耐磨性和较高的硬度。这就是说工具钢需要较高的含碳量，故一般工具钢都是高碳钢。

4. 合金钢

（1）合金结构钢：数字+元素符号+数字、碳量、合金元素、合金元素平均含量（低于1.5%不标）。

如：60 Si2 Mn，含碳量0.6%，含硅量2%，含锰量<1.5%。

（2）合金工具钢：数字+元素符号+数字。区别合金结构钢在于前面数字只用一位。

如：9 Cr Si，含碳量为0.9%，Cr、Si含量均小于1.5%，碳含量大于1时不标。

（3）特殊性能钢：标号与合金工具钢相同，这类钢有不锈钢、耐热钢、磁钢、磁性材料等。

由于在钢中适当地添加了合金元素，改善了钢的性能、组织及热处理性能，为其使用

打开了很宽的通路。因此，合金钢广泛地用于机器制造等行业中。

5. 电工用硅钢

包括电工用热轧硅钢 DR、电工用冷轧无取向硅钢 DW、电工用冷轧取向硅钢 DQ，符号数字表示典型产品最大单位铁损值，尾部 G 表示在高频下检验，无 G 者表示在 50 周频检验，如 DW15，其铁损值为 15W/kg。

二、化学成分对钢的性能的影响

钢在实际生产中应用最多，是一种具有优良机械性能的材料。它广泛地应用于建筑工程、机械制造、工程结构等，因此对于钢应有较详细的了解。

在钢的冶炼过程中，由于炉料及其他原料等因素，常常会将除钢的正常成分以外的元素带进钢里，这类元素称为杂质元素。由于很难避免微量的杂质元素进入钢中，所以，又称其为常存杂质元素。在钢中常存杂质元素为硫、磷、氧、氮、氢、锰、硅。随着科学技术的发展，对钢提出了更高的要求。为了获得较高的机械性能和一些特殊的性能，如高强度、高耐磨性、耐酸碱性等。人们在钢中加入了某些合金元素，制成合金钢，这些被加入的合金元素则不能称为杂质元素。

（一）常存杂质元素对钢的影响

常存杂质元素对钢的性能的影响是非常重要的。

1. 硅对钢的影响

硅在碳钢中的含量小于 0.5%。它对钢有良好的作用，大部分固溶于铁素体，有通过固溶强化提高钢的强度的作用。另外，硅具有脱氧的作用，并能增强钢的弹性和硬度，但在一定程度上影响钢的冲压性能。这主要因为硅酸盐夹杂而引起。

2. 锰对钢的影响

碳钢中锰的含量为 0.25%～1.20%。锰能溶入铁素体形成固溶强化，能促使钢生成较多的珠光体且组织较细，因而提高了钢的强度和硬度。在锰含量不太高（小于 0.80%）时，锰含量的提高可以提高钢强度、硬度，而塑性、韧性不下降。

3. 硫对钢的影响

硫是存在于钢中的有害杂质，它主要来源于燃料和炼钢生铁。在钢中硫与铁生成 FeS 或形成 FeS 与 Fe 的共晶体，以网状形式分布在奥氏体的晶粒上。由于 FeS 的熔点很低，当钢加热时，首先是 FeS 的熔化，使钢沿晶界开裂，恶化了材料的机械性能和热加工、焊接性能，这就是热脆现象。为了脱硫，可以加入适量的 Mn，因为 Mn 可以与铁生成 MnS。另外，硫还降低了钢的淬透性。硫唯一可以有利于钢的影响是改善钢的切削性能。

4. 磷对钢的影响

磷由炼钢原料带入钢中。在室温下，磷在铁素体组织中可以全部溶入，而且固溶强化的能力很强，但是，随着钢中碳量的增加，磷在钢中的溶量急剧下降，当磷含量稍高时，就从钢中析出大量的 P 与 Fe 的化合物 Fe_3P，它的脆性极大，从而大大降低了钢的塑性和韧性，这即为“冷脆”。冷脆使钢的压力加工和焊接性能变差，因此，可以说磷也是一种有害杂质，在钢中应严格控制，但当磷含量很小时，磷仍可起到固溶强化的作用。在军事上，可以在炮弹弹壳中加入较多的磷，增加脆性，使爆炸时弹片增多，增强杀伤力。

5. 氢对钢的影响

氢可以由炉料及浇注、熔炼吸气和带有的水分而进入钢中。氢在冷却较快时，以气体的形式析出，在钢中的一些显微空隙处聚集，产生很大的压力，在钢的内部应力作用下，使钢在此处产生小的裂纹，即我们用眼睛能观察到的白点，使材料的机械性能下降，这就是我们常说的氢脆。

6. 氧对钢的影响

炼钢过程实际上是个氧化过程，炼钢时，钢中的氧对除去钢中的杂质起了积极的作用，但是，在固态钢中，由于脱氧不够而残留下来的氧却是极有害的，主要是氧可以和Fe、Mn、Si等形成氧化物或非金属夹杂，使材料的塑性、韧性及冲压性能和疲劳强度恶化。有的氧化物，如Al_2O_3的硬度很高，不利于钢的切削加工。此外，FeO、Fe、FeS可以形成低熔点（940℃）的三元共晶体，引起热脆。

7. 氮对钢的影响

氮是由炼钢原料和炉气带入钢中的，氮在室温下可以随时间的延续而逐渐以Fe_4N的形式弥散析出，使钢的强度、硬度提高，而塑性和韧性下降。这种材料的时间效应称为时效。氮实际上脆化了材料。一般是在钢中加入一些金属元素，如Al、V、Ti等，形成稳定的氮化物而固氮。同时，这些氮化物可以细化晶粒并以弥散形式强化材料，提高材料的强度和韧性。

（二）合金元素对钢的性能的影响

为了改善钢的性能，在钢中常常加入某些合金元素以满足某些使用要求。这些合金元素加入钢中对钢的机械性能、力学性能、工艺性能都可产生很大的影响。根据合金元素和碳相互作用的不同，可将其分成碳化物形成元素和非碳化物形成元素两大类。

1. 碳化物形成元素

碳化物形成元素即在钢中可以形成碳化物的元素，如Fe、Mn、Mo、W、V、Ti、Nb等，按照它们与碳的结合力的强弱，分为以下几种。

（1）弱碳化物形成元素Fe、Mn：它们主要以原子状态形成固溶体，并可起固溶强化的作用。

（2）强碳化物形成元素V、Ti、Nb、Zr：它们与碳的结合力极强，往往形成硬度高、熔点高的碳化物，是钢中的强化相，经常以弥散强化的方式提高材料的机械性能，同时，它们有时也溶入固溶体中。

（3）中碳化物形成元素Cr、Mo、W：在钢中的存在形式介于上述两者之间，一部分溶入固溶体中，起固溶强化的作用；另一部分形成复杂碳化物，起弥散强化的作用。

2. 非碳化物形成元素

即在钢中不与碳形成碳化物，有的还可使碳化物分解。这些元素有Ni、Si、Co、Al、Cu、P，它们溶入铁素体中起固溶强化的作用。当合金元素的原子半径与铁的原子半径差距越大，并且其晶格类型不同于铁时，固溶强化越明显。

三、常用钢的性能及其用途

（一）碳素结构钢

1. 碳素钢的分类

碳素钢的分类方法很多，常用的分类方法有：

（1）按碳质量分数分

①低碳钢。碳的质量分数wu（C）≤0.25%的钢。

②中碳钢。碳的质量分数为0.25% < w（C）≤0.60%的钢。

③高碳钢。碳的质量分数w（C）>0.60%的钢。

（2）按钢的质量等级（主要根据硫、磷质量分数）分

①普通钢。w（S）≤0.055%，w（P）≤0.045%。

②优质钢。w（S）≤0.040%，w（P）≤0.040%。

③高级优质钢。w（S）≤0.030%，w（P）≤0.035%。

④特级优质钢。w（S）≤0.025%，w（P）≤0.030%。

（3）按用途分

①碳素结构钢。用于制造各种机器零件和工程结构件。多为低碳钢和中碳钢。在此基础上，发展了某些专用钢，如锅炉钢、船舶用钢、冷冲压钢及易切削钢等。

②碳素工具钢。用于制造各种刀具、量具和模具。多为高碳钢且都为优质钢。

（4）按金相组织分

①亚共析钢、共析钢、过共析钢和莱氏体钢（按平衡状态或退火状态的组织分）。

②珠光体钢、贝氏体钢、马氏体钢和奥氏体钢（按正火组织分）。

③铁素体钢、奥氏体钢、复相钢（按加热冷却时有无相变和室温时的金相组织分）。

另外，工业用钢按冶炼方法的不同，可分为转炉钢和电炉钢等；按炼钢的脱氧程度又可分为沸腾钢、镇静钢和半镇静钢。

2. 碳素钢的编号

（1）碳素结构钢（GB/T 700－1988）

根据国家标准《碳素结构钢》（GB/T700－1988）的规定，碳素结构钢的牌号由代表屈服点的字母（Q）、屈服点的数值（单位MPa）、质量等级符号（A、B、C、D）和脱氧方法符号四个部分按顺序排列组成。其中，质量等级为A级的碳素结构钢中硫、磷的含量最高，D级的碳素结构钢中硫、磷的含量最低；脱氧方法符号含义如下：F—沸腾钢，b—半镇静钢，Z—镇静钢，TZ—特殊镇静钢。通常多用镇静钢，故其符号Z一般省略不表示。

碳素结构钢的规定牌号有Q195、Q215、Q235、Q255、Q275五种。这种钢的碳含量较低，而硫、磷等有害元素和其他杂质含量较多，故强度不够高，但塑性、韧性好，焊接性能优良，冶金简便，成本低，使用时一般不进行热处理，通常作为工程用钢，广泛用于建筑、桥梁、船舶。

（2）优质碳素结构钢（GB/T699－1988）

根据国家标准《优质碳素结构钢》（GB/T699－1988）的规定，优质碳素结构钢w（C）一般在0.05%～0.9%，与碳素结构钢相比，其硫、磷及其他有害杂质含量较少，因而强度较高，塑性和韧性较好，通常还经过热处理来进一步调整和改善其性能。因此，应用最为广泛，适用于制造较重要的机器零件。

优质碳素结构钢的牌号用两位数表示，该数字表示钢中w（C）的万倍，如牌号45表示w（C）=0.45%。对于较高锰含量［w（Mn）=0.7%～1.2%］的优质碳素结构钢，则在对应牌号后加“Mn”表示，如45Mn、65Mn等。其性能较相应牌号的普通锰含量钢［w（Mn）=0.35%～0.80%］的优质碳素钢要好。

根据碳含量、热处理和用途的不同，优质碳素结构钢还可分为渗碳钢［w（C）=0.15%～0.25%］、调质钢［w（C）=0.25%～0.5%］、弹簧钢［w（C）=0.55%～0.9%］三类。

3. 碳素结构钢的性能

碳素结构钢原称普通碳素结构钢，是参照国际标准（ISO630 结构钢）制定的新标准（GB700－88）的名称，碳素结构钢是用于一般结构和工程结构的钢种，在各类钢中用量最大、用途最广，其产量占钢总产量的75%左右，广泛应用于国民经济各部门，如房屋、桥梁、船舶、车辆、高压容器等钢结构的制造。

（1）化学成分及特点

碳素结构钢的化学成分见表3－2。其特点如下：

表3－2　　碳结构钢的化学成分

牌号	等级	化学成分,%					脱氧方法
		C	Mn	Si	S	P	
				≯			
Q195	—	0.06～0.12	0.25～0.50	0.30	0.050	0.045	F、b、Z
Q215	A	0.09～0.15	0.25～0.55	0.30	0.050	0.045	F、b、Z
	B				0.045		
Q235	A	0.14～0.22	0.30～0.65	0.30	0.050	0.045	F、b、Z
	B	0.12～0.20	0.30～0.70		0.045		
	C	0.18	0.35～0.80		0.040	0.040	Z
	D	0.17			0.035	0.035	TZ
Q255	A	0.18～0.28	0.40～0.70	0.30	0.050	0.045	F、b、Z
	B				0.045		
Q275	—	0.28～0.38	0.50～0.80	0.35	0.050	0.045	b、Z

注：①沸腾钢硅含量不大于0.07%；半镇静钢硅含量不大于0.17%；镇静钢硅含量下限值为0.12%。

②Q235A、B级沸腾钢锰含量上限为0.60%。

③D级钢酸溶铝含量不小于0.015%或全铝含量不小于0.020%。

④钢中残余元素铬、镍、铜含量各不大于0.30%，砷含量不大于0.080%，氧气转炉钢氮含量不大于0.008%。

①走国际“降碳提锰”的技术路线。钢的焊接性能与含碳量密切相关，降低含碳量有利于提高钢的可焊性，扩大碳素结构钢的使用范围。锰含量适当提高，代替部分碳，不仅能改善钢的性能，而且也符合我国资源的条件。

②降低硫、磷，提高钢的冶金质量。硫能引起热脆性，磷能引起冷脆性，对钢的冷热加工性能和焊接性能都有十分不利的影响，是大多数钢中必须严格控制的有害杂质，常以其含量的多少作为衡量钢的冶金质量优劣的重要标志。碳素结构钢对硫、磷的控制比较严格，而且随质量等级的提高，控制越来越严。

③D级钢用铝补充脱氧。标准规定钢中酸溶铝含量不小于0.015%或全铝含量不小于0.02%。用铝脱氧，在钢中保留足够数量的铝，可形成稳定的、极其细小分散的AlN等质点，细化奥氏体晶粒。因此，D级钢尽管降碳，仍能保持较高的强度，同时，有效地保证了钢的韧性。

（2）性能及其特点

碳素结构钢的性能见表3－3、表3－4。其特点如下：

表3－3　　拉伸和冲击性能

牌号	等级	拉伸试验													冲击试验	
		σ_s，MPa，≮						σ_b，MPa	δ_s，%，≮						温度，℃	AKV J 纵向 ≮
		钢材厚度（直径），mm							钢材厚度（直径），mm							
		≤16	>16～40	>40～60	>60～100	>100～150	>150		≤16	>16～40	>40～60	>60～100	>100～150	>150		
Q195	—	(195)	(185)	—	—	—	—	315～430	33	32	—	—	—	—	—	—
Q215	A	215	205	195	185	175	165	335～450	31	30	29	28	27	26	—	—
	B														20	27
Q235	A	235	225	215	205	195	185	375～500	26	25	24	23	22	21	—	—
	B														20	27
	C														0	
	D														−20	
Q255	A	255	245	235	225	215	205	410～550	24	23	22	21	20	19	—	—
	B														20	27
Q275	—	275	265	255	245	235	225	490～630	20	19	18	17	16	15	—	—

表3－4　　冷弯性能

牌　号	试样方向	冷弯试验 $B=2a$，180°		
		钢材厚度（直径），mm		
		≤60	>60～100	>100～200
		弯芯直径 d		
Q195	纵	0	—	—
	横	$0.5a$		
Q215	纵	$0.5a$	$1.5a$	$2a$
	横	$1.0a$	$2a$	$2.5a$
Q235	纵	$1.0a$	$2a$	$2.5a$
	横	$1.5a$	$2.5a$	$3a$
Q255		$2a$	$3a$	$3.5a$
Q275		$3a$	$4a$	$4.5a$

注：B 为试样宽度，a 为钢材厚度（直径）。

①屈服点数值在牌号中表示出来。由于一般设计主要是以屈服点作为工程结构受力计算的依据，将屈服点的数值在牌号中表示出来，便于设计和使用选材，也便于订货和管理。

②性能按钢材厚度分档组距。屈服点和伸长率都根据钢材厚度（直径）分档组距，每加大一档，分别降低10兆帕和1%，既合理简便，又便于记忆。冷弯试验也一样，按规格大小分成3个组距，分别规定冷弯的弯芯直径。规格大，弯芯直径也大，比较合理。

③冲击试验试样由U型缺口改为V型缺口。冲击试验在试样中部开一缺口，其目的是在缺口附近造成应力集中，使塑性变形局限在缺口附近不太大的体积范围内，并保证试样在缺口处断裂，以便正确测定材料承受冲击载荷的能力。试样缺口由U型改为V型，应力集中程度更大，能更好地反映钢材的脆断敏感性。这一方面是与国际先行标准取得一致，另一方面，可进一步提高材料使用的安全可靠性，特别是使C级钢和D级钢能更好地适应某些专业用钢的需要。

（3）钢号及选用

碳素结构钢按屈服点的大小分为Q195、Q215、Q235、Q255、Q275五个不同级别的牌号，并按照使用上对质量的不同层次要求，又将各牌号分为若干个不同的质量等级。从而在钢的强度级别和质量等级方面，都为使用部门提供了范围较大的选择余地。

Q195钢，其强度不高，塑性、韧性、加工性能和焊接性能较好。主要用于轧制薄板和盘条。冷、热轧薄板及以其为原板制成的镀锌薄钢板、镀锡薄钢板、塑料复合薄钢板等大量用作屋面板、装饰板、通风除尘管道、包装容器、仪表壳、开关箱、防护罩等。盘条则多冷拔成低碳钢丝，或经镀锌制成镀锌低碳钢丝，用于捆绑、张拉固定或用作钢丝网、铆钉、螺栓等。

Q215钢，用途与Q195钢基本相同，由于其强度稍高，还大量用作焊管坯、炉撑、地脚螺钉、螺栓等。

Q235钢，含碳量适中，综合性能较好，强度、塑性和焊接性能得到较好配合。大量用作建筑钢筋或轧制成型钢，钢板用以制造厂房房架、高压输电铁塔、桥梁、车辆、锅炉、容器、船舶等。C级钢和D级钢的硫、磷含量分别不大于0.040%和0.035%，从硫、磷含量看，已属于优质钢的范围了。同时，由于降碳提锰及细化晶粒等措施，C级钢和D级钢还有良好的韧性，适于制造对材料可焊性和韧性要求比较高的重要工程结构，也可作为某些专业用钢使用。

Q255钢，性能、用途与Q235钢差不多，但应用不如Q235钢广泛，主要作铆接和栓接结构用。

Q275钢，强度、硬度较高，耐磨性较好。主要用于制造轴类、农业机具、耐磨零件、钢轨接头夹板、垫板、车轮、轧辊等。

（二）低合金结构钢

1. 合金钢分类

合金钢的种类繁多，分类方法也很多。我国常用的分类方法有：

（1）按合金元素含量分

①低合金钢。合金元素的总含量 $w<5\%$。

②中合金钢。合金元素的总含量 $w=5\%\sim10\%$。

③高合金钢。合金元素的总含量 $w>10\%$。

(2) 按用途分

合金钢可分为合金结构钢、合金工具钢和特殊性能钢三类。其中，合金结构钢又可按具体的用途分为：合金渗碳钢、调质钢、弹簧钢、轴承钢。合金工具钢又可分为：合金刃具钢、合金量具钢、合金模具钢；而合金模具钢又可分为：冷作模具钢、热作模具钢。特殊性能钢可分为：不锈钢、耐磨钢、耐热钢。

(3) 按正火状态的组织分

按正火状态所得到的组织分为：珠光体钢、马氏体钢、贝氏体钢、奥氏体钢、复相钢。

此外，凡是合金钢其质量等级全为优质钢或高级优质钢，个别为特级优质钢。

2. 合金钢的编号

我国合金钢的编号，化学元素采用元素中文名称或国际化学符号。化学成分（即含量）表示方法如下：

(1) 碳含量

一般以平均碳含量的万分之几表示。例如，平均碳含量0.05%、0.1%、0.5%…写成5、10、50…不锈钢、耐磨钢、高速钢等高合金钢，碳含量一般不予标出，但如果几个钢的合金元素含量相同，仅碳含量不同，此时碳含量用千分之几表示。合金工具钢平均碳含量大于或等于1%时，碳含量不予标出，碳含量小于1%时，以千分之几表示。

(2) 合金元素含量

除铬轴承钢和低铬工具钢外，合金元素一律按以下原则表示其含量（以平均含量计）：

①平均含量小于1.5%时，钢号中仅表明元素，一般不表明含量。

②平均含量在1.5%～2.49%、2.50%～3.49%、…、22.50%～23.49%…时，应相应地写为2、3、…、23…

③为了避免铬轴承钢与其他合金钢表示方法的重复，其碳含量不予标出，铬含量以千分之几表示并冠以用途名称，例如，平均铬含量为1.5%的铬轴承钢，其牌号写为“滚铬15”或GCrl5，低铬合金工具钢的铬含量亦以千分之几表示，但在含量前加个“0”，例如，平均铬含量为0.6%的合金工具钢，其牌号为“铬06”或“Cr06”。

易切削钢在钢号前冠以汉字“易”或符号“Y”。各种高级优质钢则在钢号之后加“高”字或符号“A”。特级优质钢则在钢号之后加符号“E”。

3. 低合金结构钢的性能

低合金结构钢，是在碳素结构钢的基础上添加少量合金元素（总量一般不大于3%）而制成的。同碳素结构钢相比，强度有了很大的提高，如碳素结构钢的屈服点在25 kg/mm^2，而低合金钢的屈服点最低为30kg/mm^2，高的可达70kg/mm^2。另外，低合金钢的工艺性能也高于碳素结构钢。低合金钢在成本增加不多、生产不很复杂的情况下，却使结构的经济性、可靠性和寿命获得了明显的提高。低合金钢主要用于桥梁、船舶、建筑、锅炉、大型钢结构及各种机械制造。低合金钢适于金属元素，可以获得良好的耐磨、耐蚀、耐低温的性能。

(1) 低合金钢的成分特点

①碳：低合金钢一般是在热轧状态下使用，并经焊接后不再热处理。为了保证良好的塑性、韧性、焊接性和抗蚀性，这类用途的低合金钢含碳量一般较低，一般不超过0.18%，而用于钢筋混凝土的低合金钢，强度要求高、塑性和韧性要求低，一般为含碳较

高的中碳钢。耐磨用途的钢碳含量可高达0.65%。

②锰和硅：此两种元素可起固溶强化的作用，细化晶粒，但含量不宜过高，否则，降低塑性和韧性，并增加冷脆温度，特别是硅，故一般高强度的钢主要添加锰。

③钒、钛、铌：与碳和氮化合成为细小又分散的碳化物和氮化物，起弥散强化的作用。细化奥氏体晶粒，提高强度、韧性，改善焊接性能。如若它们溶入铁素体，则起相反的作用。钒可提高耐热性。

④磷和铜：含磷、铜的钢在大气或海水中有较好的耐蚀性，比碳素结构钢高2~3倍。磷可对钢固溶强化，但增加冷脆。

⑤铬、钼、硼：可抑制珠光体的生长并形成较细的贝氏体组织。其强度高，焊接性能好。钼可以提高耐热性。

⑥稀土元素Re：主要改善钢的韧性，尤其是低温韧性，还可以改善冷弯性能。

（2）低合金钢的使用

①低合金钢必须同时保证性能和化学成分，常按屈服强度分级。

②合理使用原则：考虑强度、刚度和耐蚀性。高强度可减小截面，但不可忘记刚度，既要保证强度，还要保证结构应有一定的稳定性，使用安全。截面也可因腐蚀而减小，因此，要注意刚度。

考虑韧性和时效敏感性。含碳量较低的钢在冷塑性变形后产生时效脆化，即钢的韧性下降，即为时效敏感性，规定人工时效后的冲击韧性指标不低于$3kg/cm^2$。

（3）低合金钢的焊接性能

低合金钢多数要焊接，若材料的焊接性能不好会产生热裂等缺陷。合金元素的作用比碳的影响小些，常用碳当量的办法衡量合金元素的作用。所谓碳当量即合金元素折算成碳的含量，再加上实际碳量。例如，含1%的锰相当于1/6的碳，硅为1/24，钼为1/4，铜为1/13，钒为1/14，磷为1/2，铬为1/5，镍为1/40。计算碳当量的经验公式为：

$$C\text{当量} = C + Mn/6 + Si/24 + Cu/13 + V/14 + P/2 + Cr/5 + Ni/40$$

当钢的C当量小于0.44%时，一般不产生焊裂。

（4）一些专门用途的低合金结构钢

①低温用钢：在生产中不少钢是在-20℃的低温下工作的，如冷冻设备、石油液化气的制造、储存、运输设备等，又如寒冷地区的工程结构和机器设备。这类钢必须具备低温韧性，才可保证在正常工作条件下承受外载而不发生脆性破坏。化学成分、脱氧方法、晶粒度、热处理、冷热变形都影响低温韧性。研究表明：碳含量的增加使脆性增加，故低温用钢的碳含量一般小于0.2%；镇静钢比沸腾钢低温韧性好。钒（V）、钛（Ti）、铌（Nb）、铝（Al）、镍（Ni）、锰（Mn）、铜（Cu）、稀土（Re）都可以增加低温韧性。国外常用低温镍钢。

②耐磨用钢和钢筋用钢：磨损是各种机械广泛存在的问题，尤其是农机具、矿山机械、工程机械、钻探机械，它们的工作对象往往是土壤、沙石，直接与其接触的零部件很容易磨损。在钢中加入适量的Mn、Mo、V、Si、Re等可提高钢的耐磨性，特别是Si、Mn等元素，可耐磨、耐冲击，而含Cu的耐磨钢抗蚀性强。建筑用的钢筋，一般用20MnSi，再加入V、Ti、Re等，可更高地加大强度。

（三）优质结构钢

优质结构钢主要用来制造机器零件，多数是经过热处理以后使用，主要包括优质碳素结构钢和合金结构钢及一些专门用途的钢。它们又按不同的热处理方法分为调质钢和渗碳钢。

调质钢（含碳量为0.30%～0.55%）的典型热处理工艺是调质，即淬火+高温回火。调质后的钢具有良好的综合性机械性能。用调质钢生产的机械另外若要求较高的耐磨性，可以进行表面淬火和渗氮。根据对零件的强度、硬度和韧性的要求，调质钢有时淬火后也可进行中温或低温回火。

渗碳钢（含碳量一般不大于0.25%）的热处理工艺是：渗碳+淬火+低温回火。经过热处理后，钢的表面具有较高的硬度和耐磨性，而心部具有较高的韧性、塑性和足够的强度。

1. 优质碳素结构钢

优质碳素结构钢，简称碳结钢。与碳素结构钢相比，碳结钢对硫、磷等杂质限制较严，硫、磷含量均不大于0.035%；除08、10、15钢可浇注成沸腾钢，08～25钢可浇注成半镇静钢外，其余均为镇静钢。钢的组织均匀致密，偏析程度小，质量好。钢厂供应时，同时，保证化学成分和力学性能以及低倍组织符合标准的规定，根据需要，还可以检验钢的非金属夹杂物、脱碳层、晶粒度、显微组织等。碳结钢制成的零件大多要经热处理才使用，以改善其组织与性能。通常在说到其性能时，主要也是指其热处理后的性能。

（1）成分及性能特点

碳结钢的化学成分和力学性能可分别参见表3－5、表3－6。

表3－5　　碳结钢的化学成分

序号	牌号	化学成分,%							
		C	Si	Mn	P	S	Ni	Cr	Cu
					≯				
1	08F	0.05～0.11	0.03	0.25～0.50	0.035	0.035	0.25	0.10	0.25
2	10F	0.07～0.14	0.07	0.25～0.50	0.035	0.035	0.25	0.15	0.25
3	15F	0.12～0.19	0.07	0.25～0.50	0.035	0.035	0.25	0.25	0.25
4	08	0.05～0.12	0.17～0.37	0.35～0.65	0.035	0.035	0.25	0.10	0.25
5	10	0.07～0.14	0.17～0.37	0.35～0.65	0.035	0.035	0.25	0.15	0.25
6	15	0.12～0.19	0.17～0.37	0.35～0.65	0.035	0.035	0.25	0.25	0.25
7	20	0.17～0.24	0.17～0.37	0.35～0.65	0.035	0.035	0.25	0.25	0.25
8	25	0.22～0.30	0.17～0.37	0.50～0.80	0.035	0.035	0.25	0.25	0.25
9	30	0.27～0.35	0.17～0.37	0.50～0.80	0.035	0.035	0.25	0.25	0.25
10	35	0.32～0.40	0.17～0.37	0.50～0.80	0.035	0.035	0.25	0.25	0.25
11	40	0.37～0.45	0.17～0.37	0.50～0.80	0.035	0.035	0.25	0.25	0.25
12	45	0.42～0.50	0.17～0.37	0.50～0.80	0.035	0.035	0.25	0.25	0.25
13	50	0.47～0.55	0.17～0.37	0.50～0.80	0.035	0.035	0.25	0.25	0.25
14	55	0.52～0.60	0.17～0.37	0.50～0.80	0.035	0.035	0.25	0.25	0.25

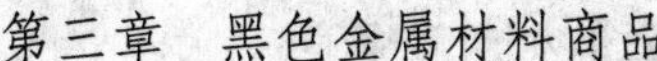

续　表

序号	牌号	化学成分,%							
		C	Si	Mn	P	S	Ni	Cr	Cu
					≯				
15	60	0.57~0.65	0.17~0.37	0.50~0.80	0.035	0.035	0.25	0.25	0.25
16	65	0.62~0.70	0.17~0.37	0.50~0.80	0.035	0.035	0.25	0.25	0.25
17	70	0.67~0.75	0.17~0.37	0.50~0.80	0.035	0.035	0.25	0.25	0.25
18	75	0.72~0.80	0.17~0.37	0.50~0.80	0.035	0.035	0.25	0.25	0.25
19	80	0.77~0.85	0.17~0.37	0.50~0.80	0.035	0.035	0.25	0.25	0.25
20	85	0.82~0.90	0.17~0.37	0.50~0.80	0.035	0.035	0.25	0.25	0.25
21	15Mn	0.12~0.19	0.17~0.37	0.70~1.00	0.035	0.035	0.25	0.25	0.25
22	20Mn	0.17~0.24	0.17~0.37	0.70~1.00	0.035	0.035	0.25	0.25	0.25
23	25Mn	0.22~0.30	0.17~0.37	0.70~1.00	0.035	0.035	0.25	0.25	0.25
24	30Mn	0.27~0.35	0.17~0.37	0.70~1.00	0.035	0.035	0.25	0.25	0.25
25	35Mn	0.32~0.40	0.17~0.37	0.70~1.00	0.035	0.035	0.25	0.25	0.25
26	40Mn	0.37~0.45	0.17~0.37	0.70~1.00	0.035	0.035	0.25	0.25	0.25
27	45Mn	0.42~0.50	0.17~0.37	0.70~1.00	0.035	0.035	0.25	0.25	0.25
28	50Mn	0.48~0.56	0.17~0.37	0.70~1.00	0.035	0.035	0.25	0.25	0.25
29	60Mn	0.57~0.65	0.17~0.37	0.70~1.00	0.035	0.035	0.25	0.25	0.25
30	65Mn	0.62~0.70	0.17~0.37	0.90~1.20	0.035	0.035	0.25	0.25	0.25
31	70Mn	0.67~0.75	0.17~0.37	0.90~1.20	0.035	0.035	0.25	0.25	0.25

表3-6　　碳结钢的力学性能

序号	牌号	试样毛坯尺寸 mm	推荐热处理			力学性能，≮					钢材交货状态硬度 HB ≯	
			正火	淬火	回火	σ_b	σ_s	δ_5	ψ	A_k	未热处理	退火钢
						MPa		%		J		
1	08F	25	930			295	175	35	60		131	
2	10F	25	930			315	185	33	55		137	
3	15F	25	920			355	205	29	55		143	
4	08	25	930			325	195	33	60		131	
5	10	25	930			335	205	31	55		137	
6	15	25	920			375	225	27	55		143	

续 表

序号	牌号	试样毛坯尺寸 mm	推荐热处理			力学性能，≮					钢材交货状态硬度 HB ≯	
			正火	淬火	回火	σ_b	σ_s	δ_5	ψ	A_k	未热处理	退火钢
						MPa		%		J		
7	20	25	910			410	245	25	55		156	
8	25	25	900	870	600	450	275	23	50	71	170	
9	30	25	880	860	600	490	295	21	50	63	170	
10	35	25	870	850	600	530	315	20	45	55	197	
11	40	25	860	840	600	570	335	19	45	47	217	187
12	45	25	850	840	600	600	355	16	40	39	229	197
13	50	25	830	830	600	630	375	14	40	31	241	207
14	55	25	820	820	600	645	380	13	35		255	217
15	60	25	810			675	400	12	35		255	229
16	65	25	810			695	410	10	30		255	229
17	70	25	790			715	420	9	30		269	229
18	75	试样		820	480	1080	880	7	30		285	241
19	80	试样		820	480	1080	930	6	30		285	241
20	85	试样		820	480	1130	980	6	30		302	255
21	15Mn	25	920			410	245	26	55		163	
22	20Mn	25	910			450	275	24	50		197	
23	25Mn	25	900	870	600	490	295	22	50	71	207	
24	30Mn	25	880	860	600	540	315	20	45	63	217	187
25	35Mn	25	870	850	600	560	335	18	45	55	229	197
26	40Mn	25	860	840	600	590	355	17	45	47	229	207
27	45Mn	25	850	840	600	620	375	15	40	39	241	217
28	50Mn	25	830	830	600	645	390	13	40	31	255	217
29	60Mn	25	810			695	410	11	35		269	229
30	65Mn	25	810			735	430	9	30		285	229
31	70Mn	25	790			785	450	8	30		285	229

①成分特点。钢中不含特意加进的合金元素，决定其性能的主要元素是碳，并以含碳量多少划分钢号，基本上是每隔 0.05% 就有一个钢号。根据含锰量的不同分为普通含锰量

（0.25%～0.8%）和较高含锰量（0.7%～1.20%）两组。

②性能特点。在交货状态下，碳结钢的性能主要取决于含碳量，随着含碳量的增加，钢的强度、硬度提高，塑性、韧性降低。与普通含锰量的碳结钢相比，含碳量相同的较高含锰量碳结钢有较好的淬透性、较高的强度与硬度。

（2）钢种及选用

优质碳素结构钢共有37个牌号，根据含碳量的不同分为低碳、中碳和高碳3类。

①08、08Al、08F等含碳量很低的钢，塑性好，韧性高，具有良好的冲压性能。常用于冲压用钢，生产仪表牌板，搪瓷制品及一些汽车、拖拉机上的深冲压零件。

②10、10F、15、15F、15Mn、20、20F、20Mn、25、25Mn等属于低碳范围，强度不太高，但它们的塑性和韧性好，并有良好的焊接性能和冷加工性能。常用来生产一些紧固件，如螺栓等。经过渗碳还可生产一些心部要求韧性而表面要求强度、硬度的零件，如链条、活塞销及小齿轮等。

③30、30Mn、35、35Mn含碳量适中，强度较高，塑性、韧性较好，常用于生产锻件、热冲压件、冷墩件，也常在热轧状态生产强度要求不高的零件或经过冷热后制造在较高应力工作的小零件。

④40、40Mn、45、45Mn、50、50Mn等钢号是调质钢，其中45号钢在应用中用途最广泛。用于中等以下尺寸的零件制造，也适用于制造尺寸较小、负荷较轻、对综合机械性能要求不太高或心部受力较小的表面淬火零件。其中，50、50Mn比45号钢有更高强度和耐磨性，但韧性较差，适合制造负荷较高，要求较好耐磨性，但受冲击作用较小的零件。

⑤属于高碳钢的60、65、65Mn、60Mn钢，因强度和耐磨性高，主要用于农机具的耐磨件。又由于其弹性较好，常用以生产弹簧、弹簧垫圈。70、80号钢则用于拉制高强度钢丝。

比较而言，碳结钢的机械性能不高，淬透性差，耐热性能也差，一般只适用于常温下工作的尺寸较小负荷较轻的零件。当零件要求提高时，就必须采用合金结构钢。

2. 合金结构钢

合金结构钢简称合结钢，是在优质碳素结构钢的基础上适当地加入一种或多种合金元素而制成的。一般合金结构钢的含碳量为0.55%～0.88%之间，在低碳到中碳范围。合金元素总量大都小于55，只有少数在5%～10%。主加合金元素常有Mn、Si、Cr、V、B、Ni、Mo、W、Al、Re等。

（1）合金结构钢的成分特点

常用合结钢的成分见表3－7。

含碳量一般小于0.55%，属于低、中碳钢。合金元素总量小于5%，属于低合金钢。合金元素的作用主要有以下几方面：

①提高淬透性，如硼、锰、铬、镍、铜等。

②提高回火稳定性，如铬、钼、钨、钒、硅等。

③细化晶粒及弥散强化，如钒、钛、铌、铝等。

④消除回火脆性及提高钢的耐热性，如钼、钨等。

此外，硅、锰、镍等元素也有固溶强化作用，但与上述作用相比，就不显得突出了。

表 3－7　合结钢的牌号和化学成分

牌号	化学成分，%							
	C	Si	Mn	Mo	Cr	Ni	B	其他
20Mn2	0. 17～0. 24	0. 17～0. 37	1. 40～1. 80					
40Mn2	0. 37～0. 44	0. 17～0. 37	1. 40～1. 80					
20MnV	0. 17～0. 24	0. 17～0. 37	1. 30～1. 60					V：0. 07～0. 12
40B	0. 37～0. 44	0. 17～0. 37	0. 60～0. 90				0. 0005～0. 0035	
40MnB	0. 34～0. 44	0. 17～0. 37	1. 10～1. 40				0. 0005～0. 0035	
35SiMn	0. 32～0. 40	1. 10～1. 40	1. 10～1. 40					
40MnVB	0. 37～0. 44	0. 17～0. 37	1. 10～1. 40				0. 0005～0. 0035	V：0. 05～0. 10
20MnTiB	0. 17～0. 24	0. 17～0. 37	1. 30～1. 60				0. 0005～0. 0035	Ti：0. 04～0. 10
20SiMnVB	0. 17～0. 24	0. 50～0. 80	1. 30～1. 60				0. 0005～0. 0035	V：0. 70～0. 12
20Cr	0. 18～0. 24	0. 17～0. 37	0. 50～0. 80		0. 70～1. 00			
40Cr	0. 37～0. 44	0. 17～0. 37	0. 50～0. 80		0. 80～1. 10			
38CrSi	0. 35～0. 43	1. 00～1. 30	0. 30～0. 60		1. 30～1. 60			
12CrMo	0. 08～0. 15	0. 17～0. 37	0. 40～0. 70	0. 40～0. 55	0. 40～0. 70			
15CrMo	0. 12～0. 18	0. 17～0. 37	0. 40～0. 70	0. 40～0. 55	0. 80～1. 10			
35CrMo	0. 32～0. 40	0. 17～0. 37	0. 40～0. 70	0. 15～0. 25	0. 80～1. 10			
42CrMo	0. 38～0. 45	0. 17～0. 37	0. 50～0. 80	0. 15～0. 25	0. 90～1. 20			
12CrMoV	0. 08～0. 15	0. 17～0. 37	0. 40～0. 70	0. 25～0. 35	0. 30～0. 60			V：0. 15～0. 30
12Cr1MoV	0. 08～0. 15	0. 17～0. 37	0. 40～0. 70	0. 25～0. 35	0. 90～1. 20			V：0. 15～0. 30

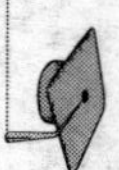

续　表

牌号	化学成分,%							
	C	Si	Mn	Mo	Cr	Ni	B	其他
38CrMoAl	0. 35 ~ 0. 42	0. 20 ~ 0. 45	0. 30 ~ 0. 60	0. 15 ~ 0. 25	1. 35 ~ 1. 65			Al：0. 70 ~ 1. 10
20CrV	0. 17 ~ 0. 23	0. 17 ~ 0. 37	0. 50 ~ 0. 80		0. 80 ~ 1. 10			V：0. 10 ~ 0. 20
20CrMn	0. 17 ~ 0. 23	0. 17 ~ 0. 37	0. 90 ~ 1. 20		0. 90 ~ 1. 20			
40CrMn	0. 37 ~ 0. 45	0. 17 ~ 0. 37	0. 90 ~ 1. 20		0. 90 ~ 1. 20			
30CrMnSi	0. 27 ~ 0. 34	0. 90 ~ 1. 20	0. 80 ~ 1. 10		0. 80 ~ 1. 10			
35CrMnSiA	0. 32 ~ 0. 39	1. 10 ~ 1. 40	0. 80 ~ 1. 10		1. 10 ~ 1. 40			
20CrMnMo	0. 17 ~ 0. 23	0. 17 ~ 0. 37	0. 90 ~ 1. 20	0. 20 ~ 0. 30	1. 10 ~ 1. 40			
40CrMnMo	0. 37 ~ 0. 45	0. 17 ~ 0. 37	0. 90 ~ 1. 20	0. 20 ~ 0. 30	0. 90 ~ 1. 20			
20CrMnTi	0. 17 ~ 0. 23	0. 17 ~ 0. 37	0. 80 ~ 1. 10		1. 00 ~ 1. 30			Ti：0. 04 ~ 0. 10
20CrNi	0. 17 ~ 0. 23	0. 17 ~ 0. 37	0. 40 ~ 0. 70		0. 45 ~ 0. 75	1. 00 ~ 1. 40		
37CrNi3	0. 34 ~ 0. 41	0. 17 ~ 0. 37	0. 30 ~ 0. 60		1. 20 ~ 1. 60	3. 00 ~ 3. 50		
20Cr2Ni4	0. 17 ~ 0. 23	0. 17 ~ 0. 37	0. 30 ~ 0. 60		1. 25 ~ 1. 65	3. 25 ~ 3. 65		
40CrNiMoA	0. 37 ~ 0. 44	0. 17 ~ 0. 37	0. 50 ~ 0. 80	0. 15 ~ 0. 25	0. 60 ~ 0. 90	1. 25 ~ 1. 65		
18Cr2Ni4WA	0. 13 ~ 0. 19	0. 17 ~ 0. 37	0. 30 ~ 0. 60		1. 35 ~ 1. 65	4. 00 ~ 4. 50		W：0. 80 ~ 1. 20

（2）合金结构钢的性能特点

常用合结钢的性能见表3－8，主要特点如下：

表3－8　合结钢的力学性能

牌号	力学性能					钢材退火或高温回火供应状态硬度 HB，≯
	≮					
	σ_b，MPa	σ_s，MPa	δ_s，%	ψ，%	A_k，J	
20Mn2	785	590	10	40	47	187
40Mn2	885	735	12	45	55	217
20MnV	785	590	10	40	55	187
40B	785	635	12	45	55	207
40MnB	980	785	10	45	47	207
35SiMn	980	835	12	40	39	187
40MnVB	1080	885	10	45	55	207
20MnTiB	1130	930	10	45	55	187
20SiMnVB	1175	980	10	45	55	207
20Cr	835	540	10	40	47	179
40Cr	980	785	9	45	47	207
38CrSi	980	835	12	50	55	255
12CrMo	410	265	24	60	110	179
15CrMo	440	295	22	60	94	179
35CrMo	980	835	12	45	63	229
42CrMo	1080	930	12	45	63	217
12CrMoV	440	225	22	50	78	241
12Cr1MoV	490	245	22	50	71	179
38CrMoAl	980	835	14	50	71	229
20CrV	835	590	12	45	55	197
50CrVA	1275	1130	10	40	—	255
15CrMn	785	590	12	50	47	179
20CrMn	930	735	10	45	47	187
40CrMn	980	835	9	45	47	229
30CrMnSi	1080	885	10	45	39	229
35CrMnSiA	1620	1275	9	40	31	241
20CrMnMo	1175	885	10	45	55	217
40CrMnMo	980	785	10	45	63	217

续 表

牌号	力学性能					钢材退火或高温回火供应状态硬度 HB，≯
	≮					
	σ_b，MPa	σ_s，MPa	δ_s,%	ψ,%	A_k，J	
20CrMnTi	1080	835	10	45	55	217
20CrNi	785	590	10	50	63	197
37CrNi3	1130	980	10	50	47	269
20Cr2Ni4	1175	1080	10	45	63	269
40CrNiMoA	980	835	12	55	78	269
18Cr2Ni4WA	1175	835	10	45	78	269

①高的淬透性：这主要是因为加了 Mo、Mn、Cr、Ni、B。淬透性高，则淬火再回火后可以得到完整的回火素氏体组织，否则，将不可能使组织均匀，满足不了大截面的要求。

②高强度、高韧性和好的焊接性：Si、Mn、Ni 等元素溶于铁素体，通过固溶强化提高了强度，而 Ti、V、Mo、W 等形成的碳化物可以起弥散强化的作用，并可以阻碍晶粒长大以获得较好的韧性和焊接性能。

③好的回火稳定性和耐热性及低回火脆性：合金钢的回火温度较高，有利于元素原子的扩散，故提高了韧性，避免了回火脆性，又因 Cr、Mo、W、V、Si 等可以阻碍马氏体分解，则回火后强度下降少，有好的回火稳定性。

（3）合金钢的种类

根据合金钢的热处理方式不同大致可分三类：

①渗碳钢：含碳量在 0.1% ~0.25%，大多采用渗碳（氰化）+淬火+低温回火热处理工艺，达到零件心部韧而表面硬的目的，主要用于生产齿轮、轴、轴承。

②调质钢：采用淬火+高温回火工艺，获得较好的综合机械性能，主要用于制造承受交变载荷的零件，如轴、轴承、齿轮、连杆、紧固件等。

③氮化钢：氮化钢是含铝的中碳钢合金钢，这类零件一般先进行调质或表面淬火，精加工后再氮化获得更好的耐磨性。其原理是钢中的铝与氮化合成高温下较稳定的氮化铝，从而提高表面的硬度及耐磨性。常用于生产汽缸套、磨床主轴等要求高温耐磨件。

（4）合金结构钢的常用钢种

①铬钢：常用的有 15Cr、20Cr、40Cr、45Cr 及 50Cr，一般含 Cr 量在 1% 左右。铬钢主要是显著提高了淬透性，抑制了碳化物的集聚而提高回火稳定性，即强度提高而韧性不下降。其中，40Cr、45Cr、50Cr 为合金调质钢，40Cr 有较高的强度和冲击韧性、抗疲劳。因此，用于制造承受交变应力和冲击载荷的零件，如传动轴、齿轮、连杆螺栓等。45Cr 和 50Cr 韧性稍差一些，主要制造耐磨零件。40Cr 在生产上是 45 号钢的对应钢，区别在于 40Cr 钢淬透性好，当 45Cr 满足不了淬透性要求时，则采用 40Cr 钢，故 40Cr 也是应用非常广泛的。15Cr 和 20Cr 是 15、20 号钢的对应钢，对心部要求强度较高，截面较大不易淬透或形状复杂易淬裂的零件。15、20 满足不了要求，必须采用 15Cr 和 20Cr。我国缺 Cr，

故为了节约，常采用一些不含 Cr 的钢代替铬钢，其对应如下：

15Mn2、20Mn2、20MnB——20Cr；

40Mn2、45Mn2——调质后不低于 40Cr 机械性能；

40MnB、45MnB——40Cr；

40MnVB——优于 40Cr；

35SiMn、42SiMn——40Cr，切、焊韧稍差。

②铬镍钢：常用钢号有 12CrNi3、20CrNi、12CrNi4、18Cr2Ni4W、40CrNi、40CrNiMo、25Cr2Ni4W。由于铬镍二元素同时加入，对钢的淬透性的改善超过了单个元素，从而获得了极高的淬透性。在任何热处理状态下都可以保持良好的韧性，其特点是有极好的低温韧性以及常温下的极高的淬透性和韧性，因此，适用于制造大型的、高负荷的、受冲击力作用的零件，但回火后冷却过慢会降低钢的韧性，加入 W、Mo 等可以调整这个特点，故 Cr－Ni钢常加入一些 Mo、W。我国的镍资源同样稀缺，使用时应尽量选用少镍和不含镍的钢种来代替。如铬锰钢和铬钢、钼钢常被用做代用钢种，如 20CrMn 可代替 20CrNi、40CrMn 可代替 40CrNi、40CrMnMo 可代替 40CrNiMo。以锰代镍，淬透性不会下降，只是韧性特别是低温韧性要差些，使用时应注意。我国自己研制的含有 Mo、W、V 元素的硅锰钢，也常可代替铬镍钢。其中，硅可增加钢在淬火－回火后的强度和韧性，锰可提高淬透性，但此种钢的淬透性和低温韧性仍不及铬镍钢。常用的代用硅锰钢为 15SiMn3Mo、16SiMn2WV，15SiMn3MoWV 可代替 18Cr2Ni4W，12SiMn2WV 可代替 12CrNi3 和 12CrNi4。铬镍钢常用来生产尺寸更大、更重要的零件，如曲轴、传动偏心轴等。

③铬锰钛钢（20CrMnTi）：此种钢属于应用较广的渗透钢。钛细化晶粒的作用极强，渗碳时晶粒长大倾向小，渗碳后可直接进行淬火，机械性能较高。一般用来生产受中等冲击载荷，心部强度要求较高的齿轮、耐磨件、凸轮盘等。一些不含铬的钢，可以代替 20CrMnTi，如 20MnVB、20MnTiB 等，它们有些强度比 20CrMnTi 还好些，但应注意的是，此种钢热处理后变形较大，增加了零件的磨削加工量。

④铬钼钢、铬锰硅钢和铬钼铝钢：铬钼钢常用钢种为 15CrMo、12CrMoV、35CrMo、42CrMo 等。它的特点是加入钼以后提高了淬透性和高温强度，细化了晶粒，避免了回火脆性。因此，这种钢用于制造大截面的调质件及高温使用下的零件，也可氮化。铬锰硅钢有较好的淬透性，强度高，并有良好的耐磨性和足够的韧性。其中，含碳量较低的 20CrMnSi 和 25CrMnSi 焊接性能较好，用于高强度焊接构件。中碳的 30CrMnSi 和 35CrMnSi 经淬火和低温回火后，可用于制造高强度零件，用于生产高速，高负荷的轴、齿轮、离合器等。38CrMnAl 是氮化钢，通过氮化，使钢的表层有较高的疲劳强度和极高的硬度，用于生产高耐磨性、高疲劳强度和尺寸精度较高的齿轮、高压阀门、蜗杆等。

（四）专门用途的优质结构钢

为了满足一些特殊的需要和要求，诸如易切削，高弹性等，加入某些合金元素可以制成专门用途的优质结构钢。

1. 易切削结构钢

（1）成分及性能特点

在钢中添加一种或多种元素，使其具有良好的切削加工性能，这种钢称为易切削结构钢。易切削结构钢简称易切钢，其牌号和化学成分、力学性能可参见表 3－9、表 3－10。

表 3－9　　易切结构钢牌号和化学成分

牌号	化学成分,%						
	C	Si	Mn	S	P	Pb	Ca
Y12	0.08～0.16	0.15～0.35	0.70～1.00	0.10～0.20	0.08～0.15	—	
Y12Pb	0.08～0.16	≤0.15	0.70～1.00	0.15～0.25	0.05～0.10	0.15～0.35	
Y15	0.10～0.18	≤0.15	0.80～1.20	0.23～0.33	0.05～0.10	—	
Y15Pb	0.10～0.18	≤0.15	0.80～1.20	0.23～0.33	0.05～0.10	0.15～0.35	
Y20	0.17～0.25	0.15～0.35	0.70～1.00	0.08～0.15	≤0.06	—	
Y30	0.27～0.35	0.15～0.35	0.70～1.00	0.08～0.15	≤0.06	—	
Y35	0.32～0.40	0.15～0.35	0.70～1.00	0.08～0.15	≤0.06	—	
Y40Mn	0.37～0.45	0.15～0.35	1.20～1.55	0.20～0.30	≤0.05	—	
Y45Ca	0.42～0.50	0.20～0.40	0.60～0.90	0.04～0.08	≤0.04	—	0.002～0.006

表 3－10　　易切削结构钢的力学性能

牌号	热轧状态交货的条钢纵向力学性能				冷拉状态交货的条钢纵向力学性能				
	σ_b，MPa	δ_s,%	ψ,%	HB，≯	σ_b，MPa			δ_s,%,≮	HB
		≮			钢材尺寸，mm				
					8～20	>20～30	>30		
Y12	390～540	22	36	170	530～755	510～735	490～685	7.0	152～217
Y12Pb	390～540	22	36	170	530～755	510～735	490～685	7.0	152～217
Y15	390～540	22	36	170	530～755	510～735	490～685	7.0	152～217
Y15Pb	390～540	22	36	170	530～755	510～735	490～685	7.0	152～217
Y20	450～600	20	30	175	570～785	530～745	510～705	7.0	167～217
Y30	510～655	15	25	187	600～825	560～765	540～735	6.0	174～223
Y35	510～655	14	22	187	625～845	590～785	570～765	6.0	176～229
Y40Mn	590～735	14	20	207	590～785*			17*	179～229*
Y45Ca	600～745	12	26	241	695～920	655～855	635～835	6.0	196～255

注：* 为 Y40Mn 冷拉条钢高温回火状态的力学性能。

金材的切削加工性能是其承受切削加工时所表现出来的性能。切削性能的好坏，一般是以切削刀具的寿命、切削抗力的大小、被切削工件表面的光洁度和切削断裂排除的难易来衡量的。专用易切削钢，是通过加入硫、磷、铅、钙等元素来改善切削加工性能的。硫一般被视为钢中的有害元素，故严格控制其含量。但在易切削钢中，其含量可达 0.3%。硫与 Mn、Fe 形成（MnFe）S 共晶夹杂，它割裂了钢的基体，切削加工时使切屑短小而卷曲，容易排除，可减少刀具的磨损。一般低、中碳钢随硫含量的增加而切削性能不断改善，但钢会产生热脆，恶化钢的性能。为此，易切削钢中一般都要加入一定的锰以消除不利影响。磷在钢中一般也被视为有害元素，但在易切削钢中，磷对铁素体固溶强化，强度和硬度提高，降低了韧性，从而使切屑容易折断，提高表面光洁度，从而改善钢的切削加工性能。磷在易切钢中一般在0.08%～0.15%范围内，过高会产生冷脆。铅在钢中独立存在，它能以细小颗粒均匀分布，对金属的基体起割裂作用，使切屑易排除。铅还有润滑作用，延长了刀具的寿命，提高了工件的表面度。含量大约为0.19%～0.30%。过高会产生铅偏析，恶化钢的机械性能。钙和钢中的铅、硅形成复合氧化物，它的熔点高并有润滑作用，提高了切削速度和延长了刀具的寿命。易切钢有合金钢也有碳素钢。

（2）易切钢的合理使用

低碳碳素易切钢主要用于自动机床加工标准件、紧固件，要求切削性能更好的则采用含硫量高Y15。焊接性能有要求的用Y12。强度要求较高的选用Y20和Y30。车床丝杠则选用淬透性较高的Y40Mn。T10Pb是易切碳素工具钢，广泛用于精密仪器的制造。Y40CrSCa是合金易切钢，它的切削速度范围较大，适应性强。

2. 弹簧钢

弹簧是机械及仪器中最常用的重要零件之一，主要用于：控制机构的运动或零件的位置；缓冲及吸振；储存能量；测量力的大小。工作时只产生弹性变形而自身无塑性变形。

弹簧钢是指用于制造各种弹簧的钢种。在各种机械设备中，弹簧的主要作用是吸收冲击能量，减轻机械的振动和冲击作用。如用于车辆上的板弹簧，连接着车轮和车架，不但承受巨大的车厢自重和载重，还要承受因地面不平引起的冲击和振动。弹簧还可以储存能量，使机器零件完成事先规定的动作，如汽门弹簧、高压液压泵上的柱塞弹簧、喷嘴簧等。因弹簧是利用其弹性变形来吸收或释放能量的，所以，弹簧钢应具有高的弹性极限σ_e（亦可考虑为屈服强度$\sigma_{0.2}$）；弹簧一般都在交变应力作用下工作，因此，弹簧钢应有高的疲劳强度；弹簧钢还应具有良好的工艺性能，具有一定的塑性以利于成形，过热敏感性小、不易脱碳等。另外，一些在高温、易蚀条件下工作的弹簧，还应有良好的耐热性和耐蚀性。以最常见的圆柱螺旋弹簧为例，压缩及拉伸时，表面最大的切应力（S）及压缩或拉伸量（Δ）与轴向负荷（P）、弹簧的平均半径（e）、弹簧丝的直径（d）、长度（L）及截面积（A）、弹簧材料的切变弹性模量（G）关系如下：

$$S=\frac{P}{A}\left(1+\frac{4e}{d}\right)$$

$$\Delta=\frac{pL}{G}\left(\frac{1}{A}+\frac{32e^2}{\pi d^4}\right)$$

因此，对于弹簧材料的主要性能要求首先是具备高的弹性极限及疲劳极限，不因外加负荷而发生永久变形；其次是恒定的弹性模量，不因温度的波动而改变。这种恒定的弹性模量，可以使Δ与P保持直线关系，这在精密仪表中尤为重要。

弹簧在工作时，所受应力的大小、方向常常改变，因此，应考虑弹簧的疲劳现象。此外，特殊的弹簧还可能在低温、腐蚀介质或磁场中进行工作。因此，相应的低温脆性、高温的强度和化学稳定性或磁性将转化为主要的性能要求。

（1）弹性

弹性与韧性相对应，它们分别是单位体积材料在弹性变形及塑性变形到断裂全过程所吸收的能量，可用应力－应变曲线下弹性变形范围内所对应的面积来度量；由于在弹性变形范围内，应变正比于应力，若σ_p为弹性极限（或叫比例极限），ε_p为对应的应变，则所贮存的最大弹性应变能（也叫做弹性比功，常简称弹性，与韧性相对应）U_{oe}。为：

$$U_{oe}=1/\mathrm{E}\mathrm{X}\sigma_p^{\ 2}$$

对于结构钢来说，弹性模量 E 是近似不变的，它主要取决于结合键的本性和原子间的结合力，则弹性 U_{oe}，正比于 $\sigma_p^{\ 2}$，因而对弹性材料要求具有较高的弹性极限。此外，σ_p 高，则弹性变形范围能承受的载荷也大。

（2）疲劳极限

金属结构中的金属部件，在交变应力的作用下，即使这种应力远低于材料的屈服强度，也常常会发生突然断裂，这种现象叫做疲劳断裂。例如，许多传动的部件或承受振动的部件、弹簧、曲轴、汽轮机叶片等，常常会发生这种突然的破坏而招致重大的事故发生。

如图 3－1 所示，疲劳断裂的周次（N_f）随着交变应力（σ）的减少而增加；有些情况的疲劳曲线趋近于水平线，这个水平线所对应的应力，叫做疲劳极限（曲线 A）。另一些情况的疲劳曲线 B 却继续地缓慢下降，而未趋近于水平线。这时，以规定的 N_f（例如 10^7）来确定疲劳极限。由于弹簧是在交变应力的长期作用下工作，因而要求弹簧材料具有高的疲劳极限（或叫疲劳强度），才能长期安全地工作。

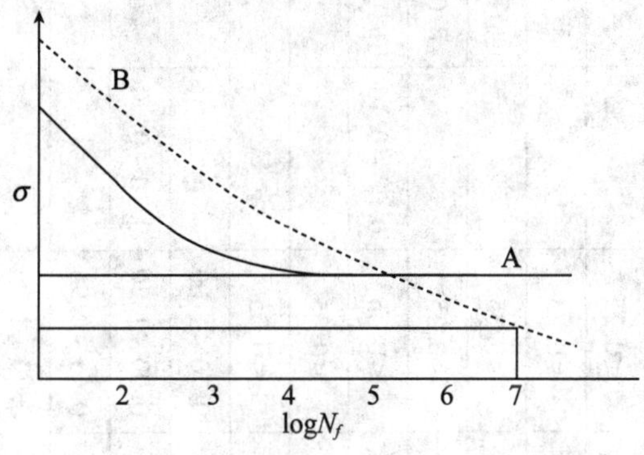

图 3－1　疲劳极限的确定

一般说来，材料的拉伸强度越高，其疲劳极限也越大。对于钢来说，后者与前者的比值一般为 0.5 左右。

疲劳裂纹一般是由表面上或断面内部的某些缺陷处开始的，因此，金属的疲劳极限与其表面状态、组织结构以及这些组织结构在疲劳过程中的变化有关。

粗糙的表面以及具有缺口、裂纹、夹杂物等缺陷的表面，都会显著地降低材料的疲劳极限。表面化学成分的改变导致强度的降低，如在热处理过程中的脱碳，也会降低材料的疲劳极限；反之，任何强化表面的工艺，如高频淬火、火焰淬火、渗碳、渗氮、碳氮共渗等，都会提高材料的疲劳极限。表面应力状态也会影响材料的疲劳极限。拉伸的残余应力对它有害；而压缩的残余应力则对它有利。因此，可以应用喷丸、滚压处理等方法来提高疲劳极限。

（3）弹簧钢的成分特点

弹簧钢的牌号和化学成分、力学性能分别见表 3－11、表 3－12。

表 3－11　弹簧钢牌号和化学成分

牌号	化学成分,%									
	C	Si	Mn	Cr	V	其他	Ni	Cu	P	S
							≯			
65	0. 62～0. 70	0. 17～0. 37	0. 50～0. 80	≤0. 25			0. 25	0. 25	0. 035	0. 035
70	0. 62～0. 75	0. 17～0. 37	0. 50～0. 80	≤0. 25			0. 25	0. 25	0. 035	0. 035
85	0. 82～0. 90	0. 17～0. 37	0. 50～0. 80	≤0. 25			0. 25	0. 25	0. 035	0. 035
65Mn	0. 62～0. 70	0. 17～0. 37	0. 90～1. 20	≤0. 25			0. 25	0. 25	0. 035	0. 035
55Si2Mn	0. 52～0. 60	1. 50～2. 00	0. 60～0. 90	≤0. 35			0. 35	0. 25	0. 035	0. 035
55Si2MnB	0. 52～0. 60	1. 50～2. 00	0. 60～0. 90	≤0. 35		B. 0. 0005～0. 004	0. 35	0. 25	0. 035	0. 035
55SiMnVB	0. 52～0. 60	0. 70～1. 00	1. 00～1. 30	≤0. 35	0. 08～0. 16	B. 0. 0005～0. 0035	0. 35	0. 25	0. 035	0. 035
60Si2Mn	0. 56～0. 64	1. 50～2. 00	0. 60～0. 90	≤0. 35			0. 35	0. 25	0. 0. 35	0. 035
60Si2MnA	0. 56～0. 64	1. 60～2. 00	0. 60～0. 90	≤0. 35			0. 35	0. 25	0. 030	0. 030
60Si2CrA	0. 56～0. 64	1. 40～1. 80	0. 40～0. 70	0. 70～1. 00			0. 35	0. 25	0. 030	0. 030
60Si2CrVA	0. 56～0. 64	1. 40～1. 80	0. 40～0. 70	0. 90～1. 20	0. 10～0. 20		0. 35	0. 25	0. 030	0. 030
55CrMnA	0. 52～0. 60	0. 17～0. 37	0. 65～0. 95	0. 65～0. 95			0. 35	0. 25	0. 030	0. 030
60CrMnA	0. 56～0. 64	0. 17～0. 37	0. 70～1. 00	0. 70～1. 00			0. 35	0. 25	0. 030	0. 030
60CrMnMoA	0. 56～0. 64	0. 17～0. 37	0. 70～1. 00	0. 70～0. 90		Mo. 0. 25～0. 35	0. 35	0. 25	0. 030	0. 030
50CrVA	0. 46～0. 54	0. 17～0. 37	0. 50～0. 80	0. 80～1. 10	0. 10～0. 20		0. 35	0. 25	0. 030	0. 030
60CrMnBA	0. 56～0. 64	0. 17～0. 37	0. 70～1. 00	0. 70～1. 00		B. 0. 0005～0. 004	0. 35	0. 25	0. 030	0. 030
30W4Cr2VA	0. 26～0. 34	0. 17～0. 37	≤0. 40	2. 00～2. 50	0. 50～0. 80	W. 4～4. 5	0. 35	0. 25	0. 030	0. 030

表 3－12　　弹簧钢的力学性能

牌号	力学性能，≮				
	σ_s，MPa	σ_b，MPa	δ_5，%	δ_{10}，%	ψ，%
65	785	980		9	35
70	835	1030		8	30
85	980	1130		6	30
65Mn	785	980		8	30
55Si2Mn	1175	1275		6	30
55Si2MnB	1175	1275		6	30
55SiMnVB	1225	1370		5	30
60Si2Mn	1175	1275		5	25
60Si2MnA	1375	1570		5	20
60Si2CrA	1570	1765	6		20
60Si2CrVA	1665	1865	6		20
55CrMnA	1080（$\sigma_{0.2}$）	1225	9		20
60*CrMnA*	1080（$\sigma_{0.2}$）	1225	9		20
60*CrMnMoA*	—	—	—	—	—
50*CrVA*	1130	1275	10		40
60*CrMnBA*	1080（$\sigma_{0.2}$）	1225	9		20
30W4Cr2VA	1325	1470	7		40

弹簧钢既有碳素钢，又有合金钢，一般它们的含碳量都很高，在0.62%～0.90%（碳素钢），0.46%～0.74%（合金钢），以获得较高的强度和弹性。

合金弹簧钢中主要合金元素是硅、锰，此外，还有铬、钨、钼、钒、硼等，主要作用是提高淬透性和回火稳定性。硅、锰还通过显著的固溶强化使钢在热处理后具有较高的屈强比（$\sigma_s/\sigma_b \approx 1$）。硅的作用尤其突出，不过硅有使钢脱碳、锰有使钢过热的倾向，这些将显著降低钢的疲劳强度。为此，钢中还常加入钒、铌以细化晶粒、减少脱碳倾向；加入铬、钼、钨以提高钢的耐热性。

（4）弹簧的工作条件和性能要求

弹簧钢是用来制造弹簧的专门用钢，它要能够承受较大的弹性变形，利用弹性变形吸收和储存能量，达到缓和冲击，振动及使机件完成某些规定的动作，如汽车、火车底盘上的承重弹簧，起缓和冲击和振动的作用；仪表指针和内燃机气门弹簧，起完成规定动作的作用。因此，可知弹簧一般是在动负荷作用下工作，承受着交变应力，负荷大小不一，为此，弹簧钢必须具有高的屈服强度以保证较大的弹性变形能力；具有高的疲劳强度以防止因交变应力的作用过早损坏；具有足够的韧性以承受冲击作用。同时，良好的表面质量，少含非金属夹杂，也是保证弹簧性能的重要条件。

（5）弹簧钢的热处理特点

弹簧大体上可以分为冷成形弹簧和热成形弹簧两大类。其中，冷成形弹簧是通过冷变形或热处理，使钢材具备一定性能之后，再用冷成形方法制成一定形状的弹簧。如先作冷变形的高强度钢丝（钢琴丝）、硬钢丝、不锈钢丝等；先作热处理的油淬回火钢丝等。冷成形的弹簧在冷成形之后要进行200℃~400℃的低温回火。

热成形弹簧钢的热处理是淬火和中温回火，淬火温度一般为830℃~870℃，温度过高易发生晶粒长大和脱碳现象。淬火加热后在50℃~80℃油中冷却。回火温度一般为420℃~520℃，获得回火屈氏体。回火后硬度大约在39~52HRC范围，螺旋弹簧回火后硬度一般为45~50HRC，汽车板弹簧回火后硬度一般为40~47HRC。

由于弹簧服役时的应力状态比较复杂，特别是弯曲和扭转应力的作用，对弹簧的表面状态要求较高。热处理加热过程中必须严格控制炉气并尽量缩短加热时间，以防止和尽量减少表面的氧化与脱碳。弹簧在热处理后通常还要进行喷丸处理，使表面强化并在表面产生残余压应力以提高疲劳强度。

（6）弹簧钢的化学成分和使用

碳素弹簧钢的淬透性低，直径12~15mm以上就不易淬透，心部较软，强度较低，所以，65、70、75、85弹簧钢只适用于生产直径和厚度小于12~15mm的弹簧。含较高锰的65Mn，淬透性好，可以生产直径小于25mm的弹簧。碳素弹簧钢价格低，适于做一般机器上的弹簧，应用广泛。

合金弹簧钢，通过加Cr、Mn、B，增大淬透性，加Si提高弹性，加入V细化晶粒提高强度和韧性，加入W、Mo改善耐热性和回火脆性。低碳合金钢广泛用于各种车辆的板弹簧和其他用途的簧片，如60Si2Mn、60Si2MnA、55SiMnMoVNB、55SiMnMoV等可制高负荷板簧。高合金弹簧钢主要用来制造耐热、耐蚀弹簧，30W4Cr2VA多用于制造350℃~500℃范围的耐热弹簧，如锅炉弹簧。

3. 滚动轴承钢

滚动轴承钢是专用于制造滚动轴承内、外套圈，滚动体（滚珠、滚柱等）的钢种，也可用于制造精密量具、冷冲模、柴油机油泵、喷油嘴精密偶件及其他耐磨零件等。

（1）成分特点

常用的滚动轴承钢是高碳钢，其牌号和化学成分参见表3-13。

表3-13　　铬轴承钢牌号和化学成分

牌号	化学成分,%						退火钢材布氏硬度压痕直径 d，mm
	C	Mn	Si	Cr	S	P	
					≤		
GCr6	1.05~1.15	0.20~0.40	0.15~0.35	0.40~0.70	0.020	0.027	4.2~4.6
GCr9	1.00~1.10	0.20~0.40	0.15~0.35	0.90~1.20	0.020	0.027	4.2~4.6
GCr9SiMn	1.00~1.10	0.90~1.20	0.40~0.70	0.90~1.20	0.020	0.027	4.1~4.5
GCr15	0.95~1.05	0.20~0.40	0.15~0.35	1.30~1.65	0.020	0.027	4.2~4.6
GCr15SiMn	0.95~1.05	0.90~1.20	0.40~0.70	1.30~1.65	0.020	0.027	4.1~4.5

滚动轴承钢的含碳量在1%左右，以获得高硬度并形成足够数量的碳化物；含铬量0.5%~1.65%，在高碳的条件下，铬能显著增加碳化物的数量并使之细化和均匀分布，使轴承钢在热处理后获得高而均匀的硬度与耐磨性。铬还能提高钢的淬透性。在铬轴承钢中加入少量硅、锰，可以进一步提高钢的淬透性，以适应制造大型轴承。

在无铬轴承钢中，合金元素主要是硅、锰、钼、钒、稀土等。

（2）工作条件和性能要求

滚动轴承用来作为各种机器旋转轴的支座，承受轴上径向或轴向载荷，支持轴的旋转、保持轴工作时的精确度和灵敏度。轴承在工作时承受着高压及比较集中的周期性交变载荷，由于滚动体和轴承套圈之间只有很小的接触面积（点接触或线接触），接触应力高达3000～5000MPa，应力循环次数每分钟高达数万次，从而造成疲劳损坏。因此，要求轴承钢有高而均匀的硬度和耐磨性、高的接触疲劳强度、足够的韧性和淬透性，同时，在大气或润滑剂中有一定的耐蚀能力。一些特殊用途的滚动轴承还要求具有耐高温、耐腐蚀、无磁性、超低温、高精度、长寿命等性能。这些都对轴承用钢的选择和钢材质量提出了严格的要求。

（3）轴承钢的热处理及冶金质量

轴承钢的热处理一般包括球化退火、淬火和低温回火。最终组织由回火马氏体以及均匀细小的碳化物颗粒组成。对于精密轴承，为了保证其尺寸稳定性，淬火后应该立即进行冷处理（－80℃～－60℃），然后，回火和磨削加工，最后，在120℃～130℃保温5～10小时，进行一次时效处理或叫稳定化处理。

轴承钢的冶金质量对轴承钢的性能和使用寿命影响很大。不仅要求轴承钢中硫、磷含量少，而且对非金属夹杂物及碳化物不均匀性的级别都有严格的限制。为此，轴承钢一般在电弧炉中冶炼。为了进一步提高冶金质量，目前还广泛采用电渣重熔、真空冶炼、真空处理等技术。此外，对铸锭、锻轧及热处理工艺均应进行严格的控制。

（4）轴承钢的选用

铬轴承钢中以GCr15最常用，可用于制造在一般条件下工作的、工作温度不高于180℃的轴承套圈和滚动体。GCr15SiMn淬透性好，可用于制造外径大于440毫米的大型和特大型轴承。GCr6及GCr9因淬透性差，淬火后常发生软点，仅限于制造小尺寸轴承。

无铬轴承钢是根据我国资源条件而研制的新钢种，其耐磨性和疲劳寿命都比铬轴承钢高，但易脱碳、耐蚀性及加工工艺也不如铬轴承钢。GSiMnV、GSiMnVRe与GCr15相当；GSiMnMoV、GSiMnMoVRe、GMnMoV、GMnMoVRe与GCr15SiMn相当。

4. 工具钢

（1）工具钢的性能要求

用于制造各种切削工具（刃具）、模具和量具以及其他工具的钢，统称为工具钢。工具钢主要包括碳素工具钢、合金工具钢和高速工具钢。工具钢在性能和化学成分上有着与结构钢不同的特点。

①为保证工具的使用性能，工具应具有高于工件的硬度及良好、持久的耐磨性，所以，硬度高、耐磨性好是工具钢的的性能基本的特点。与此同时，工具钢具有良好的或足够的硬度和韧性，以避免在刃具工作时崩刀和断裂。由于工作条件不一样，因此，对工具钢的要求也不同。

②刃具钢应具有高的硬度与优良的耐磨性；良好的红硬度，即高温下保持高硬度的能力；足够的强度和韧性。

③冷作模具钢应有高的硬度和耐磨性；足够的强度和韧性；较高的淬透性和较低的淬火变形倾向。

④热作模具钢要求有良好的高温机械性能及耐热性；较高的抗热疲劳能力；一定的淬透性；抗液态合金的冲蚀能力。

⑤量具钢应具有高硬度和高耐磨性；良好的磨削加工性；高的尺寸稳定性；淬火变形倾向小等特点。

（2）工具钢的成分特点

工具钢一般含碳量比较高，多含有 Si、Mn、Cr、W、Mo、V 等合金元素。高的含碳量可以使钢中形成较多的碳化物而获得高的硬度。合金元素主要是提高淬透性，形成高硬度碳化物；提高钢的回火稳定性，减少热处理变形，改善钢的塑性和韧性。工具钢中的硫和磷要严格控制。一般工具钢属于优质钢或高级优质钢。

（3）工具钢的选用

①碳素工具钢

碳素工具钢简称碳工钢，含碳量在 0.65% ~1.35% 之间，其性能主要取决于含碳量，共有 8 个基本钢号：T8、T7、T8Mn、T9、T10、T11、T12、T13。随着含碳量的增加，钢的硬度和耐磨性提高。经过淬火和低温回火后，硬度可达 HRC60 以上，耐磨性也提高，但钢的塑性和韧性下降。碳素工具钢的加工性能良好，价格低，用途广，可用作刃具、模具和量具。

碳素工具钢的问题是淬透性低、变形和开裂倾向较大。当工具的工作温度超过 250℃时，硬度明显下降。因此，碳素工具钢只适用于制造小截面、受热程度较低的手工工具和低速小送进量的机加工工具。

碳素工具钢牌号、化学成分和力学性能见表 3 – 14。

表 3 – 14　　碳工钢牌号、化学成分和力学性能

<table>
<tr><th rowspan="3">牌号</th><th colspan="5">化学成分,%</th><th colspan="2">退火状态</th><th colspan="2">试样淬火</th></tr>
<tr><th rowspan="2">C</th><th rowspan="2">Mn</th><th>Si</th><th>S</th><th>P</th><th rowspan="2">硬度值 HB，≯</th><th rowspan="2">压痕直径 mm，≮</th><th rowspan="2">淬火温度（℃）和冷却剂</th><th rowspan="2">硬度值 HRC，≮</th></tr>
<tr><th colspan="3">≯</th></tr>
<tr><td>T7</td><td>0.65 ~0.74</td><td rowspan="2">≤0.40</td><td rowspan="8">0.35</td><td rowspan="8">0.030</td><td rowspan="8">0.035</td><td rowspan="3">187</td><td rowspan="3">4.40</td><td>800 ~820 水</td><td rowspan="8">62</td></tr>
<tr><td>T8</td><td>0.75 ~0.84</td><td rowspan="2">780 ~800 水</td></tr>
<tr><td>T8Mn</td><td>0.80 ~0.90</td><td>0.40 ~0.60</td></tr>
<tr><td>T9</td><td>0.85 ~0.94</td><td rowspan="5">≤0.40</td><td>192</td><td>4.35</td><td rowspan="5">760 ~780 水</td></tr>
<tr><td>T10</td><td>0.95 ~1.04</td><td>197</td><td>4.30</td></tr>
<tr><td>T11</td><td>1.05 ~1.14</td><td rowspan="2">207</td><td rowspan="2">4.20</td></tr>
<tr><td>T12</td><td>1.15 ~1.24</td></tr>
<tr><td>T13</td><td>1.25 ~1.35</td><td>217</td><td>4.10</td></tr>
</table>

T7 钢有较好的韧性，适于制造受振动与冲击的工具，如凿子、手锤、钢印、铆钉模等；T8、T9 钢常用于制造切削软金属的刀具和木工工具；T12、T13 钢耐磨性好，韧性稍差，可制造锉刀、刮刀、切削硬金属的工具、雕刻工具等。

②合金工具钢

合金工具钢简称合工钢，是在碳素工具钢的基础上，加入一种或数种合金元素而制成的。与碳素工具钢相比，合金工具钢的淬透性较高，变形倾向小，热稳定性好，因此，常用于制造形状复杂、截面较大、精度较高，工作温度较高的各种工具。常用合工钢牌号、化学成分及力学性能可参见表 3 – 15、表 3 – 16。

表 3－15　合工钢牌号及化学成分

钢组	牌号	化学成分，%									
		C	Si	Mn	Cr	W	Mo	V	其他	P	S
										≯	≯
量具刃具用钢	9SiCr	0.85~0.95	1.20~1.60	0.30~0.60	0.95~1.25					0.030	0.030
	8MnSi	0.75~0.85	0.30~0.60	0.80~1.10	—					0.030	0.030
	Cr06	1.30~1.45	≤0.40	≤0.40	0.50~0.70					0.030	0.030
	Cr2	0.95~1.10	≤0.40	≤0.40	1.30~1.65					0.030	0.030
	9Cr2	0.80~0.95	≤0.40	≤0.40	1.30~1.70					0.030	0.030
	W	1.05~1.25	≤0.40	≤0.40	0.10~0.30	0.80~1.20				0.030	0.030
耐冲击工具用钢	4CrW2Si	0.35~0.45	0.80~1.10	≤0.40	1.00~1.30	2.00~2.50				0.030	0.030
	5CrW2Si	0.45~0.55	0.50~0.80	≤0.40	1.00~1.30	2.00~2.50				0.030	0.030
	6CrW2Si	0.55~0.65	0.50~0.80	≤0.40	1.00~1.30	2.20~2.70				0.030	0.030
冷作模具钢	Cr12	2.00~2.30	≤0.40	≤0.40	11.50~13.00					0.030	0.030
	Cr12Mo1V1	1.40~1.60	≤0.60	≤0.60	11.00~13.00		0.70~1.20	≤1.10	Co. <1.10	0.030	0.030
	Cr12MoV	1.45~1.70	≤0.40	≤0.40	11.00~12.50		0.40~0.60	0.15~0.30		0.030	0.030
	9Mn2V	0.85~0.95	≤0.40	1.70~2.00	—			0.10~0.25		0.030	0.030
	CrWMn	0.90~1.05	≤0.40	0.80~1.10	0.90~1.20	1.20~1.60				0.030	0.030
	9CrWMn	0.85~0.95	≤0.40	0.90~1.20	0.50~0.80	0.50~0.80				0.030	0.030
	6W6Mo5Cr4V	0.55~0.65	≤0.40	≤0.60	3.70~4.30	6.00~7.00	4.50~5.50	0.70~1.10		0.030	0.030
热作模具钢	5CrMnMo	0.50~0.60	0.25~0.60	1.20~1.60	0.60~0.90	—	0.15~0.30			0.030	0.030
	5CrNiMo	0.50~0.60	≤0.40	0.50~0.80	0.50~0.80	—	0.15~0.30			0.030	0.030
	3Cr2W8V	0.30~0.40	≤0.40	≤0.40	2.20~2.70	7.50~9.00		0.20~0.50		0.030	0.030

表 3－16　　合工钢的力学性能

牌号	交货状态		试样淬火	
	硬度值 HB	压痕直径 mm	淬火温度（℃）和冷却剂	硬度值 HRC，≮
9SiCr	241～197	3.9～4.3	820～860 油	62
8MnSi	≤229	≥4.0	800～820 油	60
Cr06	241～187	3.9～4.4	780～810 水	64
Cr2	229～179	4.0～4.5	830～860 油	62
9Cr2	217～178	4.1～4.5	820～850 油	62
W	229～187	4.0～4.4	800～830 水	62
4CrW2Si	217～179	4.1～4.5	860～900 油	53
5CrW2Si	255～207	3.8～4.2	860～900 油	55
6CrW2Si	285～229	3.6～4.0	860～900 油	57
Cr12	269～217	3.7～4.1	950～1000 油	60
Cr12Mo1V1	≤255	≥3.8	820 预热，1000（盐浴）或 1010（炉控气氛）加热，保温 10～20min 空冷，200 回火	59
Cr12MoV	255～207	3.8～4.2	950～1000 油	58
9Mn2V	≤229	≥4.0	780～810 油	62
CrWMn	255～207	3.8～4.2	800～830 油	62
9CrWMn	241～197	3.9～4.3	800～830 油	62
6W6Mo5Cr4V	≤269	≥3.7	1180～1200 油	60
5CrMnMo	241～197	3.9～4.3	820～850 油	
5CrNiMo	241～197	3.9～4.3	800～860 油	
3Cr2W8V	255～207	3.8～4.2	1075～1125 油	

a. 合金刃具钢：常用的钢号为 Cr2、CrWMn、9SiCr 等较高淬透性和耐磨性的钢。CrMn 钢的硬度高，但碳化物分布不均匀，故常用做量具。Cr2 切削加工性能好，CrWMn 热处理后变形小，9SiCr 的回火稳定性好，以上几种钢常用做机加工刃具。CrW5 含 W 较多，耐磨性能好，多用于高压刃具和模具。9Mn2V 淬火后不变形，可做刃具、模具、量具。

b. 合金量具钢：对于制作精度低、形状简单的量具，如量规、直尺等量具可采用 50、60、55、60Mn 等钢制造；精度较高的精密量具，如块规、塞规等，常用热处理变形小的 CrMn、CrWMn、GCr15 等钢制造。

c. 模具钢：对于冷作模具，诸如切边模、冲裁模、冷拔、冷挤压、冷冲、搓丝模具等，若尺寸较小，常用 9SiCr、9Mn2V 等一般刃模具钢。如模具尺寸较大，承受较重载荷且要求变形倾向小，就要采用 Cr12、Cr12MoV 等高淬透性和耐磨性、淬火变形小的合金

钢。Cr4W2MoV 的热硬性和耐磨性也很好，也适用于做上述模具。对于热作模具，如热锻模、热挤压模、压铸模，就要采用热作模具钢。常用的有大型锻模钢 5CrMnMo 和 5CrNiMo 钢；中型锻模钢 5SiMnMoV、5CrMnMo；小尺寸锻模钢 45、40Cr 等。压铸模要求耐热疲劳，有良好的韧性，常用含 W 较多的高钨合金钢 3Cr2W8V。

③高速工具钢

高速工具钢简称高速钢或高工钢，俗称锋钢，属于高碳高合金钢。采用它制造的切削刀具，能满足高速切削的要求，其特点是具有很高的热硬度，当刀具的刃部工作温度超过 600℃时，其硬度 Vp 保持在 HRC60，所以，高速工具钢可保持连续切削。一般高速切削刀具都用高速钢制成。

高速钢的成分中含有较多的碳和大量的 W、Cr、Mo、V 及 Co。由于这些元素的作用，可以获得高的硬度，耐磨性和热硬性。W 提高钢的淬透性，在 350℃ ~560℃范围内，W 以 W_2C 的形式弥散析出，提高热硬性。同样，V 和 Mo 也可以碳化物的形式弥散析出，强化组织。Co 可以提高钢的熔点，使钢的淬火温度提高，因此提高了钢的合金度。

常用高工钢牌号和化学成分、力学性能见表 3 -17、表 3 -18。

表 3 -17　　高工钢牌号和化学成分

牌号	化学成分,%							
	C	Mn	Si	Cr	V	W	Mo	Co
W18Cr4V	0.70 ~ 0.80	0.10 ~ 0.40	0.20 ~ 0.40	3.80 ~ 4.40	1.00 ~ 1.40	17.50 ~ 19.00	≤0.30	—
W18Cr4VCo5	0.70 ~ 0.80	0.10 ~ 0.40	0.20 ~ 0.40	3.75 ~ 4.50	0.80 ~ 1.20	17.50 ~ 19.00	0.40 ~ 1.00	4.25 ~ 5.75
W18Cr4V2Co8	0.75 ~ 0.85	0.20 ~ 0.40	0.20 ~ 0.40	3.75 ~ 5.00	1.80 ~ 2.40	17.50 ~ 19.00	0.50 ~ 1.25	7.00 ~ 9.50
W12Cr4V5Co5	1.50 ~ 1.60	0.15 ~ 0.40	0.15 ~ 0.40	3.75 ~ 5.00	4.50 ~ 5.25	11.75 ~ 13.00	≤1.00	4.75 ~ 5.25
W6Mo5Cr4V2	0.80 ~ 0.90	0.15 ~ 0.40	0.20 ~ 0.45	3.80 ~ 4.40	1.75 ~ 2.20	5.50 ~ 6.75	4.50 ~ 5.50	—
CW6Mo5Cr4V2	0.95 ~ 1.05	0.15 ~ 0.40	0.20 ~ 0.45	3.80 ~ 4.40	1.75 ~ 2.20	5.50 ~ 6.75	4.50 ~ 5.50	—
W6Mo5Cr4V3	1.00 ~ 1.10	0.15 ~ 0.40	0.20 ~ 0.45	3.75 ~ 4.50	2.25 ~ 2.75	5.00 ~ 6.75	4.75 ~ 6.50	—
W9Mo3Cr4V	0.77 ~ 0.87	0.20 ~ 0.40	0.20 ~ 0.40	3.80 ~ 4.40	1.30 ~ 1.70	8.50 ~ 9.50	2.70 ~ 3.30	—
W6Mo5Cr4V2Al	1.05 ~ 1.20	0.15 ~ 0.40	0.20 ~ 0.60	3.80 ~ 4.40	1.75 ~ 2.20	5.50 ~ 6.75	4.50 ~ 5.50	Al. 0.80 ~ 1.20

表 3－18　高工钢的力学性能

牌号	交货硬度，HB，≯		试样热处理后硬度 HRC，≮
	其他加工方法	退火	
W18Cr4V	269	255	63
W18Cr4VCo5	285	269	63
W18Cr4V2Co8	302	285	63
W12Cr4V5Co5	293	277	65
W6Mo5Cr4V2	262	255	63（箱式炉），64（盐浴炉）
CW6Mo5Cr4V2	269	255	65
W6Mo5Cr4V3	269	255	64
W9Mo3Cr4V	269	255	63（箱式炉），64（盐浴炉）
W6Mo5Cr4V2Al	285	269	65

高速钢中通用性最强的是 W18Cr4V（简称 18－4－1），一般刀具的性能要求它都能满足，可以做各种刀具。W6Mo5Cr4V2（简称 6－5－4－2，美国称 M2 钢）是以钼代钨的钼系高速钢，其突出优点是碳化物不均匀度小，热塑性好，其通用性与使用寿命与 18－4－1 相仿，强度、韧性较高而红硬性稍低，价格便宜 1/3，是国内外高速钢的主要钢种。W6Mo5Cr4V2A、W10Mo4Cr4V3A1、W6Mo5Cr4V5SiNiA1、W12Mo3Co5Si 等都是超硬性高速钢，这些钢的热硬性很好，多用它们制作刀具切削多种难切削材料。

5．不锈耐酸钢和耐热钢

耐大气或弱腐蚀介质腐蚀的钢称为不锈钢。耐硝酸、硫酸等侵蚀性强的介质腐蚀的钢为耐酸钢。这里的耐腐蚀不是绝对的，而是腐蚀相对缓慢而已。高压锅炉、汽轮机、内燃机等设备不仅在腐蚀气氛下工作，还要承受高温。因此，制造这些设备的钢应具有高温下耐蚀抗氧化，不变形的性能，具有足够的抗氧化性和热强性的钢，称为耐热钢。

（1）不锈钢

金属及合金的损坏，一般是由腐蚀或与腐蚀有关的因素引起的损坏。

①金属的腐蚀。金属的腐蚀就是金属与周围介质发生化学作用或电化学作用所产生的金属表层损坏乃至整个截面完全被破坏的现象。金属的抵抗腐蚀的能力称为耐蚀性，腐蚀机理就是电化学和化学腐蚀，其腐蚀形式有四种：一是均匀腐蚀，其腐蚀表现在整个截面，会使材料的有效截面变小以导致材料完全损坏；二是点蚀，即集中在金属表面局部区域的点状腐蚀，使材料表面变成麻坑，及至向材料内部深入；三是应力腐蚀，是应力和腐蚀介质共同存在时发生的材料腐蚀，机理较复杂，在一定应力条件下工作的设备，应力腐蚀会带来较大的危害；四是晶间腐蚀，腐蚀发生在晶介区，使晶粒分离，材料断裂。预防腐蚀可以采用一系列的措施，如钝化，即形成稳定保护膜加入合金提高耐蚀性等，这就构成了不锈钢。

②对不锈钢的性能要求。首先，要有一定的耐蚀性，可根据性质的不同而要求不同的耐蚀度。其次，要有一定的机械性能。最后，为了防止晶间腐蚀，要求有好的焊接性能（降低碳含量）。

③不锈钢的成分。其碳量一般为0.03%～0.25%，只有要求高硬度时才提高碳量。不锈钢中合金元素的作用如下：

Cr：增加钢的钝化能力，提高耐蚀性。

Ni：使钢在室温时形成单相奥氏体，提高耐蚀性并改善焊接、冷弯性能。

Mn与Ni相似。

Ti，Nb：形成稳定碳化物，避免晶间腐蚀。

Mo：形成稳定的含Mo氧化膜，阻止氨离子穿透，抗点蚀。

Cu：提高钢在稀硫酸中的耐蚀性。

Re：提高抗点蚀的能力。

④不锈钢的常用钢号及用途。铬不锈钢：常用Cr13、Cr17、Cr25型，其中Cr13型多用于耐大气、水蒸气、海水等介质腐蚀的零件制造。Cr17和Cr25多用于工作在硝酸气氛中的零件。铬镍不锈钢：常用1Cr18Ni9、0Cr18Ni9、1Cr18Ni9Ti等。它们在氧化性介质和某些还原性介质中耐蚀性很高，能耐硫酸、磷酸、甲酸、醋酸、尿素等的腐蚀，但在含硫气氛中易损坏。铬镍不锈钢无磁性，具有良好的塑性、韧性、焊接性和冷压力加工性，但强度较低，而且不能通过相变使之强化，强化的手段主要是冷加工。铬锰氮不锈钢：常用1Cr17Mn6Ni5N、1Cr18Mn8Ni5N等，它是以锰、氮代镍的钢种，它们除耐氧化酸、尿素、醋酸等介质外，还具有屈服强度高于铬镍钢的优点，在一定条件下可代替铬镍不锈钢。

常用不锈钢的化学成分及特性和用途见表3－19、表3－20。

表3－19　　不锈钢的化学成分

牌号	化学成分,%							
	C	Si	Mn	P	S	Ni	Cr	其他
1Cr17Mn6Ni5N	≤0.15	≤1.00	5.50～7.50	≤0.060	≤0.030	3.50～5.50	16.00～18.00	N≤0.025
1Cr18Mn8Ni5N	≤0.15	≤1.00	7.50～10.00	≤0.060	≤0.030	4.00～6.00	17.00～19.00	N≤0.025
1Cr18Ni9	≤0.15	≤1.00	≤2.00	≤0.035	≤0.030	8.00～10.0	17.00～19.00	—
Y1Cr18Ni9	≤0.15	≤1.00	≤2.00	≤0.20	≤0.15	8.00～10.00	17.00～19.00	—
Y1Cr18Ni9Se	≤0.15	≤1.00	≤2.00	≤0.20	≤0.060	8.00～10.00	17.00～19.00	Se≥0.15
0Cr18Ni9	≤0.07	≤1.00	≤2.00	≤0.035	≤0.030	8.00～11.00	17.00～19.00	—
00Cr19Ni10	≤0.03	≤1.00	≤2.00	≤0.035	≤0.030	8.00～12.00	18.00～20.00	—

续 表

牌号	化学成分,%							
	C	Si	Mn	P	S	Ni	Cr	其他
0Cr19Ni9N	≤0.08	≤1.00	≤2.00	≤0.035	≤0.030	7.00~10.50	18.00~20.00	N. 0.10~0.25
0Cr25Ni20	≤0.08	≤1.00	≤2.00	≤0.035	≤0.030	19.00~22.00	24.00~26.00	—
0Cr17Ni12Mo2	≤0.08	≤1.00	≤2.00	≤0.035	≤0.030	10.00~14.00	16.00~18.50	Mo. 2.00~3.00
0Cr18Ni12Mo2Cu2	≤0.08	≤1.00	≤2.00	≤0.035	≤0.030	10.00~14.50	17.00~19.00	Mo. 1.20~2.75
1Cr18Ni9Ti	≤0.12	≤1.00	≤2.00	≤0.035	≤0.030	8.00~11.00	17.00~19.00	Ti.5（C%~0.02）~0.80
0Cr18Ni10Ti	≤0.08	≤1.00	≤2.00	≤0.035	≤0.030	9.00~12.00	17.00~19.00	Ti≥5C%
0Cr18Ni11Nb	≤0.08	≤1.00	≤2.00	≤0.035	≤0.030	9.00~13.00	17.00~19.00	Nb≥10C%
0Cr18Ni13Si4	≤0.08	3.00~5.00	≤2.00	≤0.035	≤0.030	11.50~15.00	15.00~20.00	—
0Cr13Al	≤0.08	≤1.00	≤1.00	≤0.035	≤0.030	—	11.50~14.50	Al. 0.10~0.30
00Cr12	≤0.03	≤1.00	≤1.00	≤0.035	≤0.030	—	11.00~13.00	—
1Cr17	≤0.12	≤0.75	≤1.00	≤0.035	≤0.030	—	16.00~18.00	—
Y1Cr17	≤0.12	≤1.00	≤1.25	≤0.060	≤0.15	—	16.00~18.00	—
1Cr17Mo	≤0.12	≤1.00	≤1.00	≤0.035	≤0.030	—	16.00~18.00	Mo. 0.75~1.25
1Cr13	≤0.15	≤1.00	≤1.00	≤0.035	≤0.030	—	11.50~13.50	—
1Cr13Mo	0.08~0.18	≤0.60	≤1.00	≤0.035	≤0.030	—	11.50~14.00	Mo. 0.30~0.60

续　表

牌号	化学成分,%							
	C	Si	Mn	P	S	Ni	Cr	其他
2Cr13	0.16 ~ 0.25	≤1.00	≤1.00	≤0.035	≤0.030	—	12.00 ~ 14.00	—
3Cr13	0.26 ~ 0.35	≤1.00	≤1.00	≤0.035	≤0.030	—	12.00 ~ 14.00	—
7Cr17	0.60 ~ 0.75	≤1.00	≤1.00	≤0.035	≤0.030	—	16.00 ~ 18.00	—
11Cr17	0.95 ~ 1.20	≤1.00	≤1.00	≤0.035	≤0.030	—	16.00 ~ 18.00	—

表 3－20　不锈钢的特性和用途

牌号	特性和用途
1Cr17Mn6Ni5N	节镍钢种，代替牌号 1Cr17Ni7，冷加工后具有磁性。铁道车辆用
1Cr18Mn8Ni5N	节镍钢种，代替钢号 1Cr18Ni9
1Cr18Ni9	经冷加工有高的强度，但伸长率比 1Cr17Ni7 稍差。建筑用装饰部件
Y1Cr18Ni9	提高切削性，耐烧蚀性。最适用于自动车床。螺栓螺母
Y1Cr18Ni9Se	提高切削性，耐烧蚀性。最适用于自动车床。铆钉、螺钉
0Cr18Ni9	作为不锈耐热钢使用最广泛，食品用设备、一般化工设备、原子能工业用设备
00Cr19Ni10	比 0Cr19Ni9 碳含量更低的钢，耐晶间腐蚀性优越，为焊接后不进行热处理部件类
0Cr19Ni9N	在牌号 0Cr19Ni9 上加 N，强度提高，塑性不降低。使材料的厚度减少，结构用强度件
0Cr25Ni20	抗氧化比 0Cr23Ni13 好。实际上多作为耐热钢使用
0Cr17Ni12Mo2	在海水和其他各种介质中，耐腐蚀性比 0Cr19Ni9 好，主要作耐点腐蚀材料
0Cr18Ni12Mo2Cu2	耐腐蚀性、耐点腐蚀性比 0Cr17Ni12Mo2 好，用于耐硫酸材料
1Cr18Ni9Ti	作焊芯、抗磁仪表、医疗器械、耐酸容器及设备衬里、输送管道等设备和零件
0Cr18Ni10Ti	添加 Ti 提高耐晶间腐蚀性，不推荐作装饰部件
0Cr18Ni11Nb	含 Nb 提高耐晶间腐蚀性
0Cr18Ni13Si4	在牌号 0Cr19Ni9 中增加 Ni，添加 Si，提高耐应力腐蚀断裂性。用于含氯离子环境
0Cr13Al	从高温下冷却不产生显著硬化，气轮机材料，淬火用部件，复合钢材
00Cr12	比 0Cr13 含碳量低，焊接部件弯曲性能、加工性能、耐高温氧化性能好。作汽车排气处理装置，锅炉燃烧室、喷嘴
1Cr17	耐蚀性良好的通用钢种，建筑内装饰用，重油燃烧器部件、家庭用具、家用电器部件

续 表

牌号	特性和用途
Y1Cr17	比 1Cr17 切削性能高。自动车床用、螺栓、螺母等
1Cr17Mo	为 1Cr17 的改良钢种，比 1Cr17 抗盐溶液性强，作为汽车外装材料使用
1Cr13	具有良好的耐蚀性，机械加工性，一般用途，刃具类
1Cr13Mo	为比 1Cr13 耐蚀性高的高强度钢种，气轮机叶片，高温部件
2Cr13	淬火状态下硬度高，耐蚀性良好。作气轮机叶片
3Cr13	比 2Cr13 淬火后的硬度高，作刃具、喷嘴、阀座、阀门等
7Cr17	硬化状态下坚硬，但比 8Cr17、11Cr17 韧性高。作刃具、量具、轴承
11Cr17	在所有不锈钢、耐热钢中，硬度最高，作喷嘴、轴承

（2）耐热钢

耐热钢是指在高温下有良好的化学稳定性和较高的强度，能较好适应高温条件下工作的合金钢。它包括抗氧化钢、热强钢两类。抗氧化钢又称不起皮钢，是指在高温下能够抵抗气体腐蚀而不剥落氧化皮的钢；热强钢是指在高温下能够抵抗气体腐蚀并有足够高温强度的钢。二者统称耐热不起皮钢，简称耐热钢。耐热钢和不锈耐酸钢的使用范围互相交叉，一些不锈钢兼有耐热钢特性，既可作为不锈耐酸钢使用，又可作为耐热钢使用。因此，常将这两类钢统称为不锈耐热钢或简称为不锈钢。

①抗氧化钢：高温下有一定的强度又有较好的抗氧化性。对此类钢的性能要求就是要有良好的抗氧化性，这与钢表面氧化膜的稳定性、致密性有很大关系。抗氧化钢的碳含量一般是0.10%～0.25%，其合金元素及其作用是：Cr 能在钢的表层形成连续致密的 Cr2O3 膜，相当稳定；钢中含 Cr 达 15% 时抗氧化温度可达 900℃，含 Cr20% 时抗氧化温度高达 1050℃～1100℃。Si 生成 SiO_2 膜，提高抗氧化性，过量的硅会降低钢的热加工性能。Al 可以生成 Al_2O_3 薄膜，作用与 Cr 相似，含 Al6%，980℃的钢的抗氧化性仍很好。Ni 可减少 FeO 的厚度，提高抗氧化性。Re 则可防止高温下晶界先氧化的现象，提高晶介的抗氧化性能。常用的抗氧化钢有 IcrI3Si2、IcrI3SiAl 等，在 1000℃以下有较好的热稳定性，主要用于加热设备的支架，底板，但热强性较差。1Cr20Ni14Si2、3Cr18Ni25Si2 则既有热稳性又有热强性。

②热强钢：高温下具有一定的抗氧化能力且又具有高强度的钢，比如汽轮机的转子、叶片均用此类钢生产。一般的金属，高温性能与室温时不同，当工作温度高于金属的再结晶温度时，若工作应力超过弹性极限，随时间的延长，金属发生极缓慢的连续变形，称为蠕变，温度越高，蠕变现象越严重。高温下的金属的强度不能只用应力来确定，还要考虑温度与时间的因素。金属对蠕变的抗力越大，高温下蠕变越小，金属的热性能越好，即热强性好。

热强钢中常加入以下合金元素来提高热强性。

Cr 和 Si：可提高钢在 580℃～650℃范围内的热强性。

Mo：Mo 和 Cr 共同作用提高再结晶温度，从而提高热强性。

W：提高再结晶温度并弥散强化钢，提高热强性能。

B：微量硼可强化晶介。

Ni、Mn、N：形成稳定的奥氏体。

热强钢常用的钢号有以下几种。

15CrMo、12CrMoV、20Cr3MoWV，用于550℃以下工作的零部件，如锅炉主气管、过热气管等。

1Cr13、2Cr13，既作不锈钢，又作耐热钢用于生产汽轮机的叶片。

1Cr11MoV、1Cr12WMoV 热强性较好，用于550℃以下的叶片的生产。

当工作温度超过650℃时，铁素体基钢会失去热强性，要采用奥氏体钢。这类钢为了形成奥氏体则多加以大量的 Ni 和 Cr。1Cr18Ni9、1Cr18Ni9Ti 可在750℃以下长期抗氧化，多用于制造燃烧室、汽轮机管道等，在 800℃ ~ 1100℃ 范围内，常用 Cr25Ni20、Cr25Ni20Si2、Cr18Ni25Si2、Cr20Mn9Si2N 等用于炉用构件。

③气阀钢：用于内燃机排气阀的制造。要求热强性和耐磨性，还要抗氧化、耐腐蚀。常用的钢有 4Cr9Si2、4Cr10Si2Mo（650℃以下）；4Cr14Ni14W2Mo 可用于750℃左右，如航空气阀。

6. 电工硅钢

电工硅钢是软磁材料中用量最大的一种，广泛用于制造电机、变压器、继电器等。有电工用热轧硅钢薄板、冷轧无取向电工钢带（片）、冷轧取向电工钢带（片）3 种。

（1）电工硅钢的牌号

电工用硅钢薄钢板的牌号用汉语拼音字母和阿拉伯数字组成。牌号中字母及数字含义如下：

DR——电工用热轧硅钢薄板；

DW——冷轧无取向电工钢带（片）；

DQ——冷轧取向电工钢带（片）；

G——高磁感（冷轧）或在频率为400Hz 时在强磁场下检验的钢板（热轧）；

不含 G 的牌号——频率为 50Hz 时在强磁场下检验的钢板；

字母后的数字——横线以前的数字为铁损值的 100 倍，横线以后的数字为厚度值的 100 倍。

例如，DR1250－20 表示厚度为 0.2mm、最大铁损值 P10/400 为 12.50W/kg 的电工用热轧硅钢薄板；DW310－35 表示厚度为 0.35mm、最大铁损值 P15/50 为 3.10W/kg 的冷轧无取向电工钢带（片）；DQ133G－30 表示厚度为 0.30mm、最大铁损值 P17/50 为 1.33W/kg 的高磁感冷轧电工钢带。

家用电器用热轧硅钢薄板是适于各种电扇、洗衣机、吸尘器、排油烟机等家用电器产品微电机用的热轧硅钢薄板。其牌号在电工用热轧硅钢薄钢板牌号前加“家”的汉语拼音字母“J”以示区别。例如，JDR540－50 表示厚度为 0.5mm、最大单位铁损值 P15/50 为 5.4W/kg 的家用电器用热轧硅钢薄板。

晶粒取向硅钢薄带也称电信工业用冷轧硅钢带，是用于制造工作频率在 400 赫兹以上的各种电源变压器、脉冲变压器、磁放大器、交换器等铁芯用的晶粒取向硅钢薄带。其牌号用汉语拼音字母 DG 结合数字表示。

D——“电”字汉语拼音的第一个字母，表示电信工业用钢；

G——“高”字汉语拼音的第一个字母，表示工作频率在400HZ 以上；

数字 3～6——指钢带电磁性能级别，3～6 表示钢带的电磁性能从低到高。

例如，DG3 表示电磁性能为 3 级的电信工业用晶粒取向硅钢薄带。

（2）对电工硅钢的性能要求

①有高导磁率。具有这种性质的材料，在较小的磁场作用下可以产生较大的磁感应，从而减少变压器、电机的尺寸和重量。

②有较小的矫顽力和高的磁感应强度，以减少能量损耗。

③单位重量的功耗小。

④较高的电阻系数、足够的韧性、塑性、表面质量和尺寸要好、精确。

（3）电工硅钢的成分

①Si：含硅量 0.80%～4.80%，硅减少矫顽力，增大电阻系数，降低损耗与涡流损失。

②C：碳对磁性不利（磁时效，破坏织物），故一般 C 量较低，在 0.05% 左右。

③其他元素和夹杂：如 Mn、P、S，都会增大矫顽力，导致磁滞损失增大，故应尽量少。

（4）常用电工硅钢

①高硅钢：Si＝2.80%～4.80%，用于变压器铁芯。

②低硅钢：Si＝0.80%～2.80%，用于电机铁芯。

第二节　钢材

一、钢材的品种与分类

所谓钢材，就是冶炼合格的钢再经过一系列的加工而制成的型材。钢材的种类很多，归结起来，可以分为四类 15 个品种。

（一）钢材的四大类型

作为加工产品的钢材，可以分为型材、板材、管材和金属制品四大类。型材又由于其横截面积的不同（包括尺寸及形状）而分为大、中、小型的槽钢、角钢、圆钢以及工字钢等。板材也因其厚度的不同而分为厚板、薄板。管材有些是无缝管，有的是焊接管。金属制品主要是钢丝绳、钢绞线等。这些型材，在生产和生活中占据了广大的应用范围。

（二）钢材的 15 大品种

为了便于进行钢材的分配、订货，实际供应钢材的时候，往往把钢材分得更细一些。按 15 个品种供货。

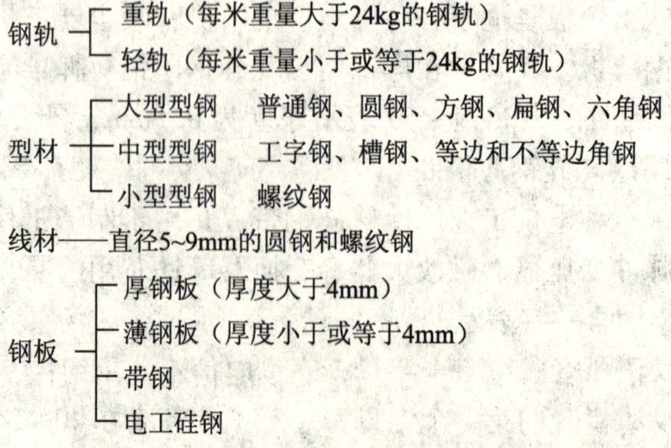

优质型材——优质钢方钢、圆钢、扁钢、六角钢等

管材 ─┬─无缝钢管
　　　└─焊接钢管

金属制品——钢丝、钢丝绳、钢绞线

其他钢材——重轨配件、轮箍、车轴坯等

二、型钢

型钢是除钢板、钢管、钢丝、钢丝绳以外的钢材的统称，是型、板、管、制品4大类钢材中品种、数量最大的一类。它包括15大品种中的重轨、轻轨、大型型钢、中型型钢、小型型钢、线材、冷弯型钢、优质型钢和其他钢材9大品种。

（一）型钢的品种和规格

型钢分为普通型钢和优质型钢两种，普通型钢是用普通钢轧制的，优质型钢是优质钢或高级优质钢轧制的。

1. 型钢分类、品种

按生产方法的不同，型钢分为热轧（锻）型钢、冷弯型钢、挤压型钢、冷拉型钢和焊接型钢。用热轧方法生产型钢具有生产规模大、效率高、能耗少和成本低等优点，是型钢生产的主要方法。

按截面形状的不同，型钢可分为圆钢、方钢、扁钢、六角钢、等边及不等边角钢等。型钢主要品种生产方法和规格范围见表3－21。

表3－21　　型钢主要品种及规格范围

生产方法	圆钢	方钢	扁钢	六角钢	等边角钢	不等边角钢	工字钢	槽钢
	规格，mm				规格，号数			
热轧	5.5～250	5.5～200	3～6×10～150 结构钢 5～60×10～60 工具钢	8～70	2～20	2.5/1.6～20/12.5	10～63 普通 10～70 轻型	5～40
锻制	50～250	50～200	25～120×60～260 结构钢 10～65×40～200 工具钢					
冷拉	7.0～80.0 0.60～80.0 银亮钢	7.0～70.0	7.0～75.0					

2. 型钢的规格

型钢的规格用反映其断面形状特征的主要尺寸表示。

（1）工字钢和槽钢的号数表示其高度（cm）；若高度相同，则加注码以表示腿宽或

腰厚。

（2）角钢的号数表示边宽。

普通型钢分为大、中、小三型，其尺寸范围见表3－22。

优质钢不分大中小型，因此，订货时必须写明具体规格。

表3－22　　大、中、小型型钢的尺寸范围　　单位：mm

种类	工字钢槽钢（高度）	圆钢、方钢、螺纹钢、六角钢、八角钢（直径、边宽、对边距离或型号）	扁钢（宽度）	等边角钢（边宽）	不等边角钢（长边宽×短边宽	其他
大型型钢	≥180	>80	>100	>150	>150×100	履带板、钢板桩等
中型型钢	<180	38～80	60～100	50～150	50×30～150×100	农用复合钢、犁铧钢等
小型型钢		10～37	<60	<50	<50×30	钢窗料、挡圈、农具钢等

3. 型钢的选用

（1）一般情况下，圆钢、方钢可以采用热轧、锻制和冷拉三种方法生产。热轧圆钢直径＝10～250mm，用于制造机械零件、钢结构、无缝钢管和棒料。锻制圆钢直径大于90mm，大多作轴坯。冷拉圆钢直径＝3～100mm，用于制造轴类、标准件。热轧方钢 a＝5～250mm、锻制方钢 a＝50～250mm、冷拉方钢 a＝3～100mm。方钢常用于钢结构、工具及机械零件。扁钢一般采用热轧，用于建筑工程、工具、机器零件及板弹簧。角钢也用热轧制成，用途很广，用作各种结构件和船舶及运输其中机械。工字钢及槽钢也有较广的用途，这两种钢属于经济型钢，可节约钢材，用于桥梁及工程结构，车辆以及其他工业结构。另外，直径＝5～9mm 的圆钢及直径＝10mm 以下的螺纹钢单独分一类，称其线材，成盘的线材称为盘条，圆钢盘条也称盘圆。

（2）工字钢、槽钢和角钢，在其截面积与圆钢、方钢截面积相等的条件下，能够承受更大的载荷，故在选用钢材时，应尽量采用这些钢种。

（3）冷弯型钢，为适应轻型结构的需要，采用2号或3号普碳钢钢板经冷弯成型制成的型钢，称为冷弯型钢。一些受力不大的金属结构，采用它可以减轻结构重量，节约金属，降低成本。常用于建筑结构，车辆制造，农机机械等。

（4）盘条，一般直径 Φ＝6～9mm，常用于拉丝、制钉，也可以作钢筋使用。

（二）优质型钢

优质型钢简称优钢，一般由热轧或冷拉而成，故分为热轧优质型钢和冷拉优质型钢两种。

根据截面形状的不同，优质型钢主要有圆钢、方钢、扁钢、六角钢等。优质型钢不按尺寸划分大、中、小型，在订货、供应时，为简化手续，按规格或截面积划分组距。见表3－23。

表 3－23　　优质型钢的组距

品　　种	组　　距		
圆钢、方钢 直径、边长，mm	8～10，11～15，16～20，21～28，30～40，42～50，55～75，80～100，105～130，135～150，155～180，185～200，205～245		
扁钢 横截面积，mm^2	小扁钢 ≤500	中扁钢 500～1000	大扁钢 >1000
六角钢 对边距离，mm	全部规格		

优质型钢的组距不能代替具体规格，在选用时，在合同等单据上，仍应填写具体规格。

优质型钢主要用做机械零件和工具，在选用时，应注意以下几点：

1. 优质型钢的精度

热轧型钢要求有普通精度和高精度两种。冷拉更要求尺寸精度并有一定的光洁度。一般在 5、6、7 三级（包括尺寸精度和光洁度），抛光的优质型钢可达 4 级。

2. 保证条件

优质型材既要保证化学成分，又要保证经过热处理后，机械性能符合有关规定。为保证质量，许多优质型材的内部组织要进行检验并保证合格。

3. 不同加工方法对优质型钢的质量要求

优质型钢根据使用时的加工方法分为切削加工用和压力加工用两类，前者如生产轴类零件、连杆、车床丝杠、光杠等，后者如制造齿轮、吊钩等。由于使用时加工方法不同，即使是同一牌号、相同品种、规格的优质型钢，也有不同的质量要求。这种不同的质量要求主要体现在材料的化学成分、交货状态、表面质量等方面。另外，优质型钢的订货合同上必须注明作何种加工用，在运输、保管中，也要注意区分，不使混淆。

（三）专用型钢

1. 钢筋

用作钢筋混凝土骨架的小型型钢和线材。钢筋按形状分为圆钢筋、带耳钢筋和螺纹钢筋。钢筋抗拉强度强，弥补了混凝土不抗拉的弱点。

2. 冷锻钢和铆螺钢

用于制造螺钉、铆钉等联结件、紧固件。铆螺钢一般是碳素结构钢，冷锻钢则一般为优质钢。

3. 窗框钢

又称钢窗料。用于建筑物的门、窗框架。窗框钢主要要求有良好的焊接性能，常用 Q215－A、Q235－A 碳素结构钢制成，热轧状态交货。

4. 农用型钢

用于各种农机具，包括农具钢、犁铧钢、农用复合钢、农业机械特殊断面型钢等。

三、钢轨及其配件

钢轨及其配件，实际上是异形型钢，一般由铁道部门安排生产和供应。

（一）钢轨的品种和规格

钢轨分为重轨和轻轨及起重机轨。规格都用每米长重量表示。轻轨每米重量小于或等于24kg，每根长5～12m，主要用于铺设工厂、矿山的轻便轨道。重轨每米长重量大于24kg，标准长度为12.5m或25m。主要用于铺设铁道干线、专用线。为适应行车速度增快的情况，每米长重量也在不断增长。起重机轨每米重量一般比重轨大些，用于起重机轨道。

（二）钢轨的材质及保证条件

钢轨要承受机车、车辆的压力和冲击载荷，轨头因与车轮摩擦要磨损，暴露在空气中的钢轨易腐蚀，因此，钢轨要耐蚀、耐磨，有足够的强度、硬度和韧性。一般为满足以上要求而采用低合金结构钢，既保证化学成分，又保证机械性能。有时要在钢中适当地加入一些Si、Cu、Re以提高其性能。

（三）钢轨配件

将钢轨与钢轨或枕木连接起来的零件称为钢轨配件。鱼尾板用于钢轨间的连接，垫板、道钉则用于钢轨与枕木的连接。鱼尾板一般用B6、B7制造，并要进行淬火回火处理，以保证强度、硬度和塑性。垫板用普通钢制造。此外，道岔也是铁路主要部件，一般用高锰耐磨钢制造。

四、钢板

钢板分为薄板（$H \leq 4$mm）和厚板（$H > 4$mm）。实际应用中，常将$H < 20$mm的厚板称为中板，$H = 20 \sim 60$mm的厚板称为厚板，$H > 60$mm的称为特厚板。把$H = 0.05 \sim 7$mm，宽$H = 4 \sim 520$mm，长度很长的钢板称为钢带。钢板一般成张成卷供应。成张钢板规格为厚×宽×长，成卷钢板的规格为厚×宽。

钢板中还有一类称为花纹钢板，有较高的防滑能力，用于制造路板，船舶甲板。

（一）厚板

厚钢板有热轧普通厚板和热轧优质厚板两种。普通钢厚钢板包括普碳钢板和低合金钢板，一般用于无特殊要求的各种结构，如设备外壳、桥梁、储容器等。钢板一般要通过焊接而形成钢结构。为保证良好的焊接性能，故一般用低碳钢。用于制造锅炉、压力容器、船舶的厚钢板称为专门用途钢板，一般要求较高的强度和足够的韧性，故常用低合金钢或调整化学成分的3号普通钢轧制的。桥梁用钢还要保证低温韧性。

（二）薄板

薄板分为热轧和冷轧两种，都要求一定的精度。

1. 普碳钢薄板

用于制造对表面要求不高的一般冲压件，如通风管道、开关柜、文件箱。一般用乙类普碳钢轧制，保证化学成分和冷弯性能。

2. 酸洗薄板

用于制造对强度要求不高的冲压制件，如电筒壳、汽车刹车盘等，主要保证良好的表面质量和冲压性能。

3. 镀层薄板

主要用于镀层提高钢板的耐蚀性能。在钢板的表面覆盖一层其他金属。

镀锌薄板——用于包装、建筑和日常生活用品，如壶、桶、盆、烟筒。

镀铅薄板——耐蚀能力强，用于汽车油箱和其他储油容器。

镀锡薄板——又称马口铁，无毒且对食品耐蚀能力强。多用于罐头盒、糖果点心、医药、涂料、染料的容器。

4. 塑料复合薄板

在碳素结构钢薄板的表面覆盖上聚氯乙烯，既可有钢板的强度和成型性，又有良好的工艺性能及耐水、耐蚀性。表面色彩艳丽。常用于制作喷雾器、硫酸、硝酸容器、电器外壳等。

5. 冲压薄板

包括优质碳素钢薄板。深冲压用冷轧薄板和搪瓷用热轧薄板。这些钢板用于冷冲压，故要求要有优良的冲压性能，即高的延伸率、较低的屈服点和抗拉强度。同时，要有一定的尺寸精度和表面质量。厚度要均匀，否则，冲压时会变形或开裂。与此同时，不允许有氧化铁皮以保证质量。

6. 电工用硅钢薄板

俗称矽钢片。是用含 Si 0.8% ~4.8% 的电工硅钢热轧或冷轧制成的。主要用于制作各种电器的铁芯。

7. 钢带

也称带钢，有热轧、冷轧之分。从其用途上又有锯条用冷轧钢带（生产锯条用，有 M、F、J 三类），刮脸刀片用冷轧钢带，打包铁皮（普通钢质）等。

五、钢管

钢管分为无缝钢管（热轧、冷轧、冷拔、挤压管）和焊接钢管（直缝焊管和螺旋焊管）两大类。有圆形、异形和变断面管之分。钢管与其他钢材比较，有较高的抗弯、抗扭能力，重量轻，材料利用率高等特点，所以，广泛用于工程设施和机械结构。

（一）无缝钢管

无缝钢管的规格为：外径×壁厚。

1. 一般无缝钢管

用碳素结构钢和低合金钢或合金结构钢热轧、冷拔而成。应保证化学成分和机械性能。用于制造机械零件、流体输送管道。

2. 锅炉无缝钢管

一般用 10、20 号优质碳素钢制成，用于锅炉的沸水管、过热蒸汽管等，保证化学成分、机械性能及压力。

3. 锅炉高压无缝钢管

用于高温高压下的过热器管道、导气管、主蒸汽管道等，一般用含 W、Mo 的合金钢制造。

4. 地质钻探用钢管

地质和石油钻探用的钻杆、岩心管、钻头管等，都是优质无缝钢管，要求较高的机械性能，一般有优质碳素结构钢制成。

（二）焊接钢管

一般分为炉焊管和电焊管，又分为直缝管和螺旋缝焊管，常用于以下专门用途：

1. 水、煤气输送管

用于水、煤气、暖气管道。

2. 电线套管

用于盛装电线、电缆。

3. 直缝焊管

主要用于一些结构件，如汽车传动轴等，再如玩具、灯具等。一般材质为碳素结构钢或碳结钢。

4. 螺旋缝焊管

主要用于石油、天然气的管道，材质一般为优质碳素结构钢或低合金钢。

六、金属制品

在金材中，金属制品一般指由盘条经拉伸加工制成的钢丝、钢丝绳和钢绞线。

（一）钢丝

1. 分类、品种及规格

钢丝分为低碳钢丝、钢丝和预应力钢丝三类。

钢丝截面一般为圆截面，其规格用直径表示。

2. 钢丝的用途

（1）低碳钢丝：俗称铁丝。用碳素结构钢制成，用于捆绑、牵拉、制钉、编织等。

（2）钢丝：由优质钢拉制而成，主要用于制造各种机器零部件、焊芯、铆钉等。

（3）预应力钢丝：专门用于制作钢筋的钢丝，均采用优质碳素钢制造。

（二）钢丝绳和钢绞线

钢丝绳和钢绞线是用多根优质碳素钢丝按一定方式捻制而成的，钢绞线实际上就是单股的钢丝绳。钢丝绳和钢绞线有较高的强度、韧性好、自重轻、无噪声，使用方便。因此，广泛用于起重、运输牵引、张拉固定等方面。

1. 钢丝绳分类

按直径，钢丝绳分为细直径（8.0mm）钢丝绳、粗直径（60mm）钢丝绳和普通直径（8～60mm）钢丝绳。

按表面状态，钢丝绳分为光面钢丝绳、镀锌钢丝绳和涂塑钢丝绳。

按股的截面形状，分为圆股钢丝绳和异型股钢丝绳。

按股的捻制特性，钢丝绳分为点接触钢丝绳、线接触钢丝绳和面接触钢丝绳。

2. 钢丝绳标记

钢丝绳结构及基本特性的标准代号在GB8707－88《钢丝绳标记代号》中有详细规定，简述如下：

钢丝绳标记代号采用英文字母与数字相结合的方法表示。钢丝绳的结构及特性一般采用英文单词的第一个字母作标记代号，股数及钢丝数用阿拉伯数字表示。

钢丝绳标准代号按尺寸、钢丝的表面状态、结构形式、钢丝的抗拉强度、捻向、最小破断拉力、单位长度重量、产品标准号的顺序标明，例如：

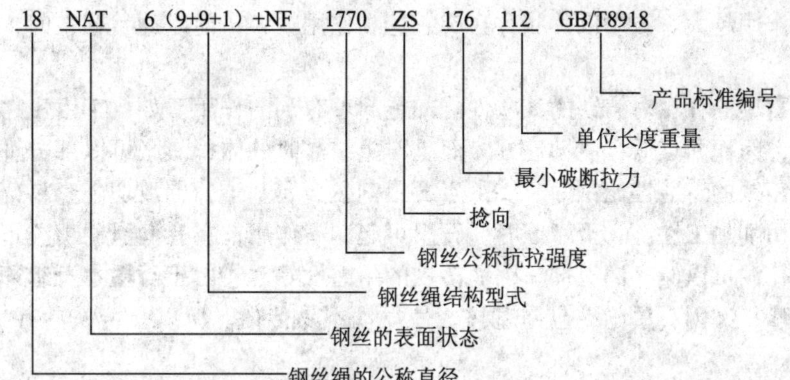

按以上顺序标记可以使用简略代号，例如：18NAT6×19+NF1770ZS176。

钢丝绳的结构一般可用简称，即用股数每股钢丝绳根数+芯的代号表示，如属线、面接触钢丝绳、异型股钢丝绳等则在钢丝根数后注明结构型式的代表符号。

钢丝绳的规格以公称直径（外接圆直径）的毫米数表示。

3. 钢丝绳的使用

钢丝绳的用途广泛，除一般用于机械、运输等方面外，还用于许多的特殊场合，如：电梯用钢丝绳、航空用钢丝绳、钻深井设备用钢丝绳、架空索道及缆车用钢丝绳、起重用钢丝绳、渔业用钢丝绳、矿井提升用钢丝绳、轮胎用钢丝绳、胶带用钢丝绳、预应力混凝土用钢绞线等。

第三节 铸铁

以铸造生铁为主要原料，配入一定数量的铁合金等，调整成分后经熔化铸成铸件，这种铸件的材料称为铸铁。

铸铁具有良好的铸造性、耐磨性和切削加工性，生产简单，价格便宜，广泛应用于机械制造、冶金、矿山、交通运输和国防建设等部门，铸铁是以铁、碳、硅为主要成分的多元铁基合金，碳在铸铁中除固溶于铁形成铁素体外，还有两种存在形式：一是与铁生成化合物；二是以石墨的形式存在。按照铸铁中碳的存在形式，将铸铁分为白口铸铁、灰口铸铁、可锻铸铁、球墨铸铁等。

一、铸铁的组织和性能特点

白口铸铁中的碳绝大部分以渗碳体（Fe_3C）的形式存在。因其断口呈亮白色，故称白口铸铁。因含有大量的渗碳体，其性能脆而硬，不易加工，很少直接用来铸造机械零件。

灰口铸铁、可锻铸铁、球墨铸铁中碳大部分以石墨形式存在。工业上应用的铸铁，主要是碳以石墨形式存在的，这些铸铁的组织是由金属基体和石墨组成。金属基体就是珠光体、铁素体或珠光体加铁素体，它们相当于钢的组织，所以，铸铁的组织可视为在钢的基体上分布着不同形态的石墨。

石墨的强度、塑性和韧性极低，几乎接近于零，因而又可以近似地把石墨看成铸铁中的空洞或裂缝。显然，石墨的存在破坏了基体的连续性，所以，铸铁的强度、塑性和韧性一般比钢低。这种作用的大小，取决于石墨的数量、尺寸和形状。石墨的数量越多，尺寸

越大，这种作用越大。石墨以片状存在时，这种作用较大，而以球状存在时，这种作用就小得多。

然而，石墨的存在对铸铁的某些性能却能起着有利的作用。如：①由于铸铁含碳量接近共晶成分，因而熔点低、流动性好，而且石墨结晶时的体积膨胀可以部分补偿基体的收缩，所以，铸铁的铸造性比钢好。②由于石墨割裂金属基体，导致切削容易碎断，使铸铁具有良好的切削加工性。③干摩擦时，石墨可起润滑作用；在有润滑的情况下，石墨剥落后形成的小孔洞可以储存润滑剂，因而铸铁的耐磨性好。④由于石墨本身组织松散，能吸收振动的能量；又因石墨割裂金属基体，使振动不易传播，所以，铸铁具有良好的消振、减振的能力。

二、影响铸铁组织和性能的因素

影响铸铁组织和性能的主要因素是它的化学成分和冷却速度。组织发生变化，性能也相应地发生变化。

1. 化学成分的影响

铸铁中碳以石墨形式析出的过程称为石墨化。

碳和硅是促进石墨化的元素，铸铁中碳和硅的含量愈高，铸铁的石墨化程度愈大。

实践证明，铸铁中每增加1%的硅，其作用相当于增加0.3%的碳。通常把含硅量折合成相当的含碳量，并把它和含碳量加在一起称为碳当量，即：

$$碳当量 = C\% + 0.3Si\%$$

调整铸铁的碳当量，是控制铸铁组织和性能的主要措施。

硫是强烈阻碍石墨化的元素，易使碳以渗碳体的形式存在，促使铸铁白口化。硫还会降低铁水的流动性，所以，硫在铸铁中是有害元素，其含量应尽可能低（一般在0.15%以下）。

锰也是阻碍石墨化的元素，但它能增加基体金属的强度，还能与硫生成MnS，从而减少硫的害处。在铸铁中含锰量一般为0.8%～1.3%。

磷能促进石墨化，增加铁水的流动性，还能提高铸件的耐磨性，但它能增加铸件在常温或低温下的脆性，因此，铸造薄壁精细或要求耐磨的铸件时，含磷量可高些；铸造力学性能要求高的铸件时，则含磷量应低些。含磷量通常都控制在0.3%以下。

2. 冷却速度的影响

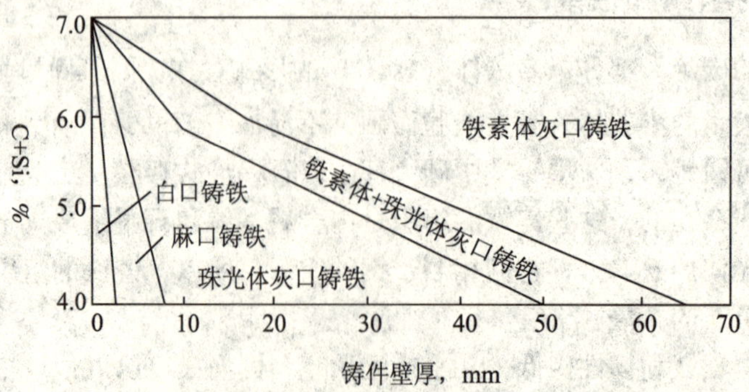

图3-2　铸铁的成分和冷却速度（铸件壁厚）对铸铁组织的影响

一定成分的铸铁，其石墨化的程度决定于冷却速度，冷却速度越慢，越有利于石墨化的进行。铸件的冷却速度主要取决于铸型材料和铸件壁厚。例如，铸件在砂型中冷却比在金属型中冷却慢；铸件越厚，冷却越慢。

铸铁中碳和硅的总含量，冷却速度（以铸件壁厚表示）对铸铁组织的综合影响见图3－2。

从图中可以看出，冷却速度越慢（铸件越厚），碳、硅含量越高，组织越容易石墨化。

三、常用铸铁

（一）灰口铸铁

灰口铸铁中碳大部分以片状石墨形式存在，因其断口呈暗灰色，故称灰口铸铁，又称普通铸铁。

1. 灰口铸铁的成分和组织

灰口铸铁的成分一般为C：2.5%～4.0%；Si：1.0%～3.0%；Mn：0.6%～1.3%；S：<0.15%；P：<0.3%。

灰口铸铁的组织由金属基体和片状石墨两部分组成，按化学成分和冷却速度不同，基体分铁素体、铁素体＋珠光体、珠光体三种。灰口铸铁的显微组织见图3－3。

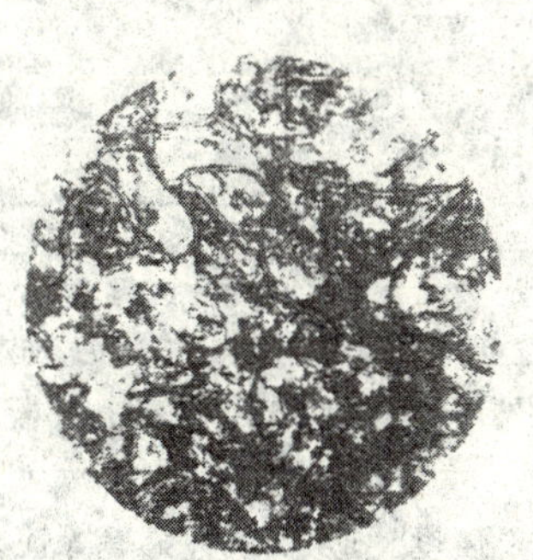

（a）珠光体基体（200×）

（b）铁素体+珠光体基体（160×）

图3－3 灰口铸铁的显微组织

2. 灰口铸铁的性能、牌号和用途

灰口铸铁具有优良的铸造性、切削加工性、耐磨性，以及较高的抗压强度和硬度，但它的抗压强度和塑性低。

为了提高灰口铸铁的力学性能，可以通过变质处理改善石墨的大小和分布情况。所谓变质处理（或孕育处理），就是在浇注前往铁水中加入硅铁、硅钙合金等，在铁水内产生大量均匀分布的晶核，使石墨片和基体组织细化。经过变质处理的灰口铸铁称为变质铸铁，其强度有很大提高。因此，变质铸铁常用做力学性能要求高，而且截面尺寸变化较大的大型铸件。

灰口铸铁的牌号，由“灰铁”二字的汉语拼音字头“HT”及数字组成。数字表示最低抗拉强度。

灰口铸铁的应用很广。铁素体灰口铸铁和铁素体＋珠光体灰口铸铁，主要用于受力不大，形状复杂的薄壁小铸件，如盖、外罩、箱体、阀体、轴承座等；珠光体灰口铸铁主要用于承受较大负荷、振动、摩擦条件下工作的零件，如机座、车身、汽缸体、齿轮箱等；孕育铸铁主要用于截面较大、负荷高的重要零件，如齿轮、凸轮、压力机机身、滑阀壳体等。

灰口铸铁的牌号、力学性能及用途见表3－24、表3－25。

表3－24　灰口铸铁的牌号、力学性能

类别	牌号	σ_b，≮，MPa	HB
铁素体灰口铸铁	HT100	100	143～229
铁素体＋珠光体灰口铸铁	HT150	100～280	143～241
珠光体灰口铸铁	HT200 HT250	160～320 200～290	163～255 163～255
变质铸铁	HT300 HT350	260～300 310～350	170～255 170～269

注：表中 σ_b 值是指铸铁件壁厚不同，直径不同时，分别不小于该值范围。

表3－25　灰口铸铁的特点和应用范围

牌号	特性和用途
HT100	铸造性能好、工艺简便、铸造应力小、不同人工时效处理、减振性优良。适合于负荷小，对摩擦、磨损无特殊要求的零件。例如：盖、外罩、油盘、手轮、支架、底板、重锤等
HT150	性能特点和HT100基本相同，但有一定的机械强度。适用于承受中等应力（σ_b＜981 N/cm^2）、摩擦面间单位压力＜49N/cm^2 下受磨损的零件以及在弱腐蚀介质中工作的零件。例如：普通机床上的支柱、底座、齿轮箱、刀架、床身、轴承座、工作台；圆周速度6～12m/s的皮带轮；工作压力不大的管件和壁厚≤30mm的耐磨轴套，以及在纯碱或染料介质中工作的化工容器、泵壳、法兰等
HT200 HT250	强度较高，耐磨、耐热性较好，减震性也良好；铸造性能较好，但需进行人工时效处理。适用于承受较大应力（σ_ω＜2942N/cm^2）、摩擦面间单位压力＞49N/cm^2（大于10t的大型铸件可＞147N/cm^2）和要求一定的气密性或耐蚀性的零件。例如：一般机械制造中较为重要的铸件（如汽缸、齿轮、机座、机床床身及立柱）；汽车、拖拉机的汽缸体、汽缸盖、活塞、刹车轮、连轴器盘等；具有测量平面的检验工件（如划线平板、V形铁、平尺、水平仪框架等）；承受压力＜785N/cm^2 的油缸、泵体、阀体；圆周速度12～20m/s的皮带轮；要求有一定耐蚀能力和较高强度的化工容器、泵壳、塔器等

续　表

牌号	特性和用途
HT300 HT350	这是属于高强度、高耐磨性一级的灰口铸铁，其强度和耐磨性均优于以上牌号的铸铁，但白口倾向大、铸造性能差，铸后需进行人工时效处理。适用于承受高应力（σ_ω < 4900 N/cm^2）、摩擦面间单位压力≥196 N/cm^2，要求保持气密性的零件。例如：机械制造中某些重要的铸件，如剪床、压力机、自动车床和其他重型机床的床身、机座、机架及受力较大的齿轮、凸轮、衬套，大型发动机的曲轴、汽缸体、缸套、汽缸盖等；高压的油缸、水缸、泵体、阀体；镦锻和热锻模、冷冲模；圆周速度 > 20 ~ 25m/s 的皮带轮等

（二）可锻铸铁

可锻铸铁是石墨成团絮状的铸铁，它是由白口铸铁经高温、长时间退火，使渗碳体在固态下分解，获得团絮状石墨的铸铁。可锻铸铁又称“玛铁”或“玛钢”。

1. 可锻铸铁的成分和组织

为了保证在一般冷却条件下，先获得白口组织和铸铁，碳硅含量比灰口铸铁要低一些，但为了加速退火过程的石墨化，碳硅含量又不能太低。其成分一般为：C，2.2% ~ 2.8%；Si，1.2% ~1.8%；Mn，0.4% ~0.6%；P<0.1%；S<0.2%。

可锻铸铁的组织由金属基体和团絮状石墨组成。按退火方法不同，其金属基体可以是铁素体或珠光体，其显微组织见图 3 -4。

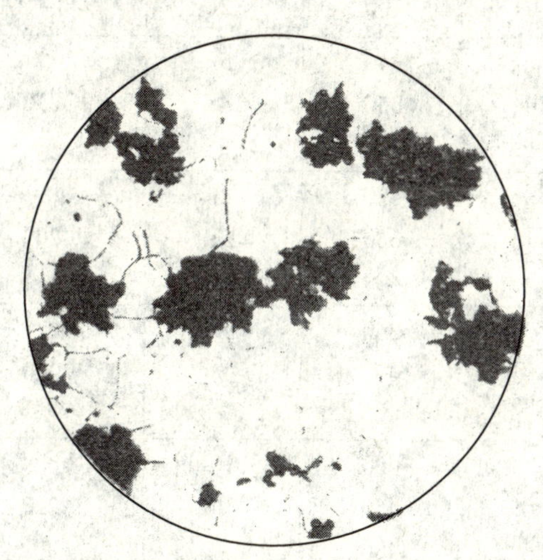

图 3 -4　可锻铸铁（铁素体基体）的显微组织（200 ×）

2. 可锻铸铁的性能、牌号和用途

可锻铸铁由于石墨呈团絮状，对基体的割裂和由此造成的应力集中现象要比片状石墨小得多，所以，可锻铸铁的强度、塑性和韧性都要比灰口铸铁高。可锻铸铁的基体组织不同，其性能也不同。铁素体基体可锻铸铁具有一定的强度和一定的塑性和韧性；而珠光体可锻铸铁具有较高的强度、硬度和耐磨性，但塑性与韧性则较低。

可锻铸铁的牌号，用汉语拼音字母“KTH”或“KTZ”及两位数字组表示。“KTH”表示黑心可锻铸铁；“KTZ”表示珠光体可锻铸铁，后面的两组数字分别表示最低抗拉强

度和最低伸长率。

可锻铸铁一般常用于截面较薄，形状比较复杂，强度和韧性要求较高的零件，如汽车、拖拉机后桥壳、轮壳以及管接头等。因为这些零件，若用灰口铸铁，其强度、韧性不足；若用铸钢，因其铸造性能较差，质量不易保证。

由于可锻铸铁对化学成分限制较严，工艺复杂，生产周期长等，所以，在使用上受到一定的限制。随着球墨铸铁的发展，不少可锻铸铁已被球墨铸铁所代替。

可锻铸铁的牌号、力学性能和用途见表3－26、表3－27所示。

表3－26　　可锻铸铁的牌号、力学性能

类别	牌号	σ_b，MPa	δ,%	HB	试样直径 d，mm
		≮			
黑心可锻铸铁	KTH300－06	300	6	120～163	12或15
	KTH330－08	330	8		
	KTH350－10	350	10		
	KTH370－12	370	12		
珠光体可锻铸铁	KTZ450－06	450	6	152～219	12或15
	KTZ550－04	550	4	179～241	
	KTZ650－02	650	2	201～269	
	KTZ700－02	700	2	240～270	
白心可锻铸铁	KTB350－04	340	5	230	9
		350	4		12
		360	3		15
	KTB380－12	320	15	200	9
		380	12		12
		400	8		15
	KTB400－05	360	8	220	9
		400	5		12
		420	4		15
	KTB450－07	400	10	220	9
		450	7		12
		480	4		15

表3－27　　可锻铸铁的特性和用途

牌号	特性和用途
KTH300－06	有一定的韧性和强度、气密性好，适用于承受低动载荷及静载荷、要求气密性好的工作零件，如管道配件、中低压阀门等
KTH330－08	有一定的韧性和强度、适用于承受中等动载荷及静载荷的工作零件。如：农机上的犁刀、犁柱、车轮壳、机床用的扳手以及钢丝绳轧头等

续 表

牌号	特性和用途
KTH350－10 KTH370－12	有较高的韧性和强度、适用于承受较高的冲击、振动及扭转负荷下的工作零件。如汽车、拖拉机上的前后轮壳、差速器壳、转向节壳、制动器等，农机上的犁刀、犁柱以及铁道零件、冷暖器接头、船用电机壳等
KTZ450－06 KTZ550－04 KTZ650－02 KTZ700－02	韧度低但强度大、硬度高、耐磨性好，且切削加工性良好；可用来代替低碳、中碳、低合金钢及有色金属制作承受较高载荷、耐磨损并要求有一定韧性的重要工作零件。如：曲轴、凸轮轴、连杆、齿轮、摇臂、活塞环、轴承、犁刀、耙片、闸、万向接头、棘轮、扳手、传动链条、矿车轮等
KTB350－4 KTB380－12 KTB400－05 KTB450－07	白心可锻铸铁的特点是：①薄壁铸件仍有较好的韧性；②有非常优良的焊接性，可与钢钎焊接；③可切削性好；但工艺复杂，生产周期长，强度及耐磨性较差，在机械工业中很少应用。适合于制造厚度在15mm以下的薄壁铸件和焊接后不需进行热处理的零件

（三）球墨铸铁

所谓球墨铸铁是指铸铁中的石墨以球状形式存在的铸铁。球墨铸铁的制法是在浇注前往铁水中加入适量的球化剂和孕育剂处理后而获得的。能使铸铁中的石墨成球状的添加剂称为球化剂。常用的球化剂有纯镁、镁合金及稀土合金等，球化剂具有很强的球化能力，能使石墨球化但又是强烈阻止石墨化的元素，易使铸件成为白口组织，因此，还须加入孕育剂，促进石墨析出，保证得到合格的铸件。常用的孕育剂有硅铁或硅钙铁等。

1. 球墨铸铁的成分和组织

球墨铸铁的成分大致为：C，3.8%～4%；Si，2%～2.8%；Mn，0.6%～0.8%；P＜0.1%；S＜0.04%；Mg（残余），0.03%～0.05%；稀土（残余），0.03%～0.05%。

球墨铸铁的组织特点是石墨成球状，基体组织根据成分、处理方法和铸件的冷却速度不同，可分为铁素体、珠光体、铁素体＋珠光体三种。参见图3－5。

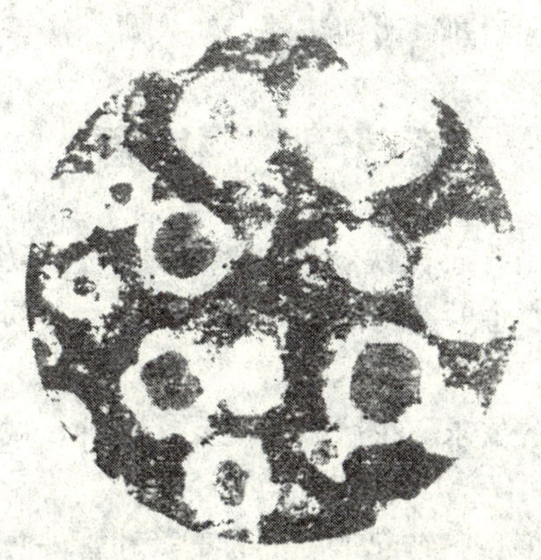

图3－5 铁素体＋珠光体球墨铸铁的显微组织（160×）

2. 球墨铸铁的性能、牌号和用途

由于球墨铸铁中的石墨呈球状，不仅应力集中作用小，而且在同等的石墨体积下，对基体的割裂作用也降到最小，可以充分发挥基体的性能。所以，球墨铸铁的力学性能比灰口铸铁和可锻铸铁都高。其抗拉强度、塑性、韧性与相应组织的铸钢差不多，又由于球墨铸铁中有石墨存在，使它具有与灰口铸铁同样良好的切削加工性能、耐磨性、减振性和铸造性能。

球墨铸铁的牌号由“球铁”二字汉语拼音第一个字母“QT”及两个数字组成。两组数字分别表示其最低抗拉强度和伸长率。

由于球墨铸铁具有良好的性能，并能通过热处理使其性能在较大范围内变化，因此，球墨铸铁在机械制造中得到广泛的应用。它可代替可锻铸铁、铸钢和某些碳钢和合金钢，来制造汽缸套、体、盖，活塞环，连杆，曲轴，凸轮轴，齿轮，各种床身和外壳等。

球墨铸铁的牌号、力学性能和用途可参见表3－28。

表3－28　球墨铸铁的牌号、力学性能和用途

类别	牌号	σ_b，MPa	$\sigma_{0.2}$，MPa	δ,%	HB	用途
		≮				
铁素体	QT400－18 QT450－10	400 450	250 270	18 10	≤179 ≤206	汽车、拖拉机零件，16－64大气阀门的阀体、阀盖等
铁素体+珠光体	QT500－7	500	350	5	147－241	油泵齿轮
珠光体	QT600－3 QT700－2 QT800－2	600 700 800	420 490 560	3 2 2	229－302 229－302 241－321	内燃机曲轴，车床主轴，汽缸体、缸套等

随着铸铁的广泛应用，对铸铁的性能便提出了特殊的要求，如耐热性、耐蚀性、耐磨性等。因此，特殊性能铸铁发展起来了。它们一般都是通过加入合金元素而获得特殊性能的。如加入铬、铝、硅可得到耐热、耐蚀铸铁；加入磷、锰等可得到耐磨铸铁等。

第四节　铸铁管

铸铁管又称生铁管，是用普通铸铁经过砂型铸造、连续铸造或离心铸造等方法制成的，用于铺设、安装上、下水道管路网的专用管，其中，大部分用作上水管，少部分用作下水管。

铸铁管在尺寸精度方面的要求不很严格，但要求品种、规格齐全和配套，否则，将影响形成管路网和使用。

铸铁管的品种、规格很多，归纳起来可分为直管和管件两大类。

铸铁直管按连接形式不同，分为承插式和法兰盘式两种。承插式又分为承插管、双承管、双插管几种；法兰盘式有双盘和单盘两种。承插管一端为平口（插口），另一端为喇

叭形套口（承口）。使用时将一根管子的插口管端，插入另一根管子套口管端，平口端的外表面与套管的内表面形成环行空隙，可用麻、盘根、水泥等材料充填，以防渗漏。承插式铸铁管生产工艺简单，成本低，施工方便，生产和应用较广。法兰盘式铸铁管在管端铸成突出的边缘，即法兰盘。两根管连接时先在法兰盘的结合面间加填料（如普通橡胶板、石棉绳、石棉橡胶板），然后，通过法兰孔用螺栓紧固。法兰盘管的生产工艺较复杂、价格高，连接用材料较多，施工要求也较高，但法兰盘连接的管路拆卸方便，多用于泵房等检修较为频繁的地方。

管件是铸铁管道分支、拐弯、对接的连接件。管件的品种很多，通常按形状、接口形式、拐弯角度来称呼。如双承丁字管、三盘丁字管、三承十字管、双插渐缩管、45°双承弯管、90°双盘弯管套管等。

铸铁管的规格以公称直径表示，公称直径是指内径的近似值（毫米），其符号为 Dg。按 GB3422－82 规定，连续铸铁管的公称直径 75～1200mm，有 17 个规格；按 GB3421－82 的规定，砂型离心铸铁管的公称直径为 200～1000mm，有 12 个规格。铸铁直管按定尺长度供应，连续铸铁管的有效长度为 4m、5m、6m；砂型离心铸铁管的有效长度为 5m、6m。有效长度是指铸铁直管在管路中能利用输送流体的实际长度。带法兰盘管的有效长度等于其全长，承插管的有效长度等于铸铁管的全长减去承口部分的长度。

为了保证铸铁管工作的可靠性，必须逐根进行水压试验。使用时应按工作压力选择压力合适的铸铁管，在给水管道中，必须包括水锤的压力。所谓水锤压力，是指因关闭阀门或者其他原因使管路受堵，在水流惯性力的作用下，管路压力升高，压力像锤头一样来回冲击管壁的现象。

铸铁管及管件一般都用涂敷热沥青的方式进行防腐，应进行防腐处理后存放和使用。

第四章　有色金属材料商品

第一节　铜与铜合金

有色金属的种类繁多，性能各异，应用广泛，是现代工业生产尤其是国防和尖端科学工业不可缺少的金属材料。

一、纯铜

（一）纯铜的性能和用途

纯铜的密度（20℃）为 $8.9g/cm^3$，熔点为 1083℃，呈玫瑰红色，在空气中表面形成氧化膜后，外观为紫红色，故称紫铜。纯铜是用电解法获得的，故又名电解铜。

纯铜最突出的特点是导电性好，它的电阻率只有 $0.0169 \times 10^{-6} \Omega \cdot m$，其导电率仅次于银而居第二位。因此，铜广泛应用在电气工业方面，用以制造电刷、电线、电缆线等。

纯铜另一个突出特点是导热性好，仅次于金、银而居第三位，其导热率为银的 73%，故在传热、散热器中获得广泛的应用。

纯铜具有较好的化学稳定性，在大气、淡水、水蒸气中具有良好的耐蚀抗力，广泛应用于各种输水、输油的管道和器皿，但在硝酸、浓硫酸以及在各种盐类，如氟盐、氯化物、碳酸盐等溶液中则极易被腐蚀。在保管和应用中应尽量避免与上述物品接触。

铜具有面心立方晶格，塑性极好，伸长率达 50%，能顺利地进行各种冷热加工，制成管、棒、线、条、带、板、箔等。

铜是逆磁金属，常用于制造各种防磁性干扰的磁学仪器，如罗盘、航空仪器等。铜的强度和硬度较低，不能通过热处理进行强化，通过冷压力加工可提高其强度，并改善其切削加工性能，但降低其塑性，所以，纯铜不宜作受力结构件。

在纯铜中加入合金元素，可以组成性能良好的铜基合金，使其用途更为广泛，常用来制造轴瓦、轴套、钟表零件等。

（二）杂质对纯铜性能的影响

工业上使用的纯铜虽经多次提炼，但其中仍存在着不少杂质，杂质主要有铅、铋、硫、氧、锑、砷等。

所有杂质均在不同程度上降低铜的导电性和导热性。特别是固溶于铜中的杂质影响更为显著。图 4－1 和图 4－2 分别表示各种杂质对铜导电性和导热性的影响。铜中各种杂质对导电性的影响相当于各个元素影响的算术和。因此，用作导电材料的纯铜，其杂质含量总和不应超过 0.1%。

铅和铋几乎不溶于铜，与铜形成低熔点的共晶体（Cu + Bi）和（Cu + Pb），共晶温度分别为 270℃和 326℃，这些共晶体分布于晶粒边界上，在进行热压力加工时（铜的热压力加工温度为 820℃～860℃），共晶体发生熔化，使晶粒间的结合强度降低，出现裂纹以

致断裂，即在热加工过程中产生热脆性。此外，铋本身很脆，当含量较高、冷加工时，还会引起冷脆。

硫和氧与铜能生成脆性化合物 Cu_2S 和 Cu_2O，致使纯铜在冷加工时产生冷脆。

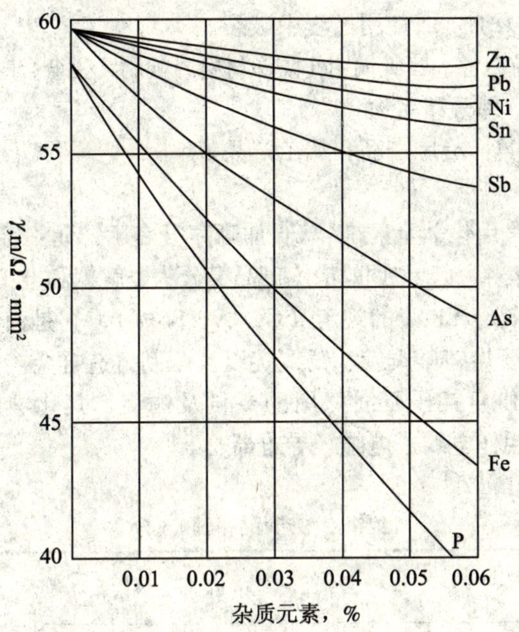

图 4－1 杂质对铜导电性的影响

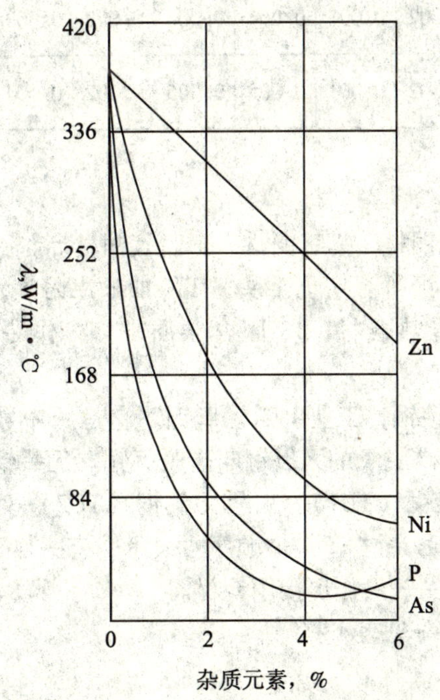

图 4－2 杂质对铜导热性的影响

氧除了引起冷脆外，还会引起铜的“氢病”。所谓“氢病”，是指含氧铜（如氧化亚铜）在还原气氛，如 H_2、CO、CH_4 等气体介质中加热时发生变脆或开裂的现象。这种现象的产生是由于加热时，氢及一氧化碳等气体会扩散渗入铜中与氧起反应，形成不溶于铜的水蒸气或二氧化碳，这些气体没有扩散能力，在铜的内部产生很大压力，而造成显微裂纹，会使铜在随后的压力加工或使用过程中破裂。

铁和镍能降低铜的抗磁性，当纯铜用作防磁材料或配制无磁合金时，其含量应严格控制。

（三）纯铜的种类、牌号和用途

我国纯铜产品分两类：冶炼产品和加工产品。

1. 冶炼产品

纯铜冶炼产品的牌号用化学元素符号 Cu 加顺序号表示，元素符号和数字之间用短横线隔开。其牌号和成分见表 4－1。纯铜的冶炼产品又分为电解铜和电工用铜线锭两种。

电解铜的化学成分符合 Cu-1 的规定（Cu≮99.95%），它是由精铜经进一步电解精炼成的片状纯铜，主要用于熔铸紫铜锭、铜线锭以及配制铸造合金。

电工用铜线锭是专供直接压延线材用的棒材及铜锭，其化学成分符合 Cu-2 的规定（Cu≮99.90%），主要用作电线、电缆等导电器材。

表 4－1　纯铜冶炼产品牌号和成分

牌号	Cu + Ag, ≮,%	杂质，≯,%										
		As	Sb	Bi	Fe	Pb	Sn	Zn	Ni	S	P	总和
Cu－1	99.95	0.002	0.002	0.001	0.004	0.003	0.002	0.003	0.002	0.004	0.001	0.05
Cu－2	99.90	0.002	0.002	0.001	0.005	0.005	0.002	0.004	0.002	0.004	0.001	0.01

2. 加工产品

纯铜的加工产品包括纯铜材、无氧铜材、磷脱氧铜材等。

纯铜材的牌号用铜的汉语拼音字母字头“T”加顺序号表示，有 T1、T2、T3 三个牌号。T1、T2 主要作导电、导热器材；T3 因含杂质较多，作一般铜材，如电器开关、铆钉等。

含氧在 0.003% 以下的纯铜，工业上叫无氧铜。它是用一号纯铜片在炭的保护下熔炼而成，有时还用磷脱氧，用磷脱氧的无氧铜叫磷脱氧铜。无氧铜的牌号用汉语拼音“TU”加顺序号表示，有一号无氧铜（TU1）、二号无氧铜（TU2）两个牌号，主要用作电真空器材用铜材。磷脱氧铜的代号用“TP”加顺序号表示，有一号磷脱氧铜（TP1）和二号磷脱氧铜（TP2）两个牌号，一般只作焊接用铜材。

纯铜加工产品牌号和成分见表 4－2。

表 4-2　　纯铜加工产品牌号和成分

组别	牌号	Cu+Ag, ≮	杂质, ≯, %											
			P	Bi	Sb	As	Fe	Ni	Pb	Sn	S	Zn	O	总和
纯铜	T1	99.95	0.001	0.001	0.002	0.002	0.005	0.002	0.003	0.002	0.005	0.005	0.02	0.05
	T2	99.90	—	0.001	0.002	0.002	0.005	0.005	0.005	0.002	0.005	0.005	0.06	0.1
	T3	99.70	—	0.002	0.005	0.001	0.005	0.2	0.01	0.05	0.01	—	0.01	0.1
无氧铜	TU1	99.97	0.002	0.001	0.002	0.002	0.004	0.002	0.003	0.002	0.004	0.003	0.002	0.03
	TU2	99.95	0.002	0.001	0.002	0.002	0.004	0.002	0.004	0.002	0.004	0.003	0.003	0.05
磷脱氧铜	TP1	99.90	0.005 0.012	0.002	0.002	0.002	0.01	0.005	0.005	0.002	0.005	0.005	0.01	0.1
	TP2	99.85	0.013 0.050	0.002	0.002	0.005	0.05	0.01	0.005	0.01	0.005	—	0.01	0.15

注：表中磷含量数值小的为杂质，数值大的为主成分。

二、铜合金

（一）黄铜

纯铜的强度不高，用加工硬化的方法虽可以提高铜的强度，但塑性却会大为降低。因此，常通过合金来强化，以用作结构材料。

以锌为主要添加元素的铜基合金，称为黄铜。最简单的是铜锌二元合金，称为普通黄铜。其牌号用“黄”的汉语拼音字母“H”加铜的含量表示。在二元铜锌基础上加入一种或数种其他合金元素的黄铜，称为复杂黄铜或特殊黄铜。特殊黄铜的牌号用“H”、锌以外的主添加元素的化学元素符号、铜含量、添加元素的含量顺序表示。如 HAl67-2.5，即表示含 2.5% Al、含铜量 67% 的特殊黄铜。铸造用黄铜在牌号“H”前加“铸”字的汉语拼音字母“Z”，如 ZHSi80-3，表示含硅 3%、含 Cu80% 的铸造用特殊黄铜。

1. 普通黄铜

（1）黄铜的组织与性能

图 4-3 为铜锌合金相图。它是由 5 个包晶反应和一个共析反应组成。除液相外，包括 6 个不同的固相，即 α、β、γ、ε、δ、η。由相图可以看出，它们的组织在室温为 α 相或（$\alpha+\beta'$）两相。

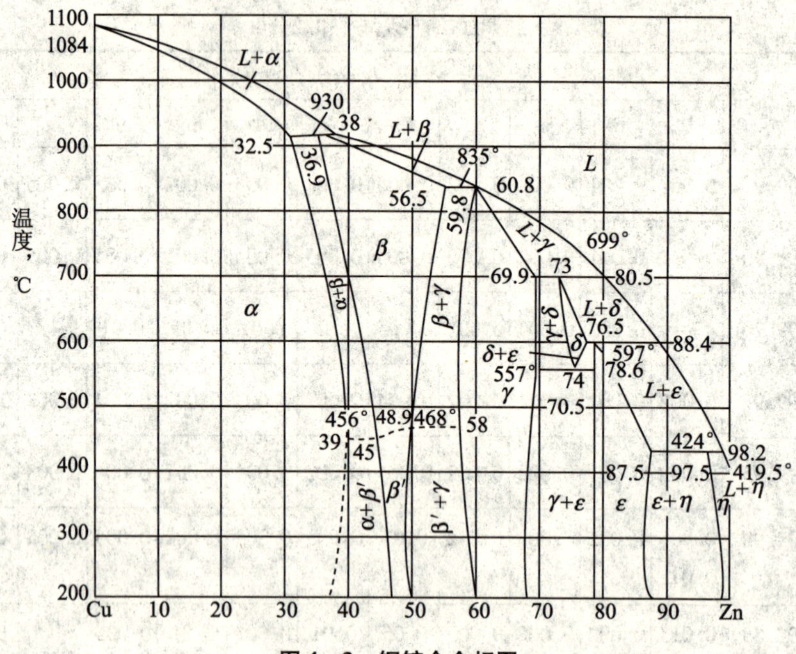

图 4-3　铜锌合金相图

α 相是锌在铜中的固溶体，其溶解度随着温度的下降而增加。在 456℃时，溶解度最大（约含 39% Zn）；456℃ 以下溶解度略减小。α 相保留了铜的面心立方晶格，塑性极好，适于进行冷热加工，并有优良的焊接和镀锡能力。含锌量小于 32% 的黄铜，组织为单相 α 固溶体。

β′相是以 CuZn 电子化合物为基的有序固溶体，它具有体心立方晶格。在高温下 β 相中的铜、锌原子呈无序排列并具有较大的均匀相区。在这种状态下 β 相是塑性的，但将其缓慢冷却至 456℃ ~468℃时会发生有序化转变，铜和锌原子将分别占据体心和顶角的位置，这种有序的 β 相用 β′表示。与 β 相不同的是，β′相较硬而脆，所以含有 β′相的合金不适宜冷加工变形。含锌量在 32% ~45%，黄铜组织为（α+β′）两相。

当含锌量超过 50% 时，组织中便有 γ 相析出。γ 相是以 Cu_5Zn_8 电子化合物为基的固溶体，具有复杂的立方晶格。γ 相很脆，不能承受压力加工，使用价值不大。因此，工业上常用的黄铜含锌量均小于 45% 。

黄铜的显微组织与含锌量有密切关系，黄铜的性能也与含锌量有很大的关系。

（2）黄铜的力学性能

黄铜的力学性能随含锌量的增加而变化，如图 4-4 所示。即当含锌量小于 32% 时，组织为 α 固溶体，强度和塑性都随含锌量的增加而提高；当组织中出现 β′相时，抗拉强度继续提高，但塑性下降。在大约 45% 锌处，抗拉强度达到最大值；当含锌量超过 45% 时，组织中只有 β′相，由于脆性大而抗拉强度急剧降低。

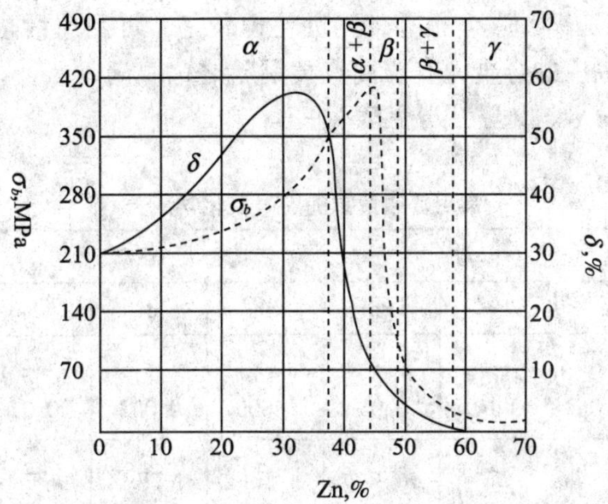

图 4－4　含锌量对黄铜（铸态）力学性能的影响

（3）黄铜的铸造性

由于铜锌合金的固相线与液相线间隔小，即结晶温度范围较小，因而黄铜的流动性很好，偏析倾向小，并且容易形成集中缩孔，使铸件组织比较致密，尤其是含锌量小于 10% 和大于 38% 的黄铜，上述特点更为明显。因此，黄铜的铸造性很好，但锌的挥发量很大，在浇注时须注意。

（4）黄铜的耐蚀性

黄铜的耐蚀性好，特别是 α 黄铜可与纯铜媲美。黄铜对大气、海水以及氨以外的碱性溶液的耐蚀性很高，但在氨、酸类介质中耐蚀性较差，特别是在盐酸和硫酸中的耐蚀性更差。

经过冷变形的黄铜制品在潮湿的大气中，特别是在含有氨气的大气或海水中，会发生自动破裂，这种现象称为黄铜的“自裂”。黄铜的自裂是因为经过冷加工变形的制品中残留有内应力，在周围介质的作用下，腐蚀沿着应力分布不均匀的晶粒边界进行，并在应力的作用下导致制品的破裂。黄铜的自裂倾向与含锌量有关，含锌量越高，这种倾向越大，特别是含锌量大于 20% 的黄铜，其危险性更大。为了防止黄铜的自裂，经冷压力加工后的黄铜材必须进行消除内应力的退火，退火温度为 250℃～300℃，保温 1 小时以上。经消除内应力退火的黄铜材，在使用或保管时，若受到局部加工变形，则又会重新出现自裂现象，这点在使用和保管时必须加以注意。

（5）常用牌号及用途

常用普通黄铜的牌号有 H96、H90、H80、H68、H62 等。

低锌黄铜 H96、H90、H80 具有良好的导热性能和耐蚀性能，强度低、塑性好，易于加工成型。其中，H96 大量用于冷凝器、散热器、导管等；H90 可通过热轧与其他金属复合，广泛用于制造双金属板、带和温差双金属；H80 表面呈鲜艳的金黄色，有“金色黄铜”之称，并适于镀金属和涂珐琅，也常用来制造奖章和工艺品，也用在造纸工业做金属网等。

“三七黄铜”H70、H68，强度较高，塑性极好，有良好的冷热变形能力，适用于冷冲压或深拉伸法制造各种形状复杂的零件，大量用于制造子弹壳和炮弹筒，故有“弹壳黄铜”之称。此外，也用于冷凝器、深冲零件等。

H62 是 $\alpha+\beta$ 两相黄铜，强度很高，耐蚀性也较好，可用作散热器、铆钉、垫圈、螺钉、螺帽等，是应用最广的合金，有“商业黄铜”之称。

常用普通黄铜的牌号、化学成分见表 4 – 3。

表 4 – 3　　常用普通黄铜的牌号及化学成分

牌号	元素	杂质，≯，%							
		Cu	Fe	Pb	Sb	Bi	P	Zn	杂质总和
H96	最小值	95.0	—	—	—	—	—	余量	—
	最大值	97.0	0.10	0.03	0.005	0.002	0.01		0.2
H90	最小值	88.0	—	—	—	—	—	余量	—
	最大值	91.0	0.10	0.03	0.005	0.002	0.01		0.2
H80	最小值	79.0	—	—	—	—	—	余量	—
	最大值	81.0	0.10	0.03	0.005	0.002	0.01		0.2
H70	最小值	68.5	—	—	—	—	—	余量	—
	最大值	71.5	0.10	0.03	0.005	0.002	0.01		0.2
H68	最小值	67.0	—	—	—	—	—	余量	—
	最大值	70.0	0.10	0.03	0.005	0.002	0.01		0.2
H62	最小值	60.5	—	—	—	—	—	余量	—
	最大值	63.5	0.15	0.08	0.005	0.002	0.01		0.2

注：表中仅列出最大值的为杂质成分，其余为主成分。

2. 特殊黄铜

特殊黄铜通常加入的元素有锡、铅、铝、镍、锰、铁、硅等，相应地称这些特殊的黄铜为锡黄铜、铅黄铜、铝黄铜等。在普通黄铜中加入这些元素，都将不同程度地影响到铜锌合金的组织，从而达到改善其力学性能、抗蚀性或某些工艺性能的目的。

（1）锡黄铜

锡在 α 固溶体中的溶解度不大，少量的锡溶解于 $\alpha+\beta'$ 相黄铜中，能提高合金的强度和硬度。含量太多，会使黄铜中析出 γ 相，降低合金的塑性，故常用锡黄铜的含锡量一般控制在 1.5% 以下。黄铜中加入 1% 的锡能显著改善黄铜在淡水及海水中的抗腐蚀性，故锡黄铜有“海军黄铜”之称。一般多使用于海船、热电厂用冷凝器或其他耐蚀零件。常用的锡黄铜有 HSn – 1、HSn70 – 1、HSn62 – 1、HSn60 – 1 等牌号。

（2）铅黄铜

铅几乎不溶于黄铜，而呈颗粒状分布在晶界或晶内。铅能改善 α 相黄铜的切削加工性及耐磨性。因为不加铅的单相 α 黄铜，韧性和塑性都很高，切削加工时会产生绵长的螺旋形切屑，缠绕在刀具周围，使刀具前进困难。当含铅量达 3% 时，黄铜中出现 $\alpha+Pb$ 两相组织，切削加工时可得到短小易碎的切屑，使其切削加工性能得到改善。因此，铅黄铜多用于要求高精度、高表面质量及耐磨性好的仪表零件。特别是常用作钟表的表芯材料，故有“钟表黄铜”之称。常用的铅黄铜有 HPb63 – 3、HPb59 – 1 等牌号。

（3）铝黄铜

铝加入铜锌合金中，能使铜锌合金相图中的 α 单相组织的饱和线向纯铜方向移动，从而减少了 α 固溶体中的含锌量，使含锌量低于 39% 的铜合金中出现 $\alpha+\beta$ 的两相组织，显著提高黄铜的强度和硬度，但铝使黄铜铸造组织粗化，含铝量超过 2% 时，合金塑性、韧性降低。故压力加工用的黄铜中含铝量一般小于 4%，铸造黄铜中含铝量不超过 7%。此外，铝能使黄铜表面形成致密的 Al_2O_3 保护膜，改善黄铜的抗蚀性。铝黄铜主要用来制造高强度耐腐蚀的零件。常用的铝黄铜有 HAl67－2.5、HAl77－2 等牌号。

（4）硅黄铜

硅对黄铜组织和性能的影响较大，铜锌合金中加入硅（Si≤4%），可以与锌共同溶入铜中，保持单相 α 固溶体。硅溶入铜中会引起晶格畸变，使合金的强度和硬度增加，又由于它保持了单相组织，因而对塑性和韧性无甚影响。当硅的含量增加到一定程度，即硅和锌的总和超过 20% 时，合金中会出现硬的 β 相，形成 $\alpha+\beta$ 两相混合物。具有 $\alpha+\beta$ 两相组织的硅黄铜，有良好的热压力加工性和很好的切削加工性。硅含量在 1.0%～1.5% 以下时，能降低 α 黄铜的应力腐蚀敏感性，提高黄铜在大气和海水中的耐蚀性。此外，硅黄铜的力学性能、铸造性、耐磨性和可焊接性均较好，多用于制造船舶、水泵、铁路机车、水管配件等。常用的硅黄铜有 HSi80－3 等牌号。

常用特殊黄铜的牌号、成分、用途。见表 4－4。

表 4－4　　常用特殊黄铜的牌号、成分及用途

组别	牌号	元素	化学成分,%（重量）									用途举例
			Cu	Sn	Pb	Al	Si	Fe	Mn	Zn	杂质总和	
锡黄铜	HSn90－1	最小值	88.0	0.25	—	—	—	—	—		—	制造海轮及热电厂的冷凝管、船舶零件、焊接件等
		最大值	91.0	0.75	0.03	—	—	0.10	—		0.2	
	HSn62－1	最小值	61.0	0.7	—	—	—	—	—	余	—	
		最大值	63.0	1.1	0.10	—	—	0.10	—	量	0.3	
	HSn60－1	最小值	59.0	1.0	—	—	—	—	—	余	—	
		最大值	61.0	1.5	0.30	—	—	0.10	—	量	1.0	
铅黄铜	HPb63－1	最小值	62.0	—	2.4	—	—	—	—	余	—	钟表零件
		最大值	65.0	—	3.0	0.5	—	0.10	—	量	0.75	
	HPb59－1	最小值	57.0	—	0.8	—	—	—	—	余	—	各种结构零件，如销子、螺钉、垫圈、螺帽、管子等
		最大值	60.0	—	1.9	0.2	—	0.5	—	量	1.0	
铝黄铜	HAl67－2.5	最小值	66.0	—	—	2.0	—	—	—	余	—	海船和海滨发电厂的冷凝管、海运机械蜗杆、轴承等
		最大值	68.0	0.2	0.5	3.0	—	0.6	0.5	量	1.5	

续表

组别	牌号	元素	化学成分,%（重量）									用途举例
			Cu	Sn	Pb	Al	Si	Fe	Mn	Zn	杂质总和	
硅黄铜	HSi80－3	最小值 最大值	79.0 81.0	— 0.2	— 0.1	— 0.1	2.5 4.0	— 0.6	— 0.5	余量	— 1.5	制造船舶、水泵、铁路机车、蒸汽管、水管配件等
加砷黄铜	HSn77－2	最小值 最大值	76.0 79.0	— —	— 0.05	1.8 2.3	As 0.03 0.06	— 0.06	— —	余量	— 0.3	船舶和海滨热电站冷凝管或其他耐蚀零件
	HSn70－1	最小值 最大值	69.0 71.0	0.8 1.3	— 0.05	— —	As 0.03 0.06	— 0.10	— —	余量	— 0.3	船舶、热电厂中高温耐蚀冷凝管或代用H90做汽车水箱带
锰黄铜	HMn58－2	最小值 最大值	57.0 60.0	— —	— 0.1	— —	— —	— 1.0	1.0 2.0	余量	— 1.2	船舶和弱电用零件
铁黄铜	HFe59－1－1	最小值 最大值	57.0 60.0	0.3 0.7	— 0.20	0.1 0.5	— —	0.6 1.2	0.5 0.8	余量	— 0.3	耐磨零件、耐海水腐蚀零件，如垫圈等

注：表中仅列出最大值的为杂质成分，其余为主要成分。

（二）青铜

青铜是历史上应用最早的一种合金，原指铜锡合金，因颜色呈青灰色而得名。由于锡是一种稀缺元素，所以，工业上还使用了许多不含锡的无锡青铜，它们不仅价格便宜，而且具有一些特殊性能。为了区别，在青铜前面加一主要添加元素的名称来称呼，如锡青铜、铝青铜、铬青铜、铍青铜、硅青铜等。此外，还有更为复杂的三元或四元青铜。现在除黄铜、白铜外的铜合金均称为青铜。

青铜分压力加工产品和铸造产品两大类。压力加工产品的牌号用“青”字的汉语拼音字母“Q”后面加主添加元素的化学符号，在加主添加元素的含量和辅助元素的含量数字组表示。铸造产品的牌号是在加工产品牌号前加“Z”表示。如QAl9－2表示的是含9%的Al、2%的Mn，其余为Cu的铝青铜材；ZQSn10－1表示的是含10%的Sn、1%的P，其余为Cu的铸造锡青铜材。

1. 锡青铜

锡青铜是铜和锡的二元合金，也叫普通青铜，它具有良好的耐蚀性和耐磨性，很久以来就广泛应用于各工业部门。

（1）锡青铜的组织

铜锡二元合金相图比较复杂，是由许多包晶反应和共析反应组成的。由于锡在铜中扩散能力小，实际生产条件下获得的组织与相图所示相差很大，故不介绍相图了。铜锡合金

富铜部分固态下有三个相，即 α 相、β 相和 δ 相。一般情况下，含锡在6%以下时，锡青铜为 α 单相固溶体，具有面心立方晶格；β 相是以电子化合物Cu5Sn为基础的固溶体，具有体心立方晶格，只在高温下稳定存在；δ 相是以电子化合物Cu31Sn8为基的固溶体，具有复杂立方晶格，性硬而脆，不能进行塑性变形。在520℃时存在一个共析转变 $\beta \rightleftharpoons \alpha + \delta$。锡青铜室温的铸态组织是：当含锡量低于5%～6%时，为 α 单相组织；当含锡量高于5%～6%时，出现 $\alpha+\delta$ 共析组织，随着含锡量的增加，$\alpha+\delta$ 共析组织也增加，少量硬质的 δ 相分布在软的 α 固溶体的基体上，使铸造青铜具有良好的耐磨性，成为轴承和耐磨零件的好材料。

（2）锡青铜的性能

含锡量对锡青铜的力学性能影响见图4－5。从图中可以看出，含锡量小于5%时，强度和塑性随含锡量的增加而提高；当含锡量超过8%时，合金中出现了硬而脆的 δ 相，使其塑性急剧下降，强度却继续升高；当含锡量大于20%时，大量的 δ 相会使合金变脆，强度也开始显著降低。因此，一般工业用锡青铜的含锡量较低，用于压力加工的锡青铜其含锡量不超过6%～7%；用于铸造的锡青铜其含锡量可达10%～14%。

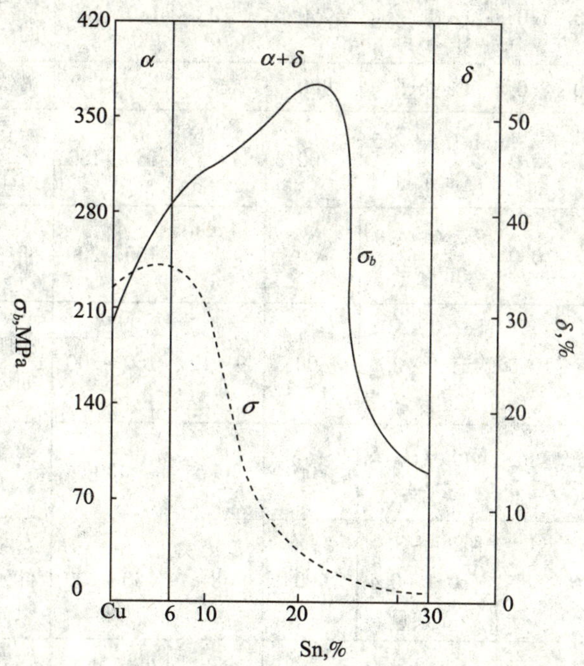

图4－5　铸造锡青铜的力学性能与含锡量的关系

锡青铜的铸造性能并不很理想，因为它的液相线与固相线之间的温度间隔较大，流动性也较差，结晶时往往容易形成分散缩孔和偏析倾向，但锡青铜的收缩率很小，可用来生产形状复杂、气密性和强度要求不太高的铸件。

锡青铜的耐蚀性比黄铜好，它无论在潮湿空气、蒸汽或海水中都有很高的抗蚀能力，但在亚硫酸钠、氨水和酸性矿泉水中极易被腐蚀。因此，锡青铜宜于制作暴露在海水、海风、大气和承受过热蒸汽的用具和零件。

工业用锡青铜除了主添加元素锡外，还分别加入磷、锌、铅等元素，以进一步改善其

力学性能和工艺性能。如，加入磷可提高强度、疲劳极限、弹性极限及耐磨性；加入锌是为了节约部分锡，同时，改善流动性，提高铸造性能；加入少量铅能够提高耐磨性和切削加工性，但铅会降低力学性能和热加工性能。

常用锡青铜的牌号、成分、性能及用途见表4－5和表4－6。

表4－5　　常用青铜加工产品的牌号、成分、力学性能及用途

组别	牌号	化学成分,%		力学性能			用途
		主加元素	其他元素	σ_b，MPa	δ，%	HB	
锡青铜	QSn4－3	Sn3.5～4.5	Zn2.7～3.3 Cu余量	550	4	160	弹性元件、化工机械、耐磨零件、抗磁零件
	QSn4－4－2.5	Sn3.5～4.5	Zn3.0～5.0 Pb1.5～3.65 Cu余量	600	2～4	160～180	航空、汽车、拖拉机承受摩擦的零件，如轴承等
	QSn6.5－0.1	Sn6.0～7.0	P0.1～0.25 Cu余量	750	10	160～200	弹簧接触片、精密仪器中的耐磨件和抗磁元件
铝青铜	QAl7	Al6.0～8.0	Cu余量	980	3	154	弹簧和弹性零件
	QAl9－2	Al8.0～10.0	Mn1.5～2.5 Cu余量	700	4～5	160～180	海轮上的零件在250℃以下工作的管配件和零件
	QAl9－4	Al8.0～10.0	Pe2.0～4.0 Cu余量	900	5	160～200	船舶零件及电器零件
	QAl10－3－1.5	Al8.5～10.0	Fe2.0～4.0 Mn1.0～2.0 Cu余量	800	9～12	160～200	船舶用高强度抗蚀零件，如齿轮、轴承等
铍青铜	QSi3－1	Si2.75～3.5	Mn1.0～1.5 Cu余量	700	1～5	180	弹簧、耐蚀零件以及蜗轮、蜗杆、齿轮等
	QSi1－3	Si0.6～1.1	Ni2.4～3.4 Mn0.1～0.4 Cu余量	600	8	150～200	发动机和机械中结构零件，300℃以下的摩擦零件
硅青铜	QBe2	Be1.9～2.2	Ni0.2～0.5 Cu余量	1250	2～4	330	重要的弹簧和弹性元件、耐磨零件及高压、高速高温轴承等
	QBe1.7	Be1.6～1.85	Ni0.2～0.4 Ti0.1～0.25 Cu余量	—	—	—	各种重要的弹簧和弹性元件，可代用QBe2.5
	QBe1.9	Be1.86～2.10	Ni0.2～0.5 Ti0.1～0.25 Cu余量	—	—	—	同QBe1.7

表 4-6　部分铸造青铜的牌号、成分、性能及用途

组别	牌号	化学成分,%		铸造方法	力学性能		用途
		主加元素	其他元素		σ_b,MPa	HB	
锡青铜	ZQSn10-2	Sn 9.0~11.0	Zn1.5~2.5 Cu 余量	S J	200 250	70 80	慢速中等和重载荷的耐磨零件，15 大气压以上的管配件
锡青铜	ZQSn6-6-3	Sn 5.0~7.0	Zn5.0~7.0 Pb2.0~4.0 Cu 余量	S J	180 200	60 65	中速中载轴承螺母，10 个大气压以下的蒸汽管和水管配件
铅青铜	ZQPb30	Pb 27.0~33.0	Cu 余量	J	—	25	航空发动机、柴油发动机曲轴和连杆的轴承
铅青铜	ZQPb12-8	Pb 11.0~13.0	Sn7.0~9.0 Cu 余量	S J	150 200	65 70	冷轧机轴承
铅青铜	ZQPb10-10	Pb 8.0~11.0	Sn8.0~11.0 Cu 余量	S J	150 200	65 70	承受中等载荷的轴承、双金属耐磨零件、耐酸铸件
铝青铜	ZQAl19-4	Al 8.0~10.0	Fe0.2~0.4 Cu 余量	S J	400 500	100 110	螺母、轴套及轮缘等
铝青铜	ZQAl10-3-1.5	Al 9.0~11.0	Fe2.0~4.0 Mn1.0~2.0 Cu 余量	S J	450 500	110 120	较高载荷的轴套、齿轮和轴承

注：表中铸造方法符号：S——砂型铸造；J——金属型铸造。

2. 无锡青铜

无锡青铜也叫特殊青铜，它是以锡以外的元素，如铝、硅、锰、铍、铅等为添加元素的铜基合金，分别叫做铝青铜、硅青铜、锰青铜、铍青铜、铅青铜等。

（1）铝青铜

铝青铜是铜和铝组成的合金，其特点是有比锡青铜更高的力学性能，耐磨、耐蚀、耐热、无铁磁性、有良好的铸造性。

含铝量对铝青铜力学性能的影响见图 4-6。当含铝量小于 5% 时，强度很低，大于 5% 后强度迅速提高，在 10% 左右达到最大值。含铝 5% ~7% 的铝青铜塑性最好，大于 5% ~7% 后，由于组织中出现共析体，塑性急剧降低。因此，工业上应用的铝青铜一般含铝量都在 5% ~12% 之间。冷压力加工铝青铜的铝含量为 5% ~7%；大于 7% 的铝青铜适合于热加工或铸造用。

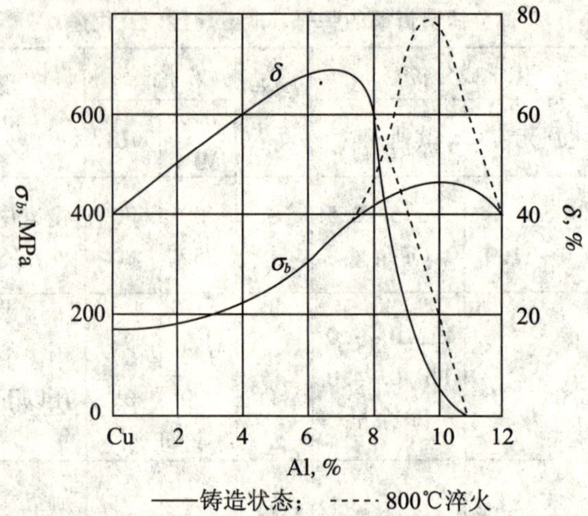

图4－6　铝含量对铝青铜力学性能的影响

铝青铜的结晶温度范围很窄，流通性很好，能够获得致密的、偏析小的铸件，但铸件收缩率大，铝易氧化形成氧化铝夹杂，使铸件质量降低。因此，铝青铜的铸造较为困难，铸造时须采用冒口或其他方法加以解决。

铝青铜的耐蚀性高于锡青铜和黄铜，但在过热蒸汽中不稳定。

此外，铝青铜还有耐磨、耐寒、撞击时不产生火花等特性。若在铝青铜中加入少量的铁、锰、镍等元素能够进一步改善其力学性能。铁的主要作用是细化晶粒，提高再结晶温度；锰的主要用途是提高强度，使铝青铜具有良好的冷、热加工工艺性能和良好的抗蚀性；镍的主要作用是提高耐蚀性、高温强度及耐磨性。

（2）硅青铜

硅青铜是铜和硅组成的合金。硅青铜的耐蚀性好，能抗盐酸的侵蚀，力学性能也比锡青铜好，价格比锡青铜便宜许多。

硅在铜中最大溶解度为4.6%，室温时降为3%，故含硅量在3%以下的硅青铜为单相固溶体，有良好的塑性，再进行压力加工。硅青铜的性能与含硅量的关系见图4－7。

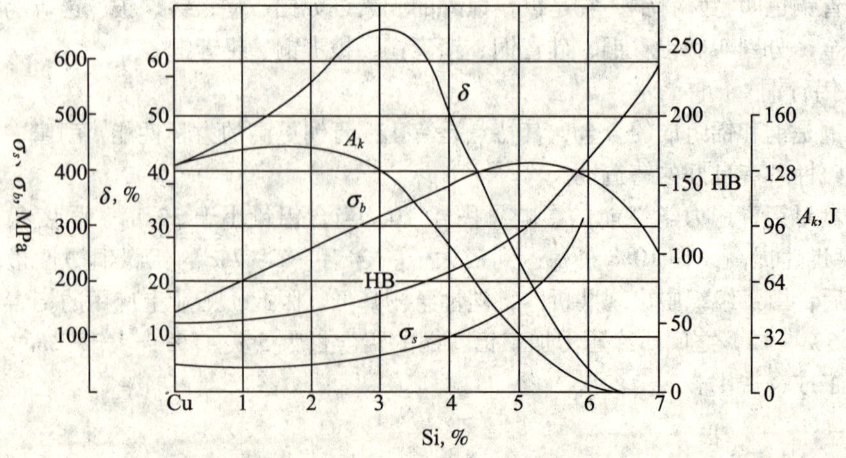

图4－7　含硅量对硅青铜力学性能的影响

在硅青铜中加入镍和锰，能够改善其力学性能和抗腐蚀能力，含镍硅青铜还有很高的导电性和耐热性；含锰硅青铜有较高的弹性。这些青铜主要用于制造在腐蚀介质中（淡水或海水）、在高温下（250℃）操作的仪表和通信设备的弹簧和弹性元件。

（3）铍青铜

铍青铜是铜与铍组成的合金。铍青铜的特点是：有高的强度和弹性，有高的导电性而无磁性。

在铜中添加少量的铍会使合金的性能发生很大的变化。铍在铜中的溶解度随温度的降低而急剧减少，其最大溶解度为2.7%，到室温时降为0.2%。因此，铍青铜是典型的时效硬化型合金，铍青铜通过淬火时效，能够获得高强度和高弹性。在工艺方面，铍青铜可以进行冷加工或其他变形操作，铸造性能也好。此外，铍青铜还具有良好的耐蚀性、切削性和可焊性。

铍青铜中除主添加元素外，还添加镍、钴、钛等合金元素。镍和钛的主要作用是延缓相的分解，提高合金的可焊性：钛的作用是代替昂贵的铍，更主要的是钛能减小铍青铜的弹性滞后，使合金具有更稳定的弹性。

铍青铜主要用来制造各种重要用途的弹簧、弹性元件，以及遭受磨损的构件和电子工程的部件等，但铍的价格昂贵，而且铍有毒，从而限制了它的大量使用。

3. 其他无锡青铜

（1）铅青铜

铅青铜的组织使之具有高的减磨性质，因此，铅青铜主要作耐磨材料。

（2）锰青铜

锰青铜具有很好的耐蚀性和热强性，可有来制造高温耐蚀零件。

（3）镉青铜

镉青铜具有高的强度和硬度、耐磨性，它还有高的导电性，故适于作大跨度的电线、电缆等。

（4）铬青铜

铬青铜的耐热性好，能进行热处理强化，导电、导热、耐蚀、耐磨性都很好。

（三）白铜

以镍为主添加元素的铜基合金叫做白铜。普通白铜是铜镍的二元合金。特殊白铜也叫复杂白铜，是在铜镍合金的基础上再加入锰、锌、铝和铁等元素组成的多元合金。工业用白铜根据性能特点和用途不同，分为结构用白铜和电工用白铜两类。

普通白铜的牌号用汉语拼音字母“B”和镍含量的百分数表示。例如，B19表示的是含镍19%，其余为铜的普通白铜。特殊白铜则在“B”字母后加第二主添加元素的符号及含量的百分数。如BMn40－1.5，表示的是含镍40%、含锰1.5%的锰白铜。

铜和镍在元素周期表中的位置很接近，原子半径相差很小，晶格类型相同，均属于面心立方晶格，因此，二者在固态时能形成无限固溶体。

含有其他元素的特殊白铜，大多数也是单一的固溶体组织，因此，白铜具有优良的塑性，可拉成很细的丝，并且有优异的耐热、耐蚀、耐寒和特殊的电性能。

铜镍合金的力学性能和电性能随含镍量的变化而变化，见图4－8和图4－9。在含镍60%时，其抗拉强度达最大值；含镍50%左右，其电阻率最大，导电率和电阻温度系数最小。这种性能随成分而变化的规律，是选用普通白铜的依据，也是选用复杂白铜的重要参考依据。

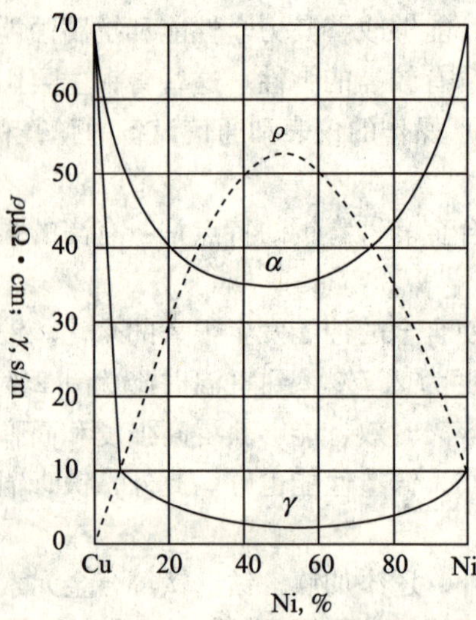

图 4-8　镍含量对白铜电气性能的影响

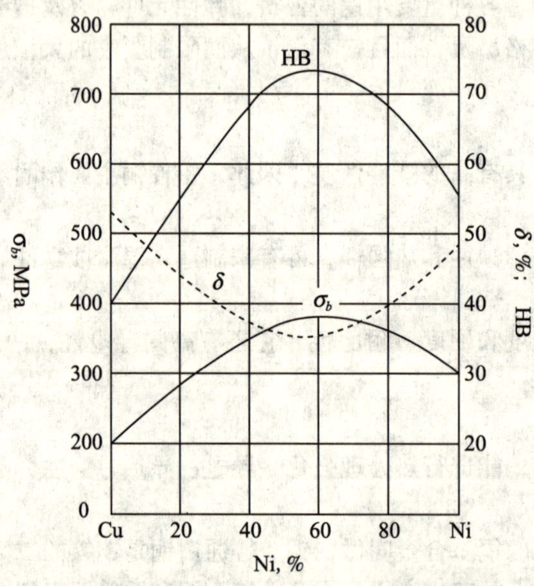

图 4-9　镍含量对白铜力学性能的影响

1. 结构用白铜

结构用白铜突出的特点是在各种腐蚀介质，如海水、有机酸和各种盐溶液中有较高的化学稳定性和高的力学性能及优良的冷、热变形能力。

用作结构材料的白铜有普通白铜 B19 和 B25，锌白铜 BZn15－20，铁白铜 BFe30－1－1，铝白铜 BAl13－3、BAl16－1.5 等。B19 主要用于制造金属网、医疗器材、精密机械；BZn15－20 呈美丽的银白色，在空气中不氧化，有很高的耐蚀性，强度和弹性均很好，主要用在制造精密仪器、医疗器械、钟表零件及其他高强、耐蚀、耐磨零件；BAl13－3、BAl16－1.5 可进行热处理强化，除具有良好的力学性能和耐蚀性，还有很好的耐寒性，主要用作制造船舶和其他强腐蚀介质中工作的冷凝器等零件。

2. 电工用白铜

电工用白铜具有特殊的电、热性能，既具有一定的热电势和电阻温度系数，又具有较高的电阻率，广泛用于制造电阻器、电热偶及其补偿导线和精密仪器等电工材料。

电工用白铜除了含镍量较低的B0.6和B5两种普通白铜外，还有不同含锰量的锰铜、康铜和考铜。锰铜的特点是具有高的电阻和低的电阻温度系数，尤其是与铜接触时热电势较小，能制造精密电工测量仪表和标准电阻；康铜和考铜都和锰铜一样，有高的电阻和很低的电阻温度系数，可以制造热电偶（工作温度在600℃以下）和变阻器（工作温度在500℃以下），考铜主要用作热电偶的补偿导线。

锌白铜既可作结构材料，又可作电工用材料，可代替锰铜、康铜和作变阻器用的高电阻合金。

常用白铜的牌号、化学成分、性能及用途见表4-7。

表4-7　常用白铜的牌号、化学成分、性能及用途

组别	牌号	元素	化学成分,%（重量）							性能	用途
			Ni + Co	Zn	Mn	Al	Fe	Cu	杂质		
普通白铜	B0.6	最小值	0.57	—	—	—	—	余量	—	热电性能好	电工材料
		最大值	0.63	—	—	—	0.05		0.1		
	B19	最小值	18.0	—	—	—	—	余量	—	耐蚀性能好	金属网、医疗器械等
		最大值	20.0	0.3	0.5	—	0.5		1.8		
锌白铜	BZn15-20	最小值	13.5	余量	—	—	—	62.0	—	耐蚀性能好	精密仪器、医疗器具
		最大值	16.5		0.3	—	0.5	65.0	0.9		
锰白铜	BMn3-12	最小值	2.0	—	11.5	—	0.20	余量	—	电阻率大、电阻温度系数小、铜的热电势小	高电阻材料
		最大值	3.5	—	13.5	0.2	0.50		0.5		
	BMn40-0.5	最小值	39.0	—	1.0	—	—	余量	—		变阻器、热电偶、电热仪器
		最大值	41.0	—	2.0	—	0.50		0.9		
	BMn43-0.5	最小值	42.0	—	0.10	—	—	余量	—		热电偶及补偿导线
		最大值	44.0	—	1.0	—	0.15		0.6		
铁白铜	BFe30-1-1	最小值	29.0	—	0.5	—	0.5	余量	—	耐海水腐蚀	海水冷凝器
		最大值	32.0	0.3	1.2	—	1.0		0.7		
铝白铜	BAl13-3	最小值	12.0	—	—	2.3	—	余量	—	热处理强化、具有好的力学性能和耐蚀性、耐寒性及弹性	高强度零件
		最大值	15.0	—	0.50	3.0	1.0		1.9		
	BAl16-1.5	最小值	5.5	—	—	1.2	—	余量	—		
		最大值	6.5	—	0.2	1.8	0.5		1.1		

注：表中仅列出最大值的为杂质成分，其余为主成分。

三、铜材

纯铜和铜合金的压力加工产品统称为铜材。铜材的主要品种有板、条、带、箔、管、棒、线等。

（一）制造方法及供应状态

板、条、带、箔等都是轧制的，其中，板、条有热轧的，也有冷轧的；带、箔都是冷轧的；管、棒分挤制品和拉制品；线材都是拉制的。

铜材一般不能热处理强化。用冷轧、冷拉等冷加工方法生产的铜材分软、硬、半硬、特硬几种供应状态；用热轧和挤压等热加工方法生产的铜材以热作状态供应。

软状态用汉语拼音字母“M”（焖火）作代号，表示材料在冷加工后，经过退火处理，其性能特点是塑性高、强度低；硬状态用“硬”的汉语拼音字母“Y”作代号，表示材料在经过冷加工后，未经退火软化，其性能特点是强度较高而塑性较低；半硬状态按加工变形程度和退火温度不同又分为3/4硬、1/2硬、1/3硬、1/4硬等几种，代号分别为Y1、Y2、Y3、Y4，该状态代表的是材料在冷加工后，经过不同温度的退火，其性能介于软、硬两种状态之间；有些铜材还有特硬状态，用代号“T”表示；经过热压力加工变形的铜材，叫做热作状态，其代号用“热”的汉语拼音首字母“R”表示，性能特点和软状态相似，但表面质量和尺寸精度却稍差。

由此可见，即使是成分和尺寸规格的铜材，由于供应状态不同，其强度和塑性也不一样，因此，在订货时必须注明供应状态。

（二）铜材的品种特点

1. 板材、条材

一般以单张形式交货的片状产品称为板材或条材。其中，宽而短的称为板材，长而窄的称为条材。两者并无严格的尺寸界限，只是因外形不同取名不同而已。板材以厚度、宽度、长度表示其规格尺寸，其中，以厚度为主要规格，凡是厚度在4mm以上者，称为厚板；厚度小于或等于4mm的称为薄板。

按照目前的生产情况，铜板的宽度为500～2500mm，最宽可达3000mm；长度一般在2～4m，最长可达10m。铜板有热轧板和冷轧板两种。热轧板的厚度为0.2～10mm，以软、硬、半硬、特硬几种状态供应冷轧板表面光洁，尺寸精度高。铜板的用途很广，一般制造深冲压件用软性板材；高强度、高硬度的零件需要硬状态的板材。

2. 带材、箔材

带材比板材窄、薄、长，常成卷供应。一般厚度在0.005～0.05mm的称为箔材，厚度在0.05～2mm的称为带材。带材、箔材的规格用厚度×宽度表示。铜带都是冷轧的，有软、硬、半硬三种交货状态。铜箔也是冷轧的，以硬状态供应。由于箔材厚度太小，通常工业上是以重量（g/m^2）计算规格的。

铜带主要用于电气工业、化工工业、造船业、汽车工业及印刷工业制版等方面；铜箔则主要用于仪表、电子工业、电讯、机械制造等工业。

3. 管材

管材从加工方法分拉制管和挤制管两种。其主要尺寸规格是外径和壁厚，拉制管的直径为3～360mm，以软、硬、半硬三种状态供应。挤制管的直径为30～300mm，以热作状态供应。各工业部门都使用铜管材，电力部门的应用更为广泛。

4. 棒材

棒材有拉制和挤制两种。棒材的主要规格尺寸是直径（圆棒）或内切圆直径（方、六角、八角等棒）。铜棒的直径一般为 5 ~160mm。拉制棒的供货状态有软、硬之分，挤制棒均以热状态供应。铜棒主要用做结构材料和切削加工零件。

5. 线材

铜线的直径一般是 0.02 ~6mm，长度不限。以直径为主要规格尺寸。铜线都是拉制的，有软、硬、半硬三种状态供应。主要用做导电材料，也可作铆钉和弹性元件等。

（三）铜材的技术条件

上述各种铜材都要求尺寸及允许偏差、化学成分、表面质量等符合有关标准的规定。

板、带、棒、管、线材一般都要求保证拉力试验结果符合有关规定，但无氧铜板、箔材不要求做拉力试验。厚度小于和等于 1.5mm 的纯铜和黄铜板、带材大部分要求保证杯突试验结果符合标准规定，其他材料则不要求。

挤制的管材、棒材一般应进行断口试验，其低倍组织应致密，无缩孔、气孔、分层和夹杂等缺陷。

制造弹簧的青铜线要求保证反复弯曲和缠绕试验符合标准规定；铆钉线则应保证顶锻（锻平）试验合格。纯铜线则应保证导电性能合格。

对于某些铜材还有特定的检验项目，如无氧铜材要检验含氧量；电工用锰白铜材要检验电阻系数、电阻温度系数等电气性能；黄铜材要检验内应力等。

某些铜材在存放时会发生破裂现象，如黄铜材的自裂、硅青铜材的自脆现象。为了防止黄铜材的自裂，在有关标准中对含锌量高的冷加工的黄铜材规定生产厂家必须进行消除内应力退火（250℃ ~300℃，保温 1 小时以上），同时，要进行内应力试验检查。

硅青铜材（QSi3 -1）在库存时也发生“自脆破裂”的现象。经检验证明这是由于少量的 Mn_2Si 继续进行脱落造成的。为了克服自脆破裂现象，除了含硅量宜取下限外，还要进行消除内应力退火。

第二节　铝与铝合金

一、纯铝

（一）纯铝的性能和用途

铝是面心立方晶格，无同素异构转变，熔点为 660℃，工业上使用的纯铝，其纯度为 99.85% ~99%。

纯铝最主要的特征是密度小（$2.7g/cm^3$），约为铁的 1/3。铝合金的密度也小，一般为 $2.5 \sim 2.88g/cm^3$，但铝及铝合金采用各种强化手段后，其强度要比一般钢高许多，而且在低温环境中仍有较好的力学性能。因此，它们作为各种轻质结构的基本材料，广泛地用于飞机、导弹、火箭、人造卫星等，也常用做建筑五金材料。

铝具有高的导电性，其导电率约为纯铜导电率的 62%，但由于铝的密度小，若与相同重量的铜比较，铝的导电率相当于铜的两倍。为了节约铜的用量，目前，在电器工业中大量用铝代替铜制作导线，高压导线 90% 以上用铝制作；在电机制造中用铝制作转子的导条，甚至定子的绕阻。

铝的导热性也很好，约为铜的56%，几乎比铁大3倍，适宜用作散热器材。

铝的化学性质很活泼，易与空气中的氧结合，在其表面生成一层致密的氧化保护膜，防止铝继续氧化，因此，铝在大气中有优良的抗蚀能力，铝还能抗浓硝酸和醋酸的腐蚀。但铝在碱和盐的水溶液中，其氧化膜会很快被破坏，故铝在碱和盐的溶液中抗蚀性不好。此外，铝的氧化膜在热的稀硝酸和稀硫酸溶液中也极易被溶解。铝常用于制造洗衣机、电冰箱及与浓硝酸、醋酸等腐蚀性介质接触的管道、容器等。

另外，铝的电极电位较低，如与电极电位高的金属接触，在有电解质（如水汽等）存在时，就会产生微电池。在这种情况下，铝很快被腐蚀。所以，使用或保管时要避免铝与电极电位高的金属相接触。

铝的塑性好（$\delta = 40\%$，$\psi = 80\%$），在低温下（-198℃）不变脆，容易加工，可轧制成薄板和箔，拉成极细的丝和挤压各种复杂断面的型材。铝的强度很低（$\sigma_b = 80 \sim 100$MPa），经冷变形加工硬化，强度可提高到150~259MPa，但塑性会降低。

铝的反射能力很强，反射紫外线的能力比银还强，常用来制造高质量的反射镜、冷气设备等。

此外，铝是顺磁性物质，不受磁性干扰，广泛用于电子工业；铝粉燃烧时放出大量的光和热，可用于焊接钢轨、制造燃烧弹等。

（二）杂质对铝性能的影响

工业纯铝不像理论上那样纯，或多或少地含有杂质，常存杂质主要有硅和铁。铝中杂质含量越高，其导电性、耐蚀性及塑性越低。这是由于硅在铝中最大溶解度为1.65%，并随着温度下降而急剧减小，在室温时仅能溶解0.05%。多余的硅则以游离的针状或小块状存在。这种游离状的硅，性能很脆，使铝的塑性下降，同时，也降低铝的耐蚀性。而铁在铝中的最大溶解度为0.052%，室温时仅为0.002%，当铝中的含铁量超过其溶解度时，铁与铝形成化合物$FeAl_3$。$FeAl_3$呈针状，性质硬脆，使铝的塑性下降。当铁和硅共存时，除了产生游离的Si和$FeAl_3$外，还可能出现硬而脆的第三相化合物——$Al_{12}Fe_3Si$、$Al_9Fe_2Si_2$。这些夹杂物一般都存在于铝晶体的晶粒边界处，使铝的力学性能下降，而且这些杂质化合物的电极电位比纯铝高，会破坏纯铝表面氧化膜的连续性，因而降低了铝的抗蚀性。

铝中的杂质还有铜、镁、锌、锰、钒、钛等，几乎所有的杂质均降低铝的导电率，其中，尤以锰、钛为最；铜和锌对抗蚀性有不利影响。因此，须按国家标准的有关规定严格控制杂质的含量。

（三）铝的牌号表示方法

纯铝产品有冶炼产品（铝锭）和加工产品（铝材）两种。重熔铝锭的牌号用化学元素符号加铝含量的百分数表示，如Al99.85、Al99.00等。其牌号、成分见表4-8。

表4-8　　重熔用铝锭的牌号和化学成分

牌号	化学成分，%							
	Al，≮	杂质，≯						
		Fe	Si	Cu	Ga	Mg	其他每种	总和
Al99.85	99.85	0.12	0.08	0.005	0.03	0.03	0.015	0.15

续　表

牌号	化学成分,%							
	Al,≮	杂质，≯						
		Fe	Si	Cu	Ga	Mg	其他每种	总和
Al99.80	99.80	0.15	0.10	0.01	0.03	0.03	0.02	0.20
Al99.70	99.70	0.20	0.13	0.01	0.03	0.03	0.03	0.30
Al99.60	99.60	0.25	0.18	0.01	0.03	0.03	0.03	0.40
Al99.50	99.50	0.30	0.25	0.02	0.03	0.05	0.03	0.50
Al99.00	99.00	0.50	0.45	0.02	0.05	0.05	0.05	1.00

工业纯铝材的牌号用“铝”字汉语拼音首字母“L”加顺序号表示。顺序号越大，其纯度越低，如L1、L2等。

二、铝合金

纯铝的强度低，不适宜作结构材料。为了改变其组织结构和性能，最有效的办法是在纯铝中加入合金元素配制成铝合金。常加入的元素有硅、铜、镁、锰以及稀土元素。这些合金一般具有密度小（密度为2.5～2.82）、强度大、耐蚀、导电性及导热性好等特殊性能，铝合金还能通过冷变形加工硬化来提高其强度，有的还可以通过热处理——“时效硬化”的方法来进一步提高其强度。

（一）铝合金的分类和热处理特点

1. 分类

铝合金中由于加入的元素不同，在铝基固溶体中极限溶解度不同，因此，固溶度随温度变化以及合金共晶点的位置也各不相同。根据合金元素的含量及合金相图中特性点的位置，可将铝合金分为变形铝合金和铸造铝合金两大类。

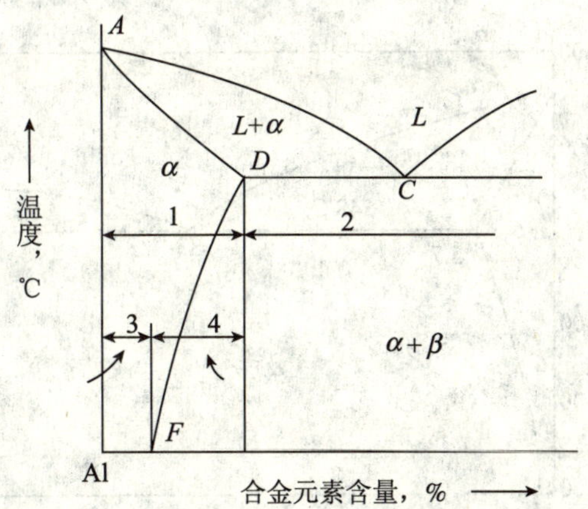

图4－10　铝合金分类示意图

1—变形铝合金；2—铸造铝合金；3—不能热处理强化的铝合金；4—能热处理强化的铝合金

由图4－10可知，成分在D点左边的合金，当加热到固溶线以上可以得到均匀单相固溶体，故塑性好，适于进行压力加工，属于变形铝合金。

变形铝合金按其成分和性能特点又可分为不能热处理强化和能热处理强化的铝合金。

成分在F点以左的合金，其固溶体成分不随温度变化而变化，故属于不能热处理强化的铝合金，成分在$F \sim D$的铝合金，其固溶体成分随温度变化而变化，则属于能热处理强化的铝合金。

在铝合金相图中，成分位于D点右边的合金有共晶组织，有较好的铸造性能，适于铸造生产，属于铸造铝合金，但有些铝合金（如耐热铝合金）尽管成分大于D点，能进行压力加工和铸造，可见D点不是区别合金类别的唯一界限，而是理论上的分界线。

铸造铝合金中也有成分随温度变化的固溶体，故也能用热处理进行强化，但距D点愈远，合金中的相愈少，强化效果愈不明显。

2. 铝合金热处理特点

铝合金中的大多数组元溶解度随温度下降而降低，这使铝合金有可能通过热处理来强化。铝合金的热处理形式是退火和淬火时效。前者属于软化处理，目的是获得稳定的组织或优良的工艺性能，后者为强化处理，借助于时效硬化来提高合金的强度。

铝合金热处理主要是指淬火和时效。铝合金的淬火过程与钢相同，是将合金加热、保温，然后快速冷却，以获得过饱和固溶体的操作。时效是指淬火后的合金随时间的延续而发生进一步强化的现象。在室温下自发产生的时效叫自然时效，在较高温度下进行的时效叫人工时效。淬火和时效连在一起进行是提高铝合金强度的一种有效方法。必须说明的是，不是所有的铝合金都可以通过淬火时效来提高强度，只有合金元素在铝中有溶解度变化的铝合金，才有可能进行热处理强化，如硬铝、超硬铝、锻铝等。

下面以成分比较简单的铝铜合金（含铜4%的铝合金）为例，对淬火时效的原理作简要说明。

（1）淬火

图4－11为铝铜合金相图的一部分。含铜量4%的铝合金加热到固溶线上，形成单相固溶体。此时，若退火，则会从α固溶体中析出硬而脆的$CuAl_2$化合物（θ相），在室温

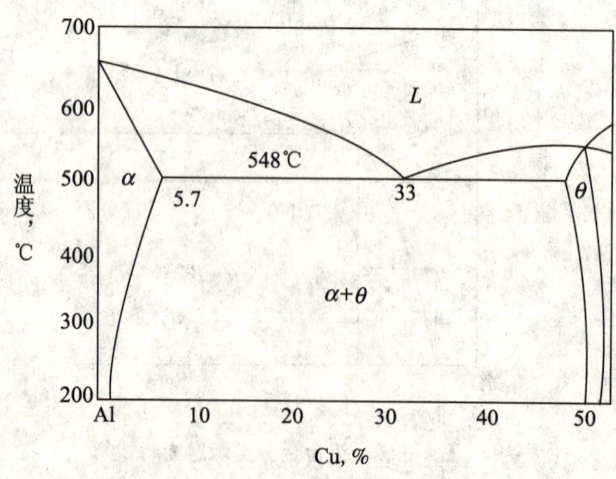

图4－11　铝铜合金相图

下得 $\alpha+\theta$ 两相平衡组织。若淬火、快速冷却到溶解度曲线以下，则 θ 相来不及析出，形成过饱和 α 固溶体，该过饱和 α 固溶体属于置换式固溶体，晶格歪扭不严重，故在淬火状态下，铝合金的强度、硬度升高不多，塑性却较好。

（2）时效

过饱和固溶体是不稳定的，有趋于稳定的倾向。时效过程是第二相从过饱和固溶体中沉淀的过程。

在短时间的自然时效或温度低于100℃的人工时效后，过饱和 α 固溶体中的铜原子通过扩散，逐渐集中到固溶体的某些区域，形成大量富铜区（晶格与 α 相同），由于富铜区中溶质铜原子的浓度较高，而且又与 α 固溶体共格，因此，会引起较严重的晶格畸变，这样就会阻碍位错运动，使铝合金强度、硬度提高。随着时效时间的延续，富铜区中铜原子继续富集并有序化，其成分已与 θ 相相近，但它与基体仍保持共格，这种新相称为 θ'' 相。由于 θ'' 的尺寸比最初形成的富铜区增大，故对位错运动的阻碍也增大；加之 θ'' 是正方晶格，将会引起以铝为基的 α 固溶体的严重畸变，从而进一步提高合金的强度。在形成 θ'' 相的末期铝合金的强度将达到最大值。

当时效温度升高和时间延长，溶质铜原子继续富集，θ'' 相将变为过度相 θ'。θ' 相的成分与稳定的 θ 相相同，与基体保持着部分共格。随着 θ' 相的形成，晶格歪扭程度开始减弱，对位错运动的阻碍亦将减少，于是合金趋向软化。

当时效的温度继续上升（达200℃以后），将会形成稳定的 θ 相——$CuAl_2$，在此阶段，θ 相与基体 α 固溶体的晶格完全脱离联系，此时，晶格畸变完全消失，时效产生的强化效果便显著减弱，合金发生软化。

铝铜二元合金的时效原理和一般规律，对其他工业合金亦是适用的。但是，合金的种类不同，形成的富集区、过度相及最后析出的稳定相各不相同，时效效果亦不相同。

此外，时效强化效果和过饱和固溶体中含铜量有关，过饱和度越大，效果越明显，而极限含铜量（含铜5.6%的铝铜合金）的合金效果最大。时效速度与时效温度有关，提高温度可以加速时效过程，但温度越高，达到最大效果越低；但如果温度过高，反而会发生明显的软化（过时效）。

（3）孕育期和回归

淬火铝合金在自然时效初期强度变化甚小，这段时间叫孕育期。孕育期的长短有很大的实际意义，即在孕育期，合金有很好的塑性，可进行弯曲、卷边等操作；过了孕育期，合金的塑性降低，就不易进行上述操作了。因此，孕育期的长短是合金工艺性能好坏的标志之一。

若将自然时效后的铝合金迅速加热（几秒或几分钟）到250℃左右，然后，快速冷却到室温，原来由时效产生的强化效果会完全消失，合金返回到新淬火状态，这种现象叫做回归。回归现象的机理是室温下形成的 θ'' 相不稳定，加热到250℃左右，可重新溶解，然后快速冷却到室温，又重新获得过饱和的固溶体。回归处理后的合金仍然会发生自然时效。所以，利用这一特性，在回归处理后可进行冷变形操作。回归虽然可以反复进行，但每经过一次回归处理，合金再进行时效的强化效果和抗蚀能力都会有所下降，因此，回归处理的次数是有限的。

常用的能热处理强化铝合金，大多数是铝镁合金、铝铜镁合金、铝锌镁合金，它们比上述的铝铜合金要复杂得多，但时效强化的原理基本上是相同的。

（二）变形铝合金

经过冷、热加工变形后，以锻坯、板材、管材、棒材等形式供应的铝合金都属于变形铝合金。变形铝合金按性能特点可分为不可热处理强化铝合金——防锈铝；可热处理强化铝合金——硬铝、超硬铝、锻铝等。

变形铝合金的牌号用该类合金的汉语拼音首字母加顺序号表示。

防锈铝用“铝”和“防”字的汉语拼音首字母“L”和“F”加顺序号表示，如5号防锈铝用LF5表示。

硬铝用“硬”和“铝”字的汉语拼音首字母“L”和“Y”加顺序号表示。如12号硬铝用LY12表示。

超硬铝用“铝”和“超”字的汉语拼音首字母“L”和“C”加顺序号表示，如4号超硬铝用LC4表示。

锻铝用“铝”和“锻”字的汉语拼音首字母“L”和“D”加顺序号表示，如5号锻铝用LD5表示。

常用变形铝合金的牌号、成分、力学性能和用途见表4－9和表4－10。

表4－9　常用防锈铝的牌号、成分、力学性能（M、R状态）及用途

牌号	化学成分，%					力学性能，≮			用途
	Mg	Mn	Si	Al	杂质总和，≯	σ_b，MPa	δ，%	HB	
LF2	2.0～2.8	或Cr 0.15～0.4	—	余量	0.8	190	23	45	焊接、冲压件、各种骨架、中强度零件及装饰材料
LF3	3.2～3.8	0.3～0.6	0.5～0.8	余量	0.85	235	22	—	铆钉、焊接、冲压、中强度零件材料
LF5	4.8～5.5	0.3～0.6	—	余量	—	280	20	70	焊接油箱、油管、焊条、铆钉及耐蚀材料
LF6	5.8～6.8	0.5～0.8	—	余量	—	325	24.5	—	受力零件、焊接容器、蒙皮、骨架等
LF10	4.7～5.7	0.2～0.6	—	余量	1.10	270	23	70	用作铆接镁铝合金和铝合金结构的铆钉
LF11	4.8～5.5	0.3～0.6	—	余量	1.35	280	20	70	焊接油箱、油管、焊条、铆钉及中载材料
LF21	—	1.0～1.6	—	余量	1.75	130	20	70	焊接油箱、油管、焊条、铆钉及轻载材料

表 4-10　常用硬铝、超硬铝、锻铝的牌号、成分、力学性能及用途

牌号	化学成分,%						供应状态	力学性能，≮			用途
	Cu	Mg	Mn	Zn	Al	杂质总和，≯		σ_b，MPa	δ，%	HB	
LY1	2.2~3.0	0.2~0.5	—	—	余量	1.4	线材 CZ	300	24	70	工作温度不超过100℃的结构用中等强度铆钉
LY11	3.8~4.8	0.4~0.8	0.4~0.8	—	余量	1.8	板材 CZ	420	18	100	中等强度的结构零件，如骨架、模锻的固定接头、支柱
LY12	3.8~4.9	1.2~1.8	0.3~0.9	—	余量	1.5	板材 CZ	470	17	105	高强度的结构零件，如骨架、隔框、肋、梁、铆钉等150℃下工作的零件
LC4	1.4~2.0	1.8~2.8	0.2~0.6	5.0~7.0	余量	1.1	CS	600	12	150	结构中主要受力构件，如飞机大梁、加强框及起落架等
LC6	2.2~2.8	2.5~3.2	0.2~0.5	7.6~8.6	余量	—	CS	680	7	190	形状复杂中等强度的锻件及模锻件
LD5	1.8~2.6	0.4~0.8	0.4~0.8	—	余量	1.1	CS	420	13	105	形状复杂中等强度的锻件及模锻件
LD7	1.9~2.5	1.4~1.8	—	—	余量	0.95	CS	415	13	120	内燃机活塞和在高温下工作的复杂锻件，板材可作高温下工作的结构件
LD10	3.9~4.8	0.4~0.8	0.4~1.0	—	余量	1.2	CS	480	19	135	承受重载荷的锻件和模锻件

1. 防锈铝合金

防锈铝合金有铝锰系列合金和铝镁系列合金两类。常用的防锈铝的牌号有 LF21、LF2、LF3、LF5、LF6、LF11 等，其中，LF21 为铝锰系列合金，其余各个牌号均属于铝镁系列合金。

防锈铝合金的主要性能特点是具有优良的抗腐蚀性能。此外，还具有良好的塑性和焊接性，适宜压力加工和焊接。这类合金不能进行热处理强化，力学性能较低。为了提高其强度，可用冷加工方法使其强化，但由于防锈铝的切削加工工艺性差，故适用制作防锈铝

容器、铆钉以及其他冷变形零件。

（1）铝锰系列合金

纳入标准的铝锰合金只有 LF21 一种。它的含锰量为 1% ~1.6%。由于锰在铝中的溶解度很小，其一部分溶入铝中形成 α 固溶体，另一部分与铝形成硬度较高的 Al_6Mn。因此，LF21 的组织是由固溶体及分散的点状化合物组成。由于固溶强化作用和分散的点状化合物 Al_6Mn 能细化晶粒，从而改善了合金的力学性能。因此，LF21 具有稍高于纯铝的强度和良好的塑性。此外，由于化合物 Al_6Mn 电极电位与 α 固溶体几乎一致，不易形成微电池，因而具有良好的耐蚀性。在大气和海水中其耐蚀性与纯铝相当。在稀盐酸溶液中耐蚀性比纯铝低，且 LF21 冷变形状态下有剥落腐蚀倾向，并随着冷变形程度的增加而加大。

LF21 以板材、棒材、管材、线材供应，主要用于焊接零件、管道及需要深冲压、弯曲等方法来制造低载荷零件。此外，在建筑、食品工业中应用也较广泛。

（2）铝镁系列合金

LF2、LF5、LF11 属于铝镁系列合金。镁在铝中的溶解度较大（在 451℃ 时可溶 15%），随着含镁量的增加，镁与铝能形成脆性很大的化合物 Mg_5Al_8（β 相）。为了便于加工，目前，大量生产的铝镁系列防锈铝含镁量在 2% ~7.5% 之间。在实际生产条件下，基本上是单一的固溶体组织，含镁量再高时，强度虽然提高，但塑性明显下降。

铝镁系列防锈铝中，除了主加元素镁外，还加入少量的锰、钛、硅、铍等元素。锰能细化晶粒，起强化作用，同时改善合金的耐蚀性；硅能改善合金的焊接性能；钛和钒能细化晶粒，提高力学性能；铍能减少合金在熔炼、铸造、焊接及其他热加工过程中的氧化倾向。

铝镁系列防锈铝的另一个特点是密度比铝还小，并具有极好的抗振、耐疲劳性能，是一种很好的轻质结构材料。

铝镁系列合金主要适于作内燃机的各种管道、油箱和火车、飞机等交通工具的仪表架、行李架及各种装饰材料，也适宜作灯具材料。

2. 硬铝

硬铝属 Al - Cu - Mg 系合金，根据硬铝合金的特性和用途，可将其分为低强度硬铝（LY1、LY10）、中强度硬铝（LY11）、高强度硬铝（LY12、LY6）、耐热硬铝（LY2）等。

不同成分的硬铝合金具有不同的相组成和时效硬化的能力。硬铝合金中可能的强化相有 θ 相（$CuAl_2$）、β 相（Mg_5Al_8）、S 相（$CuMgAl_2$）、T 相（Al_6Mg_4Cu）。其中，θ 相和 S 相强化效果最大，T 相强化效果微弱，β 相不起强化作用。

硬铝在适宜的温度（500℃左右）淬火并时效后具有很高的强度。硬铝通常采用自然时效，淬火后经 47 昼夜强度达最高值。人工时效可以缩短时效时间，但其力学性能和耐蚀性均较差。耐热的硬铝主要采用人工时效。

硬铝合金按照所含合金元素数量的不同和热处理强化效果不同，大致可分为：

（1）低合金硬铝

如 LY1、LY10 等，这类硬铝中的镁和铜的含量较低，有很好的塑性，但强度较低，可通过固溶处理和淬火自然时效提高强度和硬度。时效中的强化相是 θ 相（$CuAl_2$）和 S 相（$CuMgAl_2$），它们的特点是时效速度较慢，即淬火后很长时间还保持着良好的塑性，为合金淬火后进行压力加工创造了良好的条件，并使铆接变形很方便，故这类合金有“铆钉硬铝”之称。LY1 用于受力较小的铆钉；LY10 用于受力较大的铆钉，但它们的工作温

度都不得超过100℃。

（2）标准硬铝

标准硬铝中含有中等数量的合金元素，能进行淬火和自然时效。时效中的强化相仍然是θ相和S相。由于强化相数量较多，因而提高了强化效果。在硬铝中，LY11的强度、塑性和抗蚀性均属中等水平，经退火后切削加工性也较好，主要用于制造各种中等载荷的轧材、锻材、冲压件以及螺旋桨的叶片、大型铆钉等。

（3）高合金硬铝

如LY12、LY6等，这类合金中含有较多的铜、镁等合金元素，其主要强化相是S相，其次是θ相。由于S相的自然时效强化效果比θ相强，故LY12有高的强度和硬度，但其冷热压力加工的能力较差，用于制造各种受力构件，如飞机蒙皮、机翼大梁和重要的销、轴等零件。

（4）耐热硬铝

如LY2、LY4、LY16、LY17等。LY2、LY4的主要强化相是S相（$CuMgAl_2$），强度高、耐热性好，常用作主要承力结构和125℃～300℃下工作的结构零件，如飞机的涡轮喷气发动机轴向压气叶片和铆钉等。LY16、LY17是目前生产的耐热性最高的变形铝合金，合金中铜含量高，并加入了锰和钛，不仅使晶粒细化，而且还生成热强相Mn_2CuAl_{12}和$TiAl_3$，从而提高了合金的高温性能。主要用于制造高温下工作的零件，特别是各种锻件、模锻件等。

硬铝在工业中应用广泛，但在使用和加工时应当注意以下两个特点：第一，硬铝耐蚀性差，特别是在海水中使用时，外部需包上一层纯铝进行保护。第二，要严格控制硬铝的淬火加热温度，一般波动范围不超过±5℃，若淬火加热温度过高，零件易过烧、熔化；若淬火加热温度过低，则固溶体过饱和程度不足，不能获得良好的时效强化效果。

硬铝合金人工时效的晶间腐蚀倾向较大。所以，除高温用件外，硬铝合金都采用自然时效。淬火冷却速度低时，淬火过程中会沿晶界析出强化相，由此降低自然强化效果和增大晶间腐蚀倾向，因此，在保证不变形开裂的前提下，可选用较大的冷却速度。

硬铝广泛用于航空工业和仪表制造业，如常用来制造飞机蒙皮、框架、螺旋桨等。

3. 超硬铝

超硬铝属Al－Zn－Mg－Cu系合金。它的强度在变形铝合金中最高，可达600～700MPa，超过高强度的硬铝LY12，故称之为超硬铝。

超硬铝合金中，主要合金元素是Zn、Mg、Cu，另外，还含有少量Mn、Cr、Ti等。合金中的强化相除了θ相（$CuAl_2$）和S相（$CuMgAl_2$）外，还有由于锌和镁在合金中可形成η相（$MgZn_2$）和T相（$Al_2Mg_3Zn_3$），因而具有显著的时效强化效果，但Zn和Mg的含量过高时，塑性和抗应力腐蚀的能力变坏。

超硬铝合金对淬火转移时间比较敏感。若转移速度缓慢，将导致过饱和固溶体分解，使合金的强度、硬度明显降低，抗蚀性能恶化。一般规定转移时间不超过15s。

超硬铝合金主要用于航空、宇航工业中制造受力较大、较复杂而要求密度小的结构件，如蒙皮、大梁、桁架、加强框、起落架部件等。

4. 锻铝

锻铝有Al－Mg－Si、Al－Mg－Si－Cu系普通锻铝合金和Al－Cu－Mg－Fe－Ni系耐热锻铝合金三种。这类合金的特点是具有良好的热塑性，适于生产锻件，故称之为锻铝。

（1）Al－Mg－Si 系普通锻铝　该类合金是目前唯一对应力腐蚀不敏感的铝合金，强化相是 Mg_2Si。Al－Mg－Si 系锻铝应用最广的是 LD31，该合金具有优良的挤压性能和低的淬火敏感性，极易氧化着色，因此，在建筑型材等方面得到广泛应用。

（2）Al－Mg－Si－Cu 系普通锻铝　属于该系合金的有 LD2、LD5、LD6、LD10。合金中主要强化相也是 Mg_2Si，其次尚有不同数量的 S 相（$CuMgAl_2$）、θ 相（$CuAl_2$）和 W 相（$Cu_4Mg_5Si_4Al_4$）。此外，由于铜的加入会降低合金的耐蚀性和工艺性能，所以，在加入铜的同时，还应加入少量的锰和铬，以提高耐蚀性。这类合金适于进行自由锻造、挤压、轧制等工艺操作，可用来制造叶轮、框架、支杆等要求中等强度、较高塑性及抗蚀性的零件。

（3）Al－Cu－Mg－Fe－Ni 系耐热锻铝　该类合金有 LD7、LD8、LD9，属耐热锻铝。合金中主要耐热相为 $FeNiAl_9$ 相，该化合物无时效硬化作用，但在高温能起弥散强化作用，从而提高合金的耐热性。这类合金均采用淬火加人工时效进行强化，主要用来制作压气机和鼓风机的涡轮叶片等耐热零件。

锻铝自然时效的强化效果较差，一般采用人工时效。淬火后在室温停留的时间不宜过长，否则会显著降低人工强化效果。

（三）铸造铝合金

用于制作铸件的铝合金称为铸造铝合金。铸造铝合金应具有很高的流动性，较小的收缩性，热裂性和气孔的倾向，还应有良好的力学性能与耐腐蚀性。一般来说，成分处于共晶点的合金具有最佳的铸造性能，但由于此时合金组织中出现大量的硬脆化合物，使合金的脆性急剧增大。因此，实际使用的铸造合金并非都是共晶合金，它与变形铝合金相比较只是合金元素含量高一些。铸造合金根据添加元素不同分为：铝硅合金、铝铜合金、铝镁合金、铝锌合金。

铝合金的牌号用“铸铝”二字的汉语拼音首字母“ZL”加三位数字组成。第一位数字代表合金系列；1 代表铝硅合金、2 代表铝铜合金、3 代表铝镁合金、4 代表铝锌合金；后两位数表示合金的顺序号。例如 ZL102，1 表示铝硅系铸造合金，02 表示合金的顺序号；ZL301，3 表示铝镁系铸造合金，01 表示合金的顺序号。常用铸造铝合金的牌号和主要成分及性能见表 4－11。

表 4－11　　常用铸造铝合金的牌号和主要成分及性能

牌号	化学成分，%						铸造方法	热处理	力学性能，≮			用　途
	Si	Cu	Mg	Mn	Al	其他			σ_b，MPa	δ，%	HB	
ZL101	6.0～8.0	—	0.2～0.4	—	余量	—	J J SB	T4 T5 T6	190 210 230	4 2 1	50 60 70	形状复杂的零件，如飞机、仪器零件、轴承机壳件
ZL104	8.0～10.5	—	0.17～0.3	0.2～0.5	余量	—	J J	T1 T6	200 240	1.5 2.0	70 70	形状复杂工作温度 200℃ 以下的零件

续　表

牌号	化学成分，%						铸造方法	热处理	力学性能，≮			用　途
	Si	Cu	Mg	Mn	Al	其他			σ_b，MPa	δ，%	HB	
ZL105	4.5～5.5	1.0～1.5	0.4～0.6	—	余量	J J	T5 T7	240 180	0.5 1.0	70 65		形状复杂工作温度 250℃ 以下的零件
ZL107	6.5～7.5	3.5～4.5	—	—	余量	—	SB J	T6 T6	250 250	2.5 2.5	90 100	强度和硬度较高的零件
ZL109	11.0～13.0	0.5～1.5	0.8～1.3	—	余量	Ni0.15～1.5	J J	T1 T6	200 250	0.5 —	90 100	较高温度下工作的零件，如活塞等
ZL110	4.6～6.0	5.0～8.0	0.2～0.5	—	余量	—	J S	T1 T1	170 150	— —	90 80	活塞及高温下工作的零件
ZL201	—	4.5～5.3	—	0.62～1.0	余量	Ti0.15～0.35	S S	T4 T5	300 340	8 4	70 90	砂型铸造工作温度为175℃～300℃的零件
ZL202	—	9.0～11.0	—	—	余量	—	S J	T6 T6	170 170	— —	100 100	高温下工作不受冲击的零件
ZL203	—	4.0～5.0	—	—	余量	—	J J	T4 T5	210 230	6 3	60 70	中等载荷，形状比较简单的零件
ZL301	—	—	9.5～11.5	—	余量	—	S	T4	280	9	20	大气或海水中工作的零件，承受冲击载荷、外形不太复杂的零件，如舰船配件等
ZL302	—	—	4.5～5.5	0.1～0.4	余量	—	SJ	—	150	1	55	
ZL401	6.0～8.0	—	0.1～0.3	Zn 9.0～13.0	余量	—	J	T1	250	1.5	90	结构形状复杂的汽车、飞机、仪器零件，也可以制造日用品
ZL402	—	—	0.4～0.65	Zn 5.0～6.5	余量	Cr0.4～0.6 Ti0.1～0.3	J	T1	240	4	70	

注：①表中铸造方法符号：J——金属型铸造；S——砂型铸造；B——变质处理。

②表中热处理符号：T1——时效；T2——退火；T4——淬火；T5——淬火和部分人工时效；T6——淬火和完全人工时效。

铸造铝合金热处理有其自身的特点，它除了铝硅合金 ZL102、铝镁合金 ZL302 外，所有其他合金均能热处理强化。

上表列出了常用铸造铝合金的牌号和化学成分。这里以铸造性和力学性能配合最佳的铝硅系铸造铝合金（简称硅铝明）为例说明。

1. 简单硅铝明 ZAlSi12（ZL102）

$w_{Si}=10\%\sim13\%$，该成分恰为共晶成分，如图 4－12 所示，几乎全部得到共晶体组织（α＋Si），因而铸造性能好。然而，铸造后组织为粗大 Si 与铝基固熔体组成的共晶体，加上少量板块状初晶 Si，如图 4－13（a）所示。由于组织中粗大针状共晶 Si 的存在，使其强度、塑性都较差。因此，生产上常采用变质处理，即浇铸前向液体中加入占合金总量 2%～3% 的变质剂（2/3NaF ＋ 1/3NaCl）以细化合金组织，显著提高合金的强度和塑性。经变质处理后的组织为细小均匀的共晶体组织加初晶。固熔体，如图 4－13（b）所示，获得亚共晶组织是由于加入钠盐后，铸造冷却较快时共晶点右移的缘故。

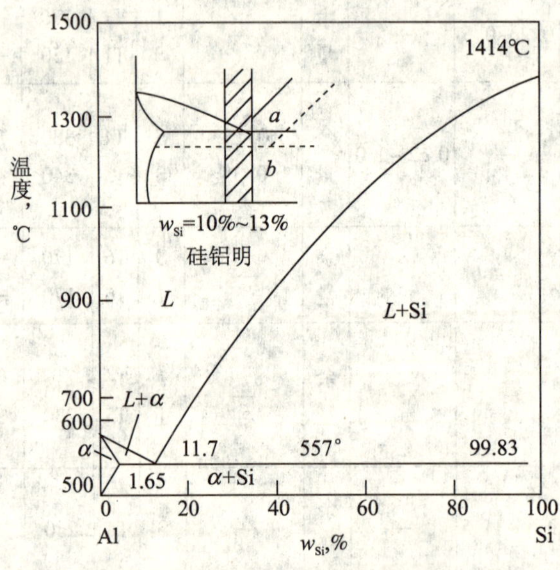

图 4－12　Al－Si 二元合金相图

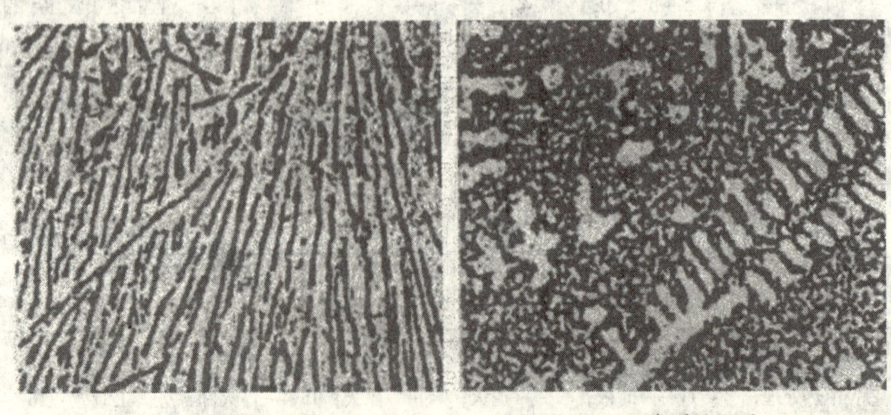

（a）变质处理前　　（b）变质处理后

图 4－13　ZL102 合金的铸态组织

ZAlSi12（ZL102）铸造性、焊接性能好，比重小，并有相当好的抗蚀性和耐热性，但不能时效强化（由于Si在Al中固溶度变化不大，且Si在Al中扩散速度很快，极易从固溶体中析出，并聚集长大，时效处理不能起强化作用），强度仍较低，因此，该合金仅适于制作形状复杂但强度要求不高的铸件或薄壁零件，如仪表、水泵壳体及一些承受低载荷的零件。

2. 特殊硅铝明

为提高Al－Si合金的强度，常加入Cu、Mg等合金元素，使之形成θ（$CuAl_2$）、β（Mg_2Si）、S（Al_2CuMg）等强化相，以获得能进行时效强化的特殊硅铝明。如$ZAlSi_5CuIMg$（ZL105）、ZAlSi12CuIMgINiI（ZL109）等合金中含有Cu和Mg，因而能形成θ、β及S相等多种强化相，经时效后可获得很高的强度和硬度。由于ZAlSi12CuIMgINiI（ZL109）比重轻、抗蚀性好，线膨胀系数较小，强度、硬度较高，耐磨性、耐热性及铸造性能较好，是常用的铸造铝活塞材料，目前在汽车、拖拉机及各种内燃机的发动机上应用甚广。

铸造铝合金与变形铝合金比较，它的组织粗大，有严重的晶内偏析和粗大的针状化合物。此外，铸件的形状也比较复杂。因此，铸造铝合金的热处理除了具有一般变形铝合金热处理特性外，还有不同之处。首先，为了保证强化相充分溶解和消除晶内偏析并使针状化合物“团化”，淬火加热温度一般较高，保温时间比较长（一般在15～20h）；其次，由于铸件的形状比较复杂，壁厚不均匀，为了防止淬火时引起变形开裂，一般采用温度较高（60℃～100℃）的水作淬火冷却介质。此外，为了保证铸件的抗腐蚀性以及组织、性能和尺寸稳定性，凡是需要时效处理的铸件，一般都采用人工时效。

3. 铝硅合金

铸造铝硅合金是以铝和硅为基的多元合金，俗称“硅铝明”。除硅外尚含有其他合金元素的称为“特殊硅铝明”。

ZL102是硅含量11%～13%的合金。由于其成分接近于共晶，因此，铸造性能好，铸件密实，但在铸件缓冷后，组织主要为共晶体（$\alpha+Si$），其中，硅晶体是硬脆相，并呈粗大针状，严重降低合金的力学性能，使抗拉强度（σ）不超过140MPa，伸长率小于3%。为了改善该合金的力学性能，在浇铸前向熔融合金中加入占铝合金总重量2%～3%的变质剂，进行变质处理，则可以细化组织。铝硅合金的变质剂是由2/3的氟化钠和1/3的氯化钠混合盐组成。经过变质处理的合金，其组织为固溶体和细密的$\alpha+Si$共晶体组成，使合金的性能得到显著改善，抗拉强度提高到180MPa，伸长率提高到8%。此外，由于硅在铝中的固溶强化变化不大，且硅在铝中的扩散速度很快，极易从固溶体中析出，并聚集长大，时效处理时不能起强化作用。在铝硅合金中适当地加入铜和镁，可形成Mg_2Si、$CuAl_2$等时效强化相，因而可通过热处理，进一步提高力学性能。

ZL104合金中含有少量的镁，经淬火及人工时效处理，抗拉强度可达195～235MPa，可用来制造工作温度在200℃以下形状复杂的零件，如电动机壳体、气缸体等。

ZL107合金中含有少量的铜，时效处理后抗拉强度可达245～275MPa，可用于制造强度、硬度要求较高的零件。

ZL105、ZL108、ZL109、ZL110等合金中同时含有少量的铜和镁，经淬火时效后能获得很高的强度和硬度，常用来制造形状复杂、性能要求较高和在较高温度下工作的零件。ZL108、ZL109密度小，线膨胀系数小，强度高，耐蚀性、耐磨性、耐热性及铸造性能都

比较好，是常用的铸造铝活塞的材料，在汽车、拖拉机以及各种内燃机上获得广泛的应用。

4. 铝铜合金

铸造铝合金是以铝和铜为基的多元合金，这类合金最大的特点是耐热性高，但由于合金中含共晶体较少，所以，铸造性能不好。另外，密度大，耐蚀性能也较差，是一种比较过时的铝合金。常用牌号有 ZL201、ZL202 等。

5. 铝镁合金

属于这一类合金的有 ZL301、ZL302 两种，其中，应用最广的是 ZL301。这类合金具有密度小（2.55g/cm^3）、耐蚀性好、强度高（σ_b 可达 350MPa）等优点，缺点是铸造性能不如铝硅合金好，耐热性低，工作温度一般不超过 200℃。

铝镁合金可以进行时效处理，通常采用自然时效，但时效强化效果甚微，故多在淬火状态下使用。常用于制作承受冲击载荷、耐海水腐蚀、外形不太复杂的零件，如舰船和动力机械零件等。

6. 铝锌合金

常用的铝锌铸造合金是 ZL401，由于它的化学成分（含 9% ~13% Zn、5% ~7% Si）类似于加入大量锌的铝硅合金，故有“锌硅铝明”之称。锌在铝中的溶解度很大，极限溶解度为 32%，铝中加入 10% 以上的锌便能显著提高合金的强度，是最便宜的一种铸造铝合金，其主要特点是耐蚀性差，热裂倾向大，主要用于在工作温度不超过 200℃ 的医疗器械零件、汽车和拖拉机的发动机以及形状复杂的仪器仪表零件和日用品等。

三、铝材

铝及铝合金的压力加工产品统称为铝材。

（一）铝材的品种、生产方法和供应状态

铝材的品种包括板、带、箔、管、棒、线、型等品种。

1. 板材

铝板材按轧制方法分为冷轧板和热轧板两种。热轧板一般都是热作状态（代号 R）供应；冷轧板又分为热处理能强化的和热处理不能强化的两种。除 LD2 板材不包铝外，能热处理强化的铝板通常都是包铝的。包铝层还分为一般包铝层和加厚包铝层两种。用纯铝和防锈铝生产的冷轧板分软（M）、半硬（Y2）和硬（Y）三种状态供应；用硬铝、超硬铝、锻铝制造的冷轧板分退火（M）和淬火时效（CZ、CS）状态供应；LY12 冷轧板还有淬火时效并冷作硬化（CZY）状态供应。

铝板除了有不同的供应状态外，还具有其他一些不同的特性，其特性代号和含义如下：O——优质表面；Q——涂漆蒙皮板；J——加厚铝板；B——不包铝。

板材的厚度为 0.3 ~80mm，宽度为 400 ~2000mm，长度为 2000 ~8000mm。铝板用于各工业部门。

2. 铝管

铝管按生产方法分为冷拉（或冷轧）薄壁管和热挤压厚壁管两类。薄壁管的外径为 6 ~120mm；壁厚小于或等于 5mm；厚壁管的外径为 25 ~185mm，壁厚大于 5mm。用纯铝和防锈铝制造的薄壁管分软（M）、半硬（Y2）和硬（Y）三种状态供应；用硬铝、超硬铝、锻铝制造的薄壁管有退火（M）和淬火时效（CZ、CS）两种状态供应。纯铝、防锈

铝制造的厚壁管分热作和淬火时效（CZ、CS）状态供应。此外，还有异形管，属拉制品，管壁厚不大于5mm。

铝管材可作输送酸、油的管道、散热器等。

3. 铝棒

铝棒按外形分为圆棒、方棒和六角棒三种。棒材都是挤制品，其尺寸规格用直径（或边长）表示。圆棒的直径为5～30mm；方棒、六角棒的内切圆直径为5～70mm。棒材的供应状态同厚壁管材。铝棒主要用于加工各种零件。

4. 型材

型材根据其断面形状不同分为角、槽、丁字型、工字型等几类。同一类中还可以根据用途不同分为民用、电子工业用和航空用等。型材都是挤制品，主要用作轻质结构件。

型材的规格用"型号"表示。型号由型材的汉语拼音首字母"XC"和阿拉伯数字组成。第1位数字表示类；第2位数字表示同一类中的别（民用型材除外）；末尾两位（或一位）数字则为顺序号，不同型材按某一边长或高度递增规律用数字顺序排列。例如：XC2512，其中，第1位"2"表示丁字型；第2位"5"表示异形；后两位"12"则为顺序号12。各型号的尺寸规格和型材的形状由部颁的型材样本规定。

型号的第1、2位数字含义见表4－12。

表4－12　　铝型材型号的含义

第1位数字		第2位数字						
数字	含义	1	2	3	4	5	6	7
1	角	直角	锐角	钝角	圆头角	异形		
2	丁字	直	斜	双	圆头	异形	专用异形	
3	槽	普通	凸边	弯边	圆头	异形	叉形	燕尾
4	Z字	等边等壁	等边不等壁	不等边等壁	不等边不等壁	圆头	异形	
5	工字	等边等壁	等边不等壁	不等边等壁	圆头	异形		
6	航空用	边条绞缝	尾刀窗框	管夹	大梁	变断面	异形	毛坯
7	电子工业用	边框	骨架	插角	联结	附件	散热器	整体
8	民用	不分别						
9	其他专业用	不分别						
0	空心	不分别						

各类型材的供应状态与厚壁管相同。

5. 线材

线材分导线、焊条线和铆钉线三种。导线直径不超过5mm，其他两种直径可达10mm。导线分软、硬两种供应状态，焊条线和铆钉线只有硬状态一种供应状态。

箔材和导线一样分软、硬两种状态供应。主要用于电容器、绝热、防火等结构或其他专门设备。

（二）铝材的质量要求

供应铝材除了保证品种、规格、牌号、供应状态，还应保证性能、表面质量、内部组织等符合有关标准的规定。

1. 性能

大多数铝材都要求有一定的力学性能，但根据不同用途对力学性能测试项目有所不同。如纯铝和防锈铝材还应保证供应状态的抗拉强度及伸长率，硬铝等一般要求保证供应状态的抗拉强度、屈服强度和伸长率，而热作状态供应的则保证淬火时效后的上述性能。导电用铝线除力学性能外，还应保证导电率。铆钉用线材不要求抗拉强度和伸长率，但应保证抗剪强度和铆接试验合格。焊条用铝材没有力学性能方面的要求。

2. 表面质量

铝材对表面质量要求较严。如在铝材表面不允许有超过规定限度的划伤和擦伤，不允许存在裂纹、硝盐痕迹、腐蚀斑点等。包铝的铝合金板材还不允许有包铝层脱落和扩散斑点等。其中，硝盐痕迹是指铝材热处理后未洗净的硝酸钾和硝酸钠的残存附着物；腐蚀斑点是指铝材在热处理加热时被熔盐中的杂质（氧化物等）腐蚀而产生的白色或暗色粗糙斑点；扩散斑点是指铝合金中铜原子向包铝层中扩散而在铝材表面出现的灰黄色的斑点或长条。

3. 高倍组织（显微组织）和低倍组织

管、棒、型等许多铝材都应保证其内部组织未发生过烧。所谓过烧是金属的微观组织中存在的晶界（或低熔点组成物）被熔化的现象。过烧是热处理时加热不当造成的。即使是轻微的过烧也会造成材料的报废。这是因为过烧会降低力学性能，特别是疲劳强度，并显著恶化耐蚀性能。材料是否过烧，要在显微镜下观察其高倍组织来进行鉴别。

所有的铝材原则上都不应该存在低倍缺陷，特别是厚壁管材、棒材、型材等挤压产品均需保证低倍组织中没有裂纹、夹杂、缩尾等缺陷。所谓缩尾，是指由于挤压时金属流动不均匀而在接近挤压残料（又叫压余）的成品形成的不致密组织。缩尾会降低材料的力学性能，所以，不允许存在。

第三节　铅、锡、锑与轴承合金

一、铅和铅合金

（一）铅和铅合金的性能、用途和牌号

铅又叫青铅，是灰白色的金属，在空气中因氧化而表面呈灰色。

铅的密度（20℃）为 11.68g/cm^3，是常用金属中密度最大的一种。由于密度大，因此，常用铅合金来制造弹头。

铅的硬度为 HB4，是最软的金属，既能用小刀切断，又能用指甲划伤。

铅呈面心立方晶格，具有良好的塑性，断面收缩率为 90%，伸长率为 45%，易轧成片、挤压成管。由于铅的再结晶温度低（在室温时就会进行再结晶），故在常温下用任何变形速度加工也不会产生加工硬化现象。铅的抗拉强度很低（σ_b = 18MPa），不能拉成很细的丝。

铅的锻接性很好，新切开的铅在室温下用不太大的压力即可迅速地将其锻接起来，因此，铅和铅合金常用作电缆包皮、电表和货车的封印铅皮、接线管等。

铅的熔点低（327.4℃），电阻大，导热性差，常用于制造保险铅丝。

铅在空气、水、海水、稀盐酸及硫酸中都有很好的耐蚀能力。因此，铅可作为耐酸材料广泛应用于各工业部门。例如，酸洗槽、酸洗泵、酸液输送管道、蓄电池铅板等，但铅与硝酸能发生强烈的化学作用，生成硝酸铅。铅是毒性金属，不宜与食品接触，以免危害人体健康。

铅有吸收X射线和γ射线的特性，是医疗、原子能工业及放射性技术方面不可缺少的防护材料。

铅还可用于配置黄铜、青铜等合金，以改善切削加工性，增加耐磨性。铅能与锡、锑等配合制作轴承合金、焊料、印刷合金等一系列重要合金。

纯铅分冶炼产品（铅锭）和加工产品（纯铅材）。牌号用化学元素符号和顺序号表示，冶炼产品在元素符号和顺序号中间用一短横隔开，加工产品不用短横隔开，其顺序号越大，纯度越低。如，Pb－1比Pb－2纯度高。

铅合金包括铅锑合金、硬铅合金、特硬铅合金、铅银合金，它们的牌号用基元素的化学元素符号和第一个主添加元素的元素符号及除基元素外的成分数字组表示。如PbSb2，为含锑2%的铅锑合金。后面讲的有色金属只要不单独介绍牌号表示方法者，都与铅和铅合金牌号表示方法相同。

纯铅和铅合金的牌号、化学成分见表4－13～表4－17。

表4－13　纯铅的牌号和化学成分

产品名称	牌号		Pb，%，≮	杂质含量，%，≯								
	冶炼产品	加工产品		Ag	Cu	Sb	As	Bi	Sn	Zn	Fe	总和
一号铅	Pb－1	Pb1	99.994	0.0005	0.001	0.01	0.0005	0.003	0.001	0.0005	0.0005	0.006
二号铅	Pb－2	Pb2	99.9	0.002	0.01	0.05	0.01	0.03	0.01	0.002	0.002	0.1
三号铅	Pb－3	Pb3	99.0	0.003	0.1	0.5	0.2	0.2	0.2	0.01	0.01	1.0

表4－14　铅锑合金的牌号和化学成分

牌号	化学成分，%								
	主成分		杂质，≯						
	Sb	Pb	Sn	As	Bi	Fe	Zn	Ca＋Na	总和
PbSb0.5	0.3～0.8	余量	0.008	0.005	0.006	0.005	0.005	0.03	0.15
PbSb2	1.5～2.5	余量	0.008	0.01	0.06	0.005	0.005	0.03	0.2
PbSb4	3.5～4.5	余量	0.008	0.01	0.06	0.005	0.005	0.03	0.2
PbSb6	5.5～6.5	余量	0.01	0.015	0.08	0.01	0.01	0.05	0.3
PbSb8	7.5～8.5	余量	0.01	0.015	0.08	0.01	0.01	0.05	0.3

表 4－15　　硬铅合金的牌号、化学成分及产品种类

牌号	化学成分,%					产品种类
	主成分				杂质总和,≯	
	Sn	Cu	Sn	Pb		
PbSb4－0.2－0.5	3.5～4.5	0.05～0.2	0.05～0.5	余量	0.30	板、带、管、棒
PbSn6－0.2－0.5	5.5～6.5	0.05～0.2	0.05～0.5	余量	0.30	板、带、管、棒
PbSn8－0.2－0.5	7.5～8.5	0.05～0.2	0.05	余量	0.30	板、带、管、棒及铸件
PbSn10－0.2－0.5	9.5～10.5	0.05～0.2	0.05～0.5	余量	0.30	铸件

表 4－16　　特硬铅合金的牌号、化学成分及产品种类

牌号	化学成分,%							产品种类
	主成分						杂质总和,≯	
	Sb	Cu	Ag	Te	Se	Pb		
PbCu0.5－0.1	—	0.1～0.5	0.01～0.1	0.04～0.1	0.01～0.05	余量	0.30	板、带、管、棒
PbCu0.5－0.2	—	0.01～0.5	0.01～0.2	0.04～0.1	0.01～0.05	余量	0.30	
PbSb2－0.2－0.5	1.5～2.5	0.05～0.2	0.01～0.5	0.04～0.1	0.01～0.05	余量	0.30	
PbSb4－0.1－0.5	3.5～4.5	0.05～0.2	0.01～0.5	0.04～0.1	0.01～0.05	余量	0.30	
PbSb6－0.1－0.5	5.5～6.5	0.05～0.2	0.01～0.5	0.04～0.1	0.01～0.05	余量	0.30	
PbSb8－0.1－0.5	7.5～8.5	0.05～0.2	0.01～0.5	0.04～0.1	0.01～0.05	余量	0.30	

表 4－17　　铅银合金的牌号、化学成分及产品种类

牌号	化学成分,%			产品种类
	主成分		杂质总和，≯	
	Ag	Pb		
PbAg0.6	0.5～0.7	余量	0.05	管、板、线
PbAg1	0.8～1.2	余量	0.05	
PbAg2.5	2～3	余量	0.05	线

（二）杂质和合金元素对铅性能的影响

铅中杂质有铜、银、砷、锑、锌、锡、铋、铁等，它们都不同程度地降低铅的熔点、密度和塑性，提高其强度。

铅中常用的合金元素有锑、铜、银等，锑是铅合金中用量最大的合金元素，锑部分固溶于铅，而且溶解度随温度降低而减少，铅锑合金能时效强化，使合金的硬度、强度和蠕变强度提高。锑还能提高铅对硫酸的耐蚀性，但含量过高时，使铅变脆。铜是铅合金常用

合金元素之一，铜实际不溶于铅，微量铜如 <0.007% 即沿铅的晶界析出，阻止铅的再结晶，使晶粒细化，从而提高铅的硬度、强度和蠕变强度、疲劳强度，铜还能提高铅对硫酸的耐蚀性。银只能部分溶于铅，微量（如 0.01% ~0.05%）的银能强烈提高铅的再结晶温度，细化铅的晶粒，提高铅的硬度、强度和蠕变强度，也能提高铅对硫酸的耐蚀性。

一般说，金属的纯度越高，耐蚀性越好，但铅在硫酸中的腐蚀是沿晶界向内发展的，晶粒愈细，腐蚀所经过的道路就越长并越曲折，因而腐蚀的速度也就相对缓慢，合金元素铜和银等均能细化铅的晶粒，因此，能提高铅的耐硫酸腐蚀能力，含微量铜的铅合金、铅锑合金、铅银合金等在化工部门应用较广。

（三）铅材

铅材包括纯铅材和铅合金材两大类。铅合金材以铅锑合金和铅银合金用得较多。另外，还有在铅锑合金中加入铜等强化元素所组成的多元素合金，叫硬铅和特硬铅。

铅材的品种有管、板、棒、线及型材等，其中，以管、板和线材应用最广。

1. 铅管

纯铅管一般都用 1 ~3 号铅制造。铅合金管主要用铅锑合金、硬铅、特硬铅和铅银合金制造。

铅管的尺寸规格用内径、外径、壁厚表示，目前，供应的铅管内径为 4 ~210mm。铅管内径在 60mm 以下的一般都盘成圆圈供应，内径在 60mm 以上的以直条成捆供应。

2. 铅板

纯铅板（又叫青铅皮），一般用 1 ~3 号铅制造，铅板的尺寸规格用厚度 × 宽度表示。目前，供应的纯铅板厚 0.5 ~25mm。铅板和铅合金板较长的以成卷（或折成叠）供应，最长的铅板可达 25m，短铅板可成张供应。

3. 保险铅丝

保险铅丝俗称保险丝，由铅锑合金压制成圆形和扁形两类。保险丝的规格用额定电流（A）表示。额定电流越大，保险丝的直径越粗，所以，保险丝的直径可以间接表示额定电流的大小。

保险丝都成卷供应，扁的每卷 1kg，圆的直径大小分为三种：直径大于 0.3mm 的每卷 0.5kg；直径在 0.1 ~0.3mm 的每卷为 0.25kg；直径小于 0.1mm 的每卷为 0.125kg。

二、锡和锡合金

（一）锡的性能、用途和牌号

锡是银白色略带和黄色的金属，密度（20℃）为 7.3g/cm^3，熔点为 232℃。

锡的强度、硬度都低，抗拉强度（σ_b）为 25 ~40MPa，布氏硬度（HB）为 5 ~6；再结晶温度低，为 10℃ ~25℃；在室温下没有加工硬化现象，所以，不能用作结构材料。

锡的塑性很好，δ = 40%，ψ = 90%，它的展性仅次于金、银、铜，可以压延成 0.04mm 以下的锡箔，作为包装材料广泛用于食品和轻工业。锡箔也用于制造电容器和雷管。

锡具有良好的耐蚀性，甚至在潮湿的空气中都不氧化；在有机酸中也很稳定。因此，锡大量用于制造镀锡钢板（马口铁），使钢板耐蚀并易于焊接，但锡的电极电位比钢铁高，一旦镀锡层的连续性破损，锡的存在就会使钢板迅速遭到腐蚀。

纯锡冶炼产品分 5 个牌号，其化学成分见表 4 -18。

表 4－18　　锡锭的牌号、化学成分

产品名称	牌号	Sn，%，≮	杂质，≯							
			As	Fe	Cu	Pb	Bi	Sb	S	杂质总和
高级	Sn－00	99.99	0.0007	0.0025	0.001	0.0035	0.0025	0.0020	0.0005	0.01
特号	Sn－0	99.95	0.003	0.004	0.004	0.025	0.006	0.01	0.001	0.05
一号	Sn－1	99.90	0.01	0.007	0.008	0.045	0.015	0.02	0.001	0.10
二号	Sn－2	99.80	0.02	0.01	0.02	0.065	0.05	0.05	0.005	0.20
三号	Sn－3	99.50	0.02	0.02	0.03	0.35	0.05	0.08	0.01	0.50

锡还能配制合金，它是锡黄铜、锡青铜、巴氏合金、锡铅焊料、印刷合金的重要组成元素。

（二）锡合金的特点和用途

锡中常见的合金元素是铅、锑等。铅能改善锡合金的铸造性能，减少铸件中的气孔，并有细化晶粒的作用，铅还可以降低锡的熔点，并与锡形成低熔点（183℃）共晶体，锡铅各半的合金，强度高，是常用的焊料，它的结晶温度范围是183℃～214℃，俗称“二分焊料”；当含锡量提高到61.9%时，合金全部为共晶体，其熔点为183℃，这种焊料称“共晶焊料”或“三分焊料”，在电工中广泛应用。锑主要是提高合金强度，当锑含量大于10.4%时（锑在锡中的最大溶解度为10.4%），在软的锡基体中会出现硬的块状化合物（SnSb），这种合金可用作轴承材料。

（三）“锡疫”及高锡制品的保管

锡是具有同素异构转变的金属。在161℃～232℃温度范围内，锡具有斜方晶格，其性质较脆，称为脆锡（γ－Sn）；在13.2℃～161℃之间的锡，具有体心立方晶格，称为白锡（β－Sn）；低于13.2℃时，白锡会转变为α－Sn，它具有金刚石型立方晶格，这种锡呈灰色，所以叫灰锡。β－Sn 的密度为7.3g/cm^3，α－Sn 的密度为5.85g/cm^3。当白锡（β－Sn）转变为灰锡（α－Sn）时，锡的体积发生膨胀，每增大27%，内部便产生很大的内应力，这样整块白锡就会变成灰色的粉末，这种现象称为“锡疫”。13.2℃是β－Sn 转变成α－Sn 的理论温度，实际转变有很大的过冷度，通常要到－20℃，β－Sn 才转变为α－Sn，但转变开始以后，即使处于13.2℃的温度下，“锡疫”也能继续进行，而且若已经“染疫”的锡和“健康”的锡紧密接触，健康的锡也会受到传染。首先，是接触部分发生“锡疫”，而后发展到内部，直到完全破坏。

纯度越高的锡越易发生“锡疫”，当锡中含有铋、砷、铅、铍等杂质时，则能阻止“锡疫”的发生。根据锡的这一特点，在验收和保管过程中，首先，要认真检查锡产品的表面有无“锡疫”，同时，注意保管温度不低于－20℃，若保管时间在1个月以上时，库房温度不应低于12℃，一旦发生“锡疫”应及时将健康的锡与染疫的锡分开存放，以避免扩大“锡疫”的范围，已经染疫的灰锡，把温度升到13.2℃以上，还能转变为白锡，但外形已破坏，成为粉末状。只有重新熔炼（加入透明松香或氯化氨），才能恢复其连续性，成为锡锭。

三、锑

锑是银白色的金属，由于杂质的影响略带蓝色，杂质越多，蓝色越深。纯净的锑在浇铸时如有熔渣保护，则缓冷后锑表面有星状花纹，所以，纯锑又叫星锑。

纯锑的密度（20℃）为6.68g/cm^3，熔点是630℃。性质硬而脆（HB=30），无延展性，凝固时不但不收缩，而且体积略有膨胀。因此，锑主要用于与铅、锡等配制合金。如铅锑合金、印刷合金、轴承合金、保险丝合金等。凡是用到铅的地方，几乎都要配用锑。锑在这些合金中的作用主要是增加强度、减少合金凝固时的收缩。例如，印刷合金要求字迹清晰，轴承合金要求有一定的强度和耐磨性，正是利用了锑在合金中的这一作用。

此外，锑的化合物（Sb_2O_3）叫锑白或锑氧，是一种白色颜料，可供搪瓷、陶瓷、油漆和橡胶等工业部门作遮覆剂和填充剂；硫化锑（Sb_2S_3）又叫生锑，具有着火点低、容易燃烧等性能，可作雷管和火柴的配料，也可作发火剂、发烟剂等。

纯锑分4个牌号，各牌号的成分及主要用途见表4－19。

表4－19　　锑的牌号、化学成分及用途

牌号	化学成分，%						用途举例
	Sb，≮	杂质，≯					
		As	Fe	S	Cu	总和	
Sb－1	99.85	0.05	0.02	0.04	0.01	0.15	蓄电池
Sb－2	99.65	0.10	0.03	0.06	0.05	0.35	蓄电池、印刷合金
Sb－3	99.50	0.15	0.05	0.08	0.08	0.50	蓄电池、轴承合金
Sb－4	99.00	0.25	0.25	0.20	0.20	1.00	电镀、印字板

锑以块状或粒状供应。粒状锑是把熔融锑液滴入水中而形成大小如豆的碎锑粒，所以也叫水淬锑。它的成分与块状锑相同，只是在供应和使用上比较灵活和方便，对用量不大的用户，水淬锑比较适宜。

四、轴承合金

机器设备中使用的轴承，除滚动轴承外，还有滑动轴承。滑动轴承是用耐磨合金或在钢质底壳上浇铸一层耐磨合金内衬而制成的，滑动轴承内衬用的耐磨合金叫做轴承合金。

（一）轴承合金应具备的性能与组织

轴承是支承着轴进行工作的，当轴在其中转动时，要承受轴传给它的一定压力并和轴颈之间发生摩擦。为了确保轴承对轴的磨损最小，并适应轴承的其他工作条件，如受压、冲击、振动等，轴承合金必须具备以下特性：

（1）在工作温度下，具有足够的强度和合适的硬度，以承受轴颈传来的单位压应力和摩擦。

（2）应有足够的塑性和韧性，以抵抗冲击和振动，防止使用时开裂。

（3）与轴的摩擦系数要小，同时，要有储存润滑油的空隙。

（4）应有良好的磨合性和抗咬合性。所谓磨合性，是指轴合金经一定时间工作后，能与轴颈紧密配合的能力。所谓抗咬合性，是指当摩擦条件恶化时，轴瓦不致与轴黏合或焊合的能力。

（5）合适的熔点。为了易于浇铸，熔点不宜过高；另外，为了在轴的运行中不致因受热而熔化，熔点也不应太低。

（6）良好的抵抗润滑油腐蚀的能力和良好的导热性，较小的膨胀系数。

以上是对轴承合金性能的要求，还应考虑它的资源和价格，以便经济合理地使用。为了使轴承合金达到上述要求，要求轴承合金有如下理想组织：在软基体上均匀分布硬质点或是在硬基体上均匀分布软质点。大多数轴承合金采用前一种组织形式，因为软基体比较容易与轴磨合，经短时间工作，两者就能很好地磨合，而硬质点显微突起见图 4－14，使轴和轴瓦的接触面减少，轴与轴瓦间的显微空间可以储存润滑油，从而使轴在运转时的摩擦系数减少，磨损现象也得到显著改善。

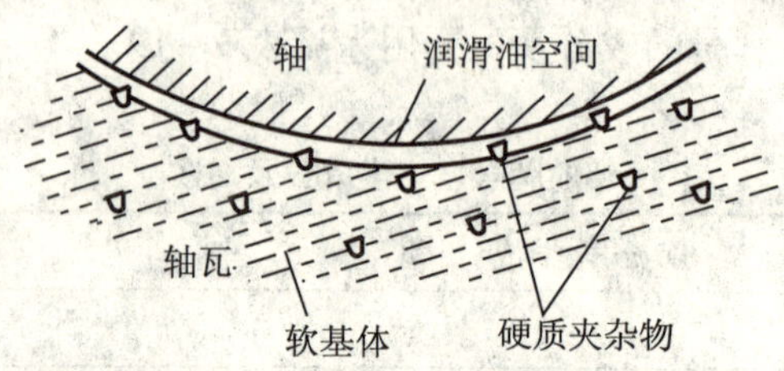

图 4－14　轴承理想表面示意图

相反，采用硬基体上分布着软质点的组织形式也可以达到同样的目的。与软基体硬质点的组织形式对比，硬基体软质点的组织形式具有较大的承载能力，但磨合能力较差。

（二）常用轴承合金材料

能够制作轴承合金的材料很多，但应用最广的是以镍或铅为基的轴承合金，一般称为“巴比特合金”或“巴氏合金”。这是属于在软基体上分布硬质点的轴承合金，这类合金的磨合性好，但不宜承受高负荷，所以，这类轴承合金也称低熔点、低负荷的轴承合金。

1. 锡基和铅基轴承合金

锡基和铅基轴承合金也叫“巴氏合金”。巴氏合金的牌号有汉语拼音字母“Z”（代表铸）、“Ch”（代表承）和基元素加主添加元素符号及成分数字组组成。例如，ZChSnSb11－6，表示为含锑 11%、含铜 6% 的锡基轴承合金；又如，ZChPbSb16－16－2 表示为含铅 16%、含锑 16%、含铜 2% 的铅基轴承合金。

（1）锡基轴承合金

锡基轴承合金是一种性能优良，使用历史悠久的轴承合金。它是在锡、锑合金的基础上添加铜的合金。其成分范围是：80%～90% 锡、4%～12% 锑、3%～6.5% 铜。其组织是一部分锑溶入锡中的 α 固溶体（HB30）作为软基体，而其余的锑与锡形成化合物 SnSb 作为合金组织的硬质点。锡锑化合物较轻，凝固温度较高，而固溶体则较重，凝固温度较低。因此，在合金凝固过程中，先凝固的、较轻的锡锑化合物容易浮在上面，后凝固的、较重的固溶体则易沉在下面。这种由于组成物密度不同而产生的不均匀叫做比重偏析。在合金中加入一定量的铜，可与锡形成架格状的铜锡化合物，它首先结晶析出，在液相中形成均匀分布的骨架，从而防止合金的比重偏析。此外，铜锡化合物也起硬质点的作用。

锡基轴承合金的特点是，膨胀系数较小，嵌藏性和减磨性好，还有良好的导热性、抗蚀性和韧性，适宜用作汽车、拖拉机、气轮机等高速轴承，但应注意的是，锡基轴承合金的疲劳强度比较低，同时，锡的熔点较低，工作温度一般不宜超过150℃。

部分锡基轴承合金的牌号、成分和用途见表4－20。

表4－20　部分锡基轴承合金的牌号、成分和用途

牌号	化学成分,%			主要性能				用途
	Sb	Cu	Sn	HB,≮	熔点℃	摩擦系数		
						有润滑	无润滑	
ZChSnSb4－4	4.0～5.0	4.0～5.0	余量	22	223	—	—	涡轮内燃机高速轴承及轴衬
ZChSnSb8－4	7.0～8.0	3.0～4.0	余量	24.3	241～298	—	—	大机器轴承及轴衬、高速、高载荷汽车发动机轴承
ZChSnSb11－6	10.0～12.0	5.5～6.5	余量	30	240～370	0.005	0.28	高速蒸汽机和涡轮压缩机涡轮泵及高速内燃机轴承

（2）铅基轴承合金

铅基轴承合金是以铅、锑为基的合金，同时，加入少量的锡、铜等元素。在它的组织中，软基体为$\alpha+\beta$的共晶体，α相是锑在铅中的固溶体，塑性很好，而强度较低；β相是铅在锑中的固溶体，因为锑的性能硬而脆，所以，β相也很脆。加入6%～16%的锡，一方面，能与锑形成SnSb化合物，起硬质点作用，另一方面，还能溶入铅中形成固溶体，增加基体的强度，同时，锡不能改善轴承合金的抗腐蚀性及钢衬垫的黏合能力。加入1%～2%的铜，能与锡形成针状化合物Cu_3Sn，以防止比重偏析，但Cu_3Sn脆性较大，如果在合金中存在过多，则会降低合金的疲劳强度。

铅基轴承合金的性能不如锡基轴承合金，它的摩擦系数稍大、韧性和疲劳强度也较低，但磨合性好，特别是资源，价格便宜，所以，用在承受中、低载荷的中速轴承中，如汽车、拖拉机的曲轴、连杆轴承等方面。

部分铅基轴承合金牌号、成分、性能及用途见表4－21。

表4－21　部分铅基轴承合金牌号、成分、性能及用途

牌号	化学成分,%					主要性能				用途
	Sn	Sb	Cu	其他	P	HB,≮	熔点℃	摩擦系数		
								有润滑	无润滑	
ZChPbSb 16－16－2	15～17	15～17	1.5～2.0	—	余量	30	240～400	0.006	0.25	蒸汽涡轮机150～750kW电动机的轴承

续 表

牌号	化学成分,%					主要性能				用途
	Sn	Sb	Cu	其他	P	HB, ≮	熔点℃	摩擦系数		
								有润滑	无润滑	
ZChPbSb 15 - 10	9 ~ 11	14 ~ 16	—	—	余量	26	240 ~ 400	0.009	0.38	中等压力的机械也适用高温轴承
ZChPbSb 15 - 5 - 3	5 ~ 6	14 ~ 16	2.5 ~ 3.5	Cd：1.75 ~ 2.25 As：0.6 ~ 1.0	余量	32	232 ~ 416	0.005	—	船舶机械小于 250kW 的电动机和抽水机的轴承

2. 其他轴承合金

其他轴承合金的品种较多，主要有铝基轴承合金和铜基轴承合金。

（1）铝基轴承合金

铝基轴承合金是随着近代汽车、拖拉机、航海、航空发动机向高速、高压、重载方向发展而发展起来的一种新型减磨材料。它的特点是密度小、导热性好，疲劳强度和化学稳定性好，能承受较大的压强，适用于在高速、高负荷条件下工作的轴承。其缺点是线胀系数较大，抗咬合性不如巴氏合金，且其硬度高，容易伤轴，因此，要求轴的硬度相应较高，一般不低于 HB230。目前，常用的有铝锑镁轴承合金和高锡铝基轴承合金两种。

铝锑镁轴承合金化学成分为含锑 3.5% ~4%，含镁 0.3% ~0.7%，其余为铝。该合金中的锑，在固态时能溶入铝中形成有限固溶体，锑还能与铝形成 AlSb 化合物。其显微组织由软基体 α + AlSb 共晶体上分布硬质点 AlSb 化合物组成。合金中加入镁可提高其屈服强度和冲击韧性，并使针状的 AlSn 变成片状。这种合金可用低碳钢（08 钢）作衬背，将铝锑镁合金浇铸在钢背上作成双金属轴承，或与低碳钢钢带一道轧成金属钢带，作轴瓦用。这种合金与锡基轴承合金比较，具有较高的疲劳强度和耐磨性，但承载能力不够大，允许的滑动线速度小于 10m/s，故适用于载荷在 2000MPa 以下，滑动速度小于 10m/s 的轴承，如受中等载荷的内燃机轴承等。

高锡铝基轴承合金是以铝为基，加入 20% 锡和 1% 铜组成的合金。其显微组织为较硬的基体铝上分布较软的质点锡。合金中加入铜起固溶强化作用，但会使塑性降低；加入锡可改善其咬合性、嵌藏性和适应性，以减少轴承与轴颈的摩擦，但随着含锡量的增加，合金的力学性能有所降低。这种合金也是用 08 钢为衬背，但由于铝锡合金与钢直接共轧有困难，所以，先轧制成铝—铝锡合金双金属板，然后，再与钢背一起轧制，实际是由 08 钢—铝—铝锡合金三层组成的轴瓦材料。这种轴瓦材料的承载能力较大，达 3200MPa，滑动线速度也较高（13m/s），还具有巴氏合金的抗咬合性，而且生产工艺简单、成本低、寿命长。因此，它完全适应高速发动机和使用要求，可代替巴氏合金、铜基轴承合金和铝锑镁轴承合金，在汽车、拖拉机、内燃机上广泛使用。

(2) 铜基轴承合金

铜合金中锡青铜、铅青铜等在一定场合均可作为轴承材料。

锡青铜作轴承材料，常用锡磷青铜（ZQSn10－1）和锡锌铅青铜（ZQSn6－6－3）。它们的组织都是由软基体（α 固溶体）和硬质点（例如 δ 相及化合物 Cu_3P）所构成，而且组织中存在着较多的树枝状疏松组织，有利于润滑油的储存。用作承受中等速度和较大固定载荷的轴承，如电动机、泵、金属切削机床等的轴承。锡青铜可直接制成轴瓦，但与其配合的轴颈应具有较高的硬度（HB300～400）。

铅青铜作轴承材料，常用的是 ZQPb30。铜与铅在固态互不相溶，因而其显微组织为硬的铜基体和大量的独立软颗粒铅所组成，这种组织能良好地保持住润滑油膜和降低摩擦系数。它具有比巴氏合金更高的疲劳极限和承载能力，而且有高的导热性，能在较高温度（300℃～320℃）下工作。它的缺点是强度较低（σ_b 仅为 60MPa），因此，需要在钢瓦上挂衬。抗蚀性较差，浇挂时还容易产生比重偏析。铅青铜适宜制造高速、高压下工作的轴承，如航空发动机、高速柴油机的主轴轴承等。

第四节　锌与锌合金

一、锌

(一) 锌的性能和用途

锌是白色略带浅蓝色光泽的金属，长期接触空气被氧化而呈灰色。锌的密度（20℃）为 7.14g/cm^3，熔点为 419.5℃，沸点为 911℃。在自然界中锌常以硫化物状态存在，主要的含锌矿物有闪锌矿（ZnS）、菱锌矿和赤锌矿三种。

锌具有密排六方晶格，力学性能较低（σ_b = 150MPa，δ = 20%），一般不作结构材料。锌在常温下性能较脆，100℃～150℃变软，可拉成细丝，轧成薄板，但超过 200℃又变脆。

锌的电极电位极低，在潮湿空气中表面即形成能起保护作用的碳酸锌薄膜，使锌不再受腐蚀。所以，锌在大气和海水中具有良好的抗蚀能力。锌的纯度越高，其抗蚀能力越大，利用锌的这一特点，加之锌的黏附性好，熔点低，易于进行镀覆，所以，工业上常把锌镀覆在钢铁器材的表面，以防腐蚀，特别是在镀层破裂的情况下，锌还能“牺牲”自己来保护钢铁，这是因为锌的电极电位比钢铁低，在腐蚀性物质中先被腐蚀。

锌具有非常好的铸造性能，如流动性好，收缩小，能充满铸型精细的部位等，所以，锌又是一种优良的精密铸造材料。

锌能和许多有色金属配制成锌合金，其中最主要的是黄铜、轴承合金、铝合金等，广泛应用于机械制造、汽车制造和国防工业。

此外，锌还能制造氧化锌、氯化锌等化合物。氧化锌用在医药工业和橡胶工业上，氯化锌用在木材的防腐剂等。

(二) 锌的牌号、化学成分及用途

常用锌的牌号、化学成分及用途见表 4－22。

表 4-22　常用锌的牌号、化学成分及用途

品名	牌号	化学成分,%									用途
		Zn	杂质，≯								
			Pb	Fe	Cd	Cu	As	Sb	Sn	总和	
特一号锌	Zn-01	99.995	0.003	0.001	0.001	0.001	—	—	—	0.005	高级合金和特殊用途
一号锌	Zn-1	99.99	0.005	0.003	0.002	0.001	—	—	—	0.01	压铸零件，电镀锌等
二号锌	Zn-2	99.96	0.015	0.01	0.01	0.001	—	—	—	0.04	电池锌片，电镀锌等
三号锌	Zn-3	99.90	0.05	0.02	0.02	0.002	—	—	—	0.1	锌板热镀锌、氧化锌
四号锌	Zn-4	99.50	0.3	0.03	0.07	0.002	0.005	0.01	0.002	0.5	锌板热镀锌合金、锌粉
五号锌	Zn-5	98.70	1.0	0.07	0.2	0.005	0.01	0.02	0.002	1.3	含锌铜铅合金，氧化锌

二、锌合金

锌合金是指以锌为基加入一定量的其他元素所形成的合金，其主要添加元素有铝、铜、镁等。合金元素铝能细化晶粒，提高锌的强度和冲击韧性；铜能提高锌合金的强度、硬度和耐蚀性，但降低塑性和流动性；少量的镁能细化晶粒，降低合金中固溶体的分解速度，故能增强合金的强度和稳定性。

锌合金主要用作铸造材料，也是压铸合金中最常用的一种金属。锌合金的熔点很低、流动性好，易熔焊、钎焊和塑性加工，强度、硬度也很高，适合用砂模、金属模及压力铸造。常用的两种压铸锌合金的化学成分和力学性能见表 4-23。

表 4-23　压铸锌合金的化学成分和力学性能

化学成分,%						σ_b, MPa	δ, %
Al	Cu	Mg	Pb	Fe	Sn		
3.5~4.5	2.5~3.5	0.05~0.10	<0.01	<0.10	—	250~380	2~5
3.5~4.5	<0.6	<0.06	—	—	—	250~300	3~6

第五节　镍与镍合金

一、镍

（一）镍的性能及用途

镍是银白色而有光泽的金属，密度（20℃）为8.9g/cm³；熔点1455℃；在温度低于360℃时有磁性。

镍具有面心立方晶格，因而有良好的塑性和较高的强度，并且在较高和较低温度下仍表现出良好的强度和延展性。镍的电真空性能也较好，在高温、高真空中挥发很小，因此，镍及镍合金广泛用于电子工业及精密合金。

镍的高温性能及热稳定性好，加热到700℃～800℃仍不氧化，并保持一定强度，所以，镍是制造高温合金和其他耐热材料的重要元素之一。它广泛用于火箭、航空、航天等工业。

镍的耐蚀性很强，它不仅在潮湿的空气和海水中不受腐蚀，而且在碱性溶液和有机酸中均有抗蚀能力，常用于电镀工业。

镍能和许多金属组成合金，是合金钢、不锈钢、耐热钢、镍基合金中重要的合金元素和基体元素。

纯镍的冶炼产品主要是电解镍。电解镍分四个牌号，其化学成分见表4－24。它们的用途主要是用在炼制合金钢及配制白铜、镍基合金及加工纯镍材。

表4－24　　纯镍的冶炼产品的牌号及化学成分

牌号			Ni－01	Ni－1	Ni－2	Ni－3
化学成分，%	Ni＋Co总量，≮		99.99	99.99	99.5	99.2
	其中：Co，≯		0.005	0.10	0.15	0.50
	杂质，≯	C	0.005	0.01	0.02	0.10
		Si	0.001	0.002	—	—
		P	0.001	0.001	0.003	0.02
		S	0.001	0.001	0.003	0.002
		Fe	0.002	0.03	0.20	0.50
		Cu	0.0015	0.02	0.04	0.15
		Zn	0.001	0.02	0.05	—
		As	0.0008	0.001	—	—
		Cd	0.0003	0.001	—	—
		Sn	0.0003	0.0008	—	—
		Sb	0.0003	0.0008	—	—
		Pb	0.0003	0.001	0.002	0.005
		Bi	0.0003	0.0008	—	—
		Mn	0.001	—	—	—
		Al	0.001	—	—	—
		Mg	0.001	—	—	—

镍的加工产品有阳极镍和板、带、管线等纯镍材。阳极镍主要供电镀用，牌号用“镍”、“阳”的汉语拼音首字母“NY”加顺序号表示；纯镍材用于制造耐蚀的坩埚、管子、电真空仪器和通信仪器等重要材料，牌号用“镍”字的汉语拼音首字母“N”加顺序号表示。镍加工产品的牌号、化学成分见表4－25、表4－26。

表4－25　阳极镍的牌号及化学成分

牌号	主要成分,%				杂质总和，≯,%
	Ni＋Co，≮	Cu	O	S	
NY1	99.7	0.1	—	0.005	0.3
NY2	99.4	0.01～0.10	0.03～0.30	0.002～0.01	0.6
NY3	99.0	0.15	—	0.005	1.0

表4－26　纯镍材的牌号及化学成分

牌号	化学成分,%	
	Ni＋Co，≮	杂质总和，≯
N2	99.98	0.02
N4	99.9	0.1
N6	99.5	0.5
N8	99.0	1.0
DN	99.35	0.35

（二）杂质对镍性能的影响

镍中主要杂质是硫、氧、碳等。最有害的是硫，因为硫几乎不溶于固态镍，而与镍形成熔点不高（635℃）的共晶体（$Ni+Ni_3S_2$），使镍产生热脆性。硫还能降低镍及合金的抗蚀能力。氧会降低镍的力学性能及铸造质量，因为氧在镍中的溶解度很小，当含氧量较高时会形成脆性相（NiO），该相往往沿镍的晶界析出，使镍产生冷脆，进而降低镍的塑性变形能力。碳在镍中的固溶度很小，能与镍形成共晶体。当镍中含碳量超过0.2%时，在退火过程中，碳会以石墨形式沿晶界析出，使镍强度和塑性显著下降，故在高塑性镍中含碳量必须限制在0.1%以下。

二、镍合金

镍合金是以镍为基加入其他元素所形成的合金。牌号由“镍”字的汉语拼音首字母“N”加主添加元素的符号及除镍以外的成分数字组成。例如，NCu28－2.5－1.5，表示为含铜28%、铁2.5%、锰1.5%的镍铜合金。常用的镍合金主要有镍镁合金、镍铬合金、镍铁合金、镍铜合金等。

（一）镍铬合金

镍铬合金具有高的电阻、低的电阻温度系数和较好的热稳定性，是制造热电偶的重要合金。NCr9、NCr10含铬量较小，耐热性较差，但电阻高，热电势大，若与NMn2－2－1

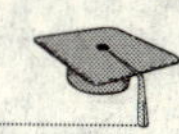

配合用作热电偶，在100℃的热电动势约为铂铑热电偶的两倍。NCr20的镍铬合金和NCrFe15－16－1.5的镍铬合金是制造电加热器的好材料，它们的工作温度能达到900℃～1000℃。

（二）镍铜合金

镍铜合金具有优良的力学性能及物理性能，如NCu28－2.5－1.5是著名的孟乃尔合金，具有强度高、塑性好、抗蚀性好和耐热性好等一系列优良的特性，故在电气工业、真空管、化学工业、医疗器材制造业及航海造船业中得到广泛的应用。

（三）镍铁合金

镍铁合金具有磁导率高，膨胀率和弹性系数不随温度变化而变化等特性。含镍78.5%和含铁21.5%的镍铁合金叫"坡姆"合金，其磁导率高，是制造电讯装置的重要材料。

（四）其他镍基合金

镍硅、镍镁合金如NSi0.19、NMg0.1等性能与纯镍相似，可以制成线、带、棒材应用于电子管和电真空仪器。

镍锰合金如NMn5、NMn3等，具有较高的耐热性和较好的耐蚀性，主要用于电气工业、汽车、拖拉机的火花塞电极。

第六节　镁与镁合金

一、镁

镁是银白色金属，密度（20℃）为1.74g/cm³，熔点为650℃。镁在地壳中储量极大，在常用金属中仅次于铝、铁，位居第三位。

镁的特性之一，是其密度小，仅为铝的2/3，是工业常用金属中最轻的一种，尤其是镁合金具有比铝合金更高的强度（可达18.8左右），可与高强度合金结构钢媲美，因而作为轻型结构材料在航空、汽车、机械等方面得到广泛的应用。

镁的化学性很强，致使镁的抗蚀性较差。虽然镁在空气中也能形成保护膜，但这种膜很脆，不致密，故保护性较差。镁在潮湿大气、淡水、海水中及绝大多数盐、酸溶液中的耐蚀性较差。因此，在镁合金的生产、加工、储存和使用期间，应采用适当的保护措施。但镁合金在氢氟酸、铬酸、碱和矿物油（如汽油、煤油等）中比较稳定，可作输油管道的材料。

镁在燃烧时能够放出高热和强光，利用这一特性，镁常用于制造烟火、照明弹、信号弹、照相用镁闪光灯等。

镁具有密排六方晶格，在常温时其屈服强度较低。冷塑性变形能力差，但镁的抗冲击性能好，无磁性，受撞击时不产生火花。以镁为基体，加入铝、锌、锰等制成的合金具有较高的力学性能和耐蚀性，有良好的耐疲劳强度和极好的切削加工性能，流动性较好，易于铸造。在热状态下具有一定的塑性，可进行各种形式的热变形加工。

此外纯镁还可以作为一种化学活性材料，在化学、冶金及军事等工业中得到广泛的应用。

我国常用的镁（冶炼产品）的牌号分为三个，其牌号、化学成分及用途见表4－27。

表 4－27　　镁的牌号、化学成分及用途

牌号	化学成分，%								用　途
	Mg，≮	杂质，≯							
		Fe	Si	Ni	Cu	Al	Cl	总和	
Mg－1	99.95	0.02	0.01	0.001	0.005	0.01	0.003	0.05	科研、化学工业、焰火工业配制高质量合金
Mg－2	99.90	0.04	0.01	0.001	0.01	0.02	0.005	0.10	
Mg－3	99.80	0.05	0.03	0.002	0.02	0.05	0.005	0.20	还原剂、球化剂、脱氧剂、配制一般合金

二、镁合金

镁合金是指以镁为基加入一定量的其他元素所形成的合金，其主要添加元素有铝、锌、锰、硅等。铝和锌的主要作用是提高镁合金室温下的力学性能，当它们在镁中含量较高时，分别形成 Mg_4Al_3 和 MgZn 化合物；当温度变化时，化合物在镁中的溶解度变化也很明显，所以，有接受淬火、时效而强化的能力，从而提高合金的强度。合金元素铝还能提高合金的流动性，降低热裂性和耐蚀性；锌则相反，能够提高合金的抗蚀能力，但增大热裂倾向，降低流动性。锰能提高镁合金的抗蚀能力；硅能改善镁合金的流动性。在镁合金中加入锆，可使合金细化晶粒，铸件的致密度提高，从而改善力学性能，提高耐蚀性能。稀土元素——铈、钍等在合金中可增加铸件的致密度，还能提高合金的耐热性和抗蠕变的能力。

镁合金分形变镁合金和铸造镁合金两种。它们的牌号分别以“镁”、“变”的汉语拼音首字母“MB”加顺序号和“铸”、“镁”的汉语拼音首字母“ZM”加顺序号表示。

形变镁合金可经受挤压、轧制、锻造和用其他方法加工而成，以镁铝和镁锰两种合金为主，铸造镁合金常以镁锌合金为主，有时还加少量硅，改善合金的流动性和致密性。

常用形变镁合金的牌号、化学成分、力学性能及用途见表 4－28 和表 4－29。

表 4－28　　形变镁合金的牌号、化学成分及力学性能

牌号	化学成分，%						力学性能，≮			供应状态	厚度直径 mm
	Al	Mn	Zn	Ce	Zr	Mg	σ_b，MPa	$\sigma_{0.2}$，MPa	δ_s，%		
MB1	—	1.3～2.5	—	—	—	余量	210 210	100 110	4.0 4.0	热轧板 R	12～20 22～32
MB2	3.0～4.0	0.15～0.5	0.2～0.8	—	—		230	140	8	热轧板 R	12～20 22～32
MB3	3.5～4.5	0.3～0.6	0.8～1.4	—	—		250	145	6	热轧板 R	12～32

续　表

牌号	化学成分，%						力学性能，≮			供应状态	厚度直径mm
	Al	Mn	Zn	Ce	Zr	Mg	σ_b，MPa	$\sigma_{0.2}$，MPa	δ_s，%		
MB5	5.5~7.0	0.15~0.5	0.5~1.5	—	—	余量	260	—	8	棒（M）	Ø≤130
MB6	5.0~7.0	0.2~0.5	2.0~3.0	—	—		300	—	10	棒（R）	Ø≤130
MB7	7.8~9.2	0.15~0.5	0.2~0.8	—	—		300	—	8	棒（C）	Ø≤130
MB8	—	1.5~2.5	—	0.15~0.35			210 210 200	110 110 90	10 6 9	热轧板R	12~20 22~32 34~70
MB15	—	—	5.0~6.0	—	0.3~0.9		320	250	6	棒（C）	Ø≤130

表4－29　　常用形变镁合金的性能特点及用途

牌号	产品种类	主要特点	用　途
MB1	板材、型材、锻件及模锻件	室温塑性较低，高温塑性好，耐蚀性能良好，易气焊、氢弧焊和接触焊，切削性能好，无应力腐蚀破裂倾向	板材的焊接件、汽油及润滑系统附件、形状简单承力不大的耐蚀零件
MB2	板材、型材、锻件及模锻件	高温塑性好，冷状态下塑性中等，可气焊和氩弧焊，不能热处理强化，切削加工性好，耐蚀性尚可，有较小的应力腐蚀破裂倾向	形状复杂的锻件和模锻件
MB8	板材、棒材、管材、锻件及模锻件	有中等强度和较好的高温性能，有良好的工艺塑性，板材在热状态下塑性较好，不能热处理强化，耐蚀通用性良好，无应力腐蚀破裂倾向，切削加工性能好，易气焊、氩弧焊和接触焊	板材可制飞机蒙皮、壁板及内部零件，型材和管材制造汽油和润滑系统的耐蚀零件
MB15	棒材、型材、锻件及模锻件	有较高强度、能制造形状复杂的大型锻件，热处理工艺简单，耐蚀性能良好，无应力腐蚀破裂倾向，切削加工性能良好，不能作焊接件	室温下承受大载荷的零件，如机翼长珩、翼肋等，使用温度不能超过150℃

常用铸造镁合金的牌号、化学成分、力学性能及用途见表4－30和表4－31。

表 4-30　　铸造镁合金的牌号、化学成分及性能

<table>
<tr><th rowspan="2">牌号</th><th colspan="6">化学成分，%</th><th rowspan="2">处理状态</th><th colspan="2">力学性能，≮</th></tr>
<tr><th>Al</th><th>Zn</th><th>Xt</th><th>Mn</th><th>总 Zr 量</th><th>Mg</th><th>σ_b，MPa</th><th>δ_s，%</th></tr>
<tr><td>ZM1</td><td>—</td><td>3.5～5.5</td><td>—</td><td>—</td><td>0.5～1.0
溶解锆＞0.5</td><td rowspan="4">余量</td><td>T1
T6</td><td>240</td><td>5</td></tr>
<tr><td>ZM2</td><td>—</td><td>3.5～5.0</td><td>0.7～1.7</td><td>—</td><td>0.5～1.0
溶解锆＞0.5</td><td>T1</td><td>190</td><td>2.5</td></tr>
<tr><td>ZM3</td><td>—</td><td>0.2～0.7</td><td>2.5～4.0</td><td>—</td><td>0.5～1.0
溶解锆＞0.5</td><td>T2</td><td>120</td><td>1.5</td></tr>
<tr><td>ZM5</td><td>7.5～9.0</td><td>0.2～0.8</td><td>—</td><td>0.15～0.5</td><td>—</td><td>T4
T6</td><td>230
230</td><td>5.0
2.0</td></tr>
</table>

注：T1—人工时效；T2—退火；T4—淬火；T6—淬火后人工时效。

表 4-31　　铸造镁合金的性能特点及用途

牌号	主要特点	用　途
ZM1	流动性好，线收缩为 1.3%～1.5%，热裂倾向大，不好焊接，抗拉强度和屈服强度高，力学性能壁厚效应小，耐蚀性较好	要求抗拉强度、屈服强度大，抗冲击的零件，如飞机轮毂、轮缘、隔框、支架
ZM2	流动性较好，线收缩为 1.3%～1.5%，缩松小，不易热裂，可焊接，力学性能较 ZM1 低，高温性能较好，耐蚀性能较好	在 200℃以下工作的发动机零件及要求高屈服强度的零件，如发动机的机匣、扩散器壳体及进气管道
ZM3	流动性尚可，线收缩为 1.2%～1.5%，无缩松，对形状复杂零件有热裂倾向，可焊接，在 200℃～250℃有良好的抗蠕变性能和瞬时强度，耐蚀性较好	在高温下工作和要求气密性的零件，如发动机增压器机匣、压缩机匣、扩散器壳体及进气管道
ZM5	流动性好，线收缩为 1.1%～1.2%，热裂倾向小，可焊接，力学性能壁厚效应大，耐蚀性尚可	飞机、发动机、仪表和其他结构要求高载荷的零件，如机舱连接隔框、舱内隔框、电机壳体、轮毂、轮缘、增压器匣

第七节　钛与钛合金

钛在地壳中的储量极其丰富，以化合物的形式存在于矿石中，主要矿石有钛铁矿 $FeTiO_3$。近年来，随着科学技术的发展，钛的提炼方法有了很大的发展，使其在各工业部门应用日益广泛。

一、钛

（一）钛的特性

钛是银白色的金属，密度（20℃）4.5g/cm^3，介于铝和铁之间，但强度却高于铝和铁。工业纯钛的抗拉强度可高达550MPa，接近高强度铝合金的水平，而且钛的中温强度较高，它在比一般轻合金安全使用温度高得多的情况下，仍具有较高的强度。钛的工作温度范围较宽，如耐热钛合金在400℃~500℃温度下可长期工作，而低温钛合金则可在-253℃下保持良好的塑性。钛在高温下容易与氧、氮、氢、水蒸气、氨、一氧化碳、二氧化碳等气体反应，所以，是良好的吸气剂。钛的表面能生成致密的氧化膜，起保护作用，因此，钛及其合金在海水、碱性溶液、硝酸、含水氯气中有很强的抗腐蚀能力，在浓度小于5%的稀盐酸和稀硫酸中也有一定的抗腐蚀能力。钛的抗氧化能力优于大多数奥氏体不锈钢。

钛在固态下具有同素异构转变：

$$\alpha-Ti=\beta-Ti$$

在882.5℃以下，钛具有密排六方晶格，称为α-Ti。α-Ti的强度高而塑性差，变形加工较困难；在882.5℃以上，钛具有体心立方晶格，称为β-Ti。β-Ti的塑性较高，易于加工变形。

总之，钛及其合金具有高熔点（1820℃）、高强度、低密度、抗蚀性好等综合性能，但钛及其合金的导热性差，只有铁的1/5、铝的1/3；摩擦系数大（$\mu=0.42$）、抗磨性较差，故在进行切削加工时，易使工件及刀具温度升高，造成粘刀，降低刀具寿命，故切削加工性差。钛的弹性模量低，影响构件的刚度，也使细长构件的使用受到限制，但在某些情况下，又可利用钛的σ_s/E比值大的特点，制作弹性元件。此外，钛的化学活性很高，在高温下极易受氢氧、氮的污染，难以冶炼和加工，故生产费用较高，使其使用受到一定的限制。

（二）杂质对工业纯钛的影响

钛中的有害杂质是碳、氮、氧和氢，它们和钛形成间隙固溶体及氮化物、碳化物、氧化物和氢化物。这些杂质可降低钛的塑性和可焊性，提高钛的硬度和强度，损害钛的耐腐蚀性能。为了保证材料的塑性和韧性，在工业纯钛及钛合金中一般限制氧含量小于0.15%~0.2%；氮含量小于0.05%~0.08%；碳含量小于0.1%~0.2%。氢是杂质元素中最有害的元素，其含量达0.77%时，就使钛变脆（称为“氢脆”），强烈降低其冲击韧性，因此，对氢含量应严格控制，一般要求氢含量小于0.015%~0.02%。

钛的硬度与其纯度有关（见表4-32），有时也可用硬度表明钛的纯度。

表4-32　钛的纯度与硬度的关系

纯度，%	99.95	99.8	99.6	99.5	99.4
硬度，HV	90	145	165	195	225

（三）钛和钛合金的牌号表示方法

用“钛”的汉语拼音首字母“T”和表示纯钛或钛合金组织状态的字母及顺序号表示。如TA1、TB1、TC1等。其中，A、B、C分别表示α、β、$\alpha+\beta$型钛合金。

二、钛合金的种类、性能和用途

钛合金是指以钛为基加入其他元素所形成的合金。钛合金中常添加的合金元素有铬、

锰、铁、钒、铝和钼，也加少量的硅。根据钛与上述元素相互作用所形成的组织，可以把钛合金分为α钛合金、β钛合金、α+β钛合金。

（一）α钛合金

α钛合金有钛铝、钛锡、钛锆等合金。它们都具有单相α组织，工业纯钛TA1、TA2、TA3也具有单相α组织，故亦归入α钛合金。这种合金的主要优点是组织稳定，热强性好，有良好的焊接性和优异的耐蚀性。缺点是热处理不能强化。因而室温强度低，但它的高温（500℃～600℃）强度和抗蠕变性能是上述三种合金中最好的。应用较广的TA7（Ti－5Al－2.5Sn），常用于制造500℃以下长期工作的零件，如导弹的燃料罐、压气机匣及各种模锻件等。TA8合金的室温及高温力学性能都比TA7合金高，能在500℃长期工作，可用于制造压气机叶片和盘等。TA4、TA5、TA6主要用作钛合金焊丝材料。

（二）β钛合金

β钛合金有钛钒、钛铌、钛钼等合金。这类合金为体心立方晶格，而且是单相，故塑性很好，易加工成型。可热处理的β钛合金在淬火条件状态下不仅塑性好，并能通过时效处理使抗拉强度达1300～1400MPa，故通常作高强度和高韧性材料使用，但β钛合金的合金化比较复杂，熔炼比较困难，性能不稳定，耐热性较差，焊接性和切削加工性也较差。典型牌号为TB2。一般在350℃下使用，用于制造压气机叶片、轴、轮盘等重载荷旋转件等。

钛及钛合金的牌号、化学成分、力学性能及用途见表4－33。

表4－33　钛及钛合金的牌号、化学成分、力学性能及用途

类别	牌号	化学成分	高温力学性能						用途
			热处理	σ_b，MPa	δ，%	试验温度	σ_b，≮	σ_{100}，MPa	
工业纯铁	TA1	Ti，杂质总含量≤0.44%	退火	300～500	30～40	—	—	—	在350℃以下工作，强度要求不高的零件
	TA2	Ti，杂质微量	退火	450～600	25～30	—	—	—	
	TA3	Ti，杂质总含量≤0.56%	退火	550～700	20～25	—	—	—	
α钛合金	TA4	Ti－3Al	退火	700	12	—	—	—	500℃以下工作的零件，导弹燃料罐、超音速飞机的涡轮机匣
	TA5	Ti－4Al－0.005B	退火	700	5	—	—	—	
	TA6	Ti－5Al	退火	700	12～20	350	430	400	
	TA8	Ti－5Al－2.5Sn－3Cu－1.5Zr	退火	1000	10	500	700	500	
β钛合金	TB1	Ti－3Al－8Mo－11Cr	淬火	1000	16	—	—	—	在350℃以上工作的零件、压气机叶片、轴、轮盘等重载荷旋转体、飞机构件
			淬火＋时效	1300	15				
	TB2	Ti－5Mo－5V－8Cr－3Al	淬火	1000	20	—	—	—	
			淬火＋时效	1350	8				

续　表

类别	牌号	化学成分	高温力学性能						用　途
			热处理	σ_b，MPa	δ，%	试验温度	σ_b，≮	σ_{100}，MPa	
$\alpha+\beta$钛合金	TC1	Ti－2Al－1.5Mn	退火	600～800	20～25	350	350	350	在400℃以下工作的零件、有一定的高温强度的发动机零件、低温用部件
	TC2	Ti－4Al－1.5Mn	退火	700	12～15	350	430	400	
	TC3	Ti－5Al－4V	退火	900	8～10	500	450	200	
	TC4	Ti－6Al－4V	退火	950	10	400	630	580	
			淬火＋时效	1200	8				

（三）$\alpha+\beta$钛合金

$\alpha+\beta$钛合金有钛铁、钛锰、钛铬、钛铜、钛钨、钛硅及钛镍合金。这类合金具有$\alpha+\beta$两相组织，兼有上述两类合金的优点，既塑性好，便于成型，又可通过热处理强化，而且热强性较高，但其热稳定性和焊接性能不如α钛合金。$\alpha+\beta$钛合金是目前应用最成熟、最多的钛合金，其中，TC4综合性能比较好，生产工艺比较成熟，其产量约占世界各国钛合金产量的60%。适于制造在400℃以下长期工作的零件，如要求一定温度的发动机零件，以及低温使用的火箭、导弹的液氢燃料箱部件等。TC10合金在TC4合金基础上加入2%锡、0.5%铜和0.5%铁，以提高强度及高温力学性质，可用做450℃以下长期工作的零件，如飞机结构零件、蜂窝联结器、导弹发射机外壳、武器结构件等。

三、钛合金的热处理

钛合金的热处理包括退火、淬火及时效。

（一）退火

退火是钛合金应用最多的热处理工艺。主要有消除应力退火、再结晶退火和双重退火。消除应力退火目的是消除钛合金零件加工或焊接后的内应力。退火温度一般为450℃～650℃，保温1～4h，空冷。再结晶退火目的是消除加工硬化，恢复塑性，得到稳定的组织。一般温度为750℃～800℃，保温1～3h，空冷。双重退火是为了改善两相合金塑性，提高组织稳定性。第一次退火温度高于或接近再结晶终了温度，使再结晶充分进行又不至于晶粒长大，二次退火加热温度稍低，但保温时间较长，使β相充分地分解聚集，从而保证使用状态组织及性能稳定。

（二）淬火

钛合金在淬火过程中发生的相变比铝合金和钢要复杂，因合金成分、淬火温度及冷却方式不同，生成的稳定相不同，且相变后的组织形态及分布也不同。图4－15为含β相稳定元素的钛合金亚稳态示意图。图中两条虚线分别为马氏体转变开始线（M_s）及马氏体转变终了线（M_f）。当β相稳定元素含量小于C'_K时，马氏体转变终了线高于室温，合金自β相区淬火将发生无扩散的马氏体转变，生成α'或α''。它们是β相稳定元素在六方晶格的α－Ti中形成的置换式过饱和固溶体，分别为六方马氏体和斜方马氏体。α'型马氏体有两种形态，合金元素含量少时，M_s 点高，形成块状；合金元素含量高时，M_s 点降低，形成针状马氏体。α''型马氏体含合金元素更多，M_s 更低，马氏体针更细小。当 β 相稳定元素含量大于 C_K 时，马氏体转变开始温度低于室温，合金自 β 相区淬火得不到马氏体，由于 α 相来不及析出，因此，形成过饱和 β 即 β' 相，时效后 β' 相中析出弥散 α 相使合金强化。如成分处于 C_K 与 C'_K 之间，由于 M_f 点低于室温，马氏体转变不完全，若从 β 单相区淬火，得到 $\alpha'+\beta'$组织；如果加热温度在 T_K 以下，此时两相共存，其中，β 相成分大于 C_K，淬火不发生马氏体相变，淬火组织为 $\alpha+\beta$；如加热温度高于 T_K，但处于两相区，β 相成分小于 C_K，淬火后部分转变为马氏体，这时淬火组织为 $\alpha+\alpha'+\beta'$。

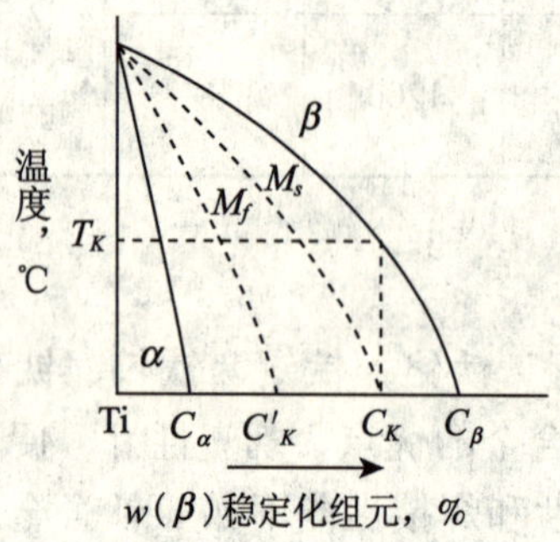

图 4-15　含 β 相稳定元素的钛合金亚稳态示意图

淬火和时效的目的是提高钛合金的强度和硬度。α 钛合金和含 β 稳定化元素较少的 α+β钛合金，自 β 相区淬火时，发生无扩散型的马氏体转变 $\beta\rightarrow\alpha'$。α'为 β 稳定化元素在 α-Ti 中的过饱和固溶体。α'马氏体与 α 的晶体结构相同，具有密排六方晶格。α'硬度低、塑性好，是一种不平衡组织，加热时效时分解成 α 相和 β 相的混合物，强度、硬度升高。

对于 α+β 钛合金，淬火温度一般选在 α+β 两相区的上部范围，但未达到 β 单相区，以防止晶粒粗大，导致合金的塑性韧性下降。对于 β 钛合金，淬火加热温度一般选择在临界温度附近，若加热温度过低，β 相固溶合金元素不够充分，原始 α 相多，合金经时效后的强度低；若加热温度过高，则晶粒粗大，导致合金时效后的强韧性降低。一般淬火温度为 760℃~950℃，保温 5~60min，水中冷却。

（三）时效

淬火加热温度决定了亚稳 β 相的成分与数量，而时效的温度与时间直接控制着 α 相析出的形貌、数量、尺寸及分布。钛合金的时效温度一般在 450℃~550℃，时效时间则依合金类型而定，为几小时至几十小时不等。

第八节　钾、钠、钙、钡

一、钾

钾是白色金属，密度（20℃）$0.86g/cm^3$，熔点 63.2℃，沸点 759℃，导热性好，含钾的矿物很多，具有工业价值的主要钾盐（KCl）和钾长石（KCl · NaCl）等。钾的化学性质很活泼，在空气中剧烈燃烧；遇水放出氢气并爆炸；同卤素反应强烈，还原性极强，

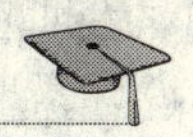

能使多种金属化合物还原成金属。

钾在工业生产中有很重要的用途，如钾钠合金，可作传热介质，在原子反应堆中用作热载体；钾在磁流体发电中作燃料添加剂，以提高高温气体的导电性。制造KO_2是金属钾的主要用途，因为每千克KO_2吸收二氧化碳和水后能释放出336.6L氧气，广泛用作潜艇以及宇宙飞船中的供氧源。

二、钠

钠是银白色金属，密度0.97g/cm^3，熔点97.81℃，沸点882.9℃。钠广泛分布于自然界，主要以食盐的形式存在于海水、盐湖之中，其他矿物有芒硝（Na_2CO_3）、天然碱（Na_2CO_3）等。钠很软，用小刀即可切割；钠的化学性质很活泼，在空气中易氧化而失去光泽，易与水猛烈反应，也易与非金属元素氯、硫等直接化合；钠是热和电的良导体。

钠的用途主要是制成铅钠合金，用于汽油抗爆剂（四乙基铅或四乙基钠）的生产；冶金工业用金属钠作还原剂，以制取钛、锆、铪、钽等金属；钠用作铸造铝——硅合金的变质剂，使共晶体内的硅变成细小的纤维结构，从而提高合金的强度和塑性；利用钠的导电性，还可制“钠电缆”。此外，钠与钾的合金可用于原子反应堆，钠还是重要的化工原料。

三、钙

钙是银白色金属，密度1.54g/cm^3，熔点848℃，沸点1484℃。自然界钙的分布很广，资源十分丰富，主要含钙矿物有石灰石（$CaCO_3$）和白云石［$Ca \cdot Mg(CO_3)_2$］等。钙的化学性质很活泼，在空气中易氧化，它所能形成的氧化膜很疏松，不具保护作用；钙能在空气中燃烧并放出大量的热；钙能与冷水、硫、氯、稀盐酸等发生反应。

金属钙主要用作合金的脱氧剂，冶炼用的还原剂，铁和铁合金的脱硫剂与脱碳剂等。在有色冶金中，利用钙去除铅和锡中的铋和锑；钙还是高熔点稀有金属锆、铌、钽和钍、铀等的还原剂。此时，在铅基轴承合金、铅钙合金、铝合金中加入少量的钙均能改善其性能。钙还广泛用于化工、医药工业的原料。

四、钡

钡是银白色金属，密度3.5g/cm^3，熔点729℃，沸点2130℃。自然界钡的主要矿物为重晶石（$BaSO_4$）和毒重石（$BaCO_3$）。钡的化学性质很活泼，在室温下能与氧、卤素剧烈反应，与水、氮、氢、碳反应；钡的还原性很强，它可以还原大多数金属的氧化物、卤化物、硫化物而得到相应的金属。

金属钡的主要用途是作消气剂，以除去真空管和电视显像管内的痕量气体。在蓄电池极板的铅合金中加入少量的钡，能改善其性能。钡也可以作球化剂和脱气合金，用于制造球墨铸铁和精炼金属。此外，钡的化合物用途亦很广泛。

第五章　金属材料的经营与管理

金属材料在国民经济和人民生活中有着极其重要的地位和作用，随着国民经济的发展，我国对于金属材料的需求还将进一步增加，可见，金属材料是发展国民经济、实现现代化、不断提高人民生活水平不可缺少的重要物资。因此，金属材料经营管理的好坏关系重大，我国金属材料类企业应当认清当前市场形势，采用先进的管理理念，提高市场竞争力。

第一节　金属材料的经营战略

一、金属材料生产和市场环境分析

（一）钢铁生产和市场环境分析

近年来，世界钢铁业的形势发生了新的变化。受西方经济复苏和我国经济快速增长的影响，全球钢材需求日趋强劲。2003 年，世界钢产量达到了 9.63 亿吨，其中约 80% 的新增产量来自亚洲，其中大部分来自我国。我国钢产量在由 2001 年的 1.56 亿吨增至 2003 年的 2.201 亿吨的同时，钢材价格一路攀升，钢铁企业效益得到明显改善。2003 年，CRU 国际钢材价格指数达 106.8，创 13 年以来的新高；我国国内钢材市场价格指数也达到了 104.5，创近年来之最。然而，钢铁业不能盲目乐观，应当认真分析市场环境，并不断采取措施适应未来环境的变化，使企业立于不败之地。目前，我国钢铁业具有以下特点。

1. 产业集中度低

为了在产业集中度不断上升的上下游产业之间保持竞争力，全球钢铁业正在掀起一股联合重组的热潮，通过并购重组形成的钢铁巨头不断出现。与此相比，我国钢铁业集中度偏低的弊端凸现，我国一批大型钢铁企业感受到了国际竞争的压力。据国际权威机构 2004 年最新公布的全球钢铁企业产量排名：阿赛洛集团以 4278 万吨粗钢产量蝉联榜首。日本新日铁以 3176 万吨、LNM 集团以 3113 万吨、JFE 公司以 2978 万吨、浦项以 2971 万吨分列二至五位。我国宝钢集团以 1987 万吨位列第六。这些钢铁巨头几乎都不同程度地实施了联合重组。一部分是在其国内进行了联合，如 JFE 公司是由日本川崎和 NKK 两家钢厂联合而成；宝钢集团是由宝钢股份、上钢和梅山钢铁三家联合重组而成。新日铁下一步有可能与住友金属、神户制钢进一步合并。更为引人注目的是，钢铁业的跨国并购重组在加快步伐。目前，世界第一钢铁企业阿赛洛公司，就是由法国、卢森堡、西班牙三国的三家大型钢铁企业合并而成。而跨国跨度最大、基本靠并购重组崛起的钢铁巨头，当数由出身于印度钢铁世家的拉希米·N. 米塔尔掌控的 LNM 集团。

LNM 集团于 1976 年在印度尼西亚成立，成立初期产能仅为 6.5 万吨。1989 年起，这家公司开始实施收购兼并战略；1992 年，墨西哥一家钢厂加盟；1994 年，加拿大一家钢厂加盟；1995 年，收购德国钢厂和哈萨克斯坦一家钢铁公司；1996 年，收购一座电站和

一座煤矿；1998 年，收购美国一家钢厂；1999 年，收购法国一家钢厂；2001 年，收购罗马尼亚一家钢厂；2002 年，与南非一家钢铁公司结成战略合作伙伴；2003 年，收购捷克一家钢厂；今年将接管波兰一家钢厂。至此，LNM 公司从一个微不足道的小厂，快速扩张为当今世界产能第二、产量第三的钢铁巨头。

由此可见，兼并重组已成为全球钢铁业的一个主要发展方向，扩大规模和提高竞争力可以在这个战略中得到双赢。全球钢铁业加速整合，是为了在上下游产业集中度提升的情况下，获得更大的竞争力和主动权。

以此回观我国钢铁业，产业集中度偏低的现状日益凸现。我国钢铁业“忽冷忽热”、“暴涨暴跌”，与产业分散有最直接的关系，其最终结果就是产业的整体竞争力不足。产业集中度低，是我国钢铁业的致命伤，与世界钢铁产业的潮流不相吻合。如作为我国最大的钢铁企业的宝钢集团，年产钢尚不足全国总产量的 10%。目前，国内年产钢 500 万吨以上的钢铁企业有 13 家，而这 13 家企业的合计年产量仅占全国总产量的 44.03%。这些都是集中度低的证明。现在，国内的钢铁产量还在增加，但集中度反而在降低。包括宝钢在内的国内大型钢铁企业已感受到世界钢铁业快速发展所带来的压力，认识到钢铁企业在下一轮的国际竞争中会面临越来越激烈的竞争局面，这一点值得引起深入的思考。从钢铁行业本身的发展规律来说，为了提高核心竞争力，联合重组这条路是必须走的，关键是抓住市场机遇。

2. 产品结构进一步优化

从经济发展的需求方面考察，新一代钢铁结构材料将成为钢铁业发展方向，这类钢铁结构材料已引起世界钢铁业的重视和关注。超细晶粒钢、高性能碳素结构钢、合金结构钢、高强度低合金钢、超高强度钢、不锈钢和耐热钢已成为新一代的钢铁结构先进材料。目前，世界上主要的产钢国家对其都十分重视。

钢铁是结构材料的主体，迄今为止，仍然是可加工性能最好、性能价格比最合理、生产规模最大、攻击能力最强及循环利用性能最佳的基础材料之一。可以说，钢铁作为结构材料的主导地位仍然是不可替代的。20 世纪堪称世界钢铁业大发展的世纪，全球钢产量从 20 世纪初的 2850 万吨猛增到 2000 年的 8.43 亿吨，增长了近 29 倍。在此期间，钢铁业科学技术发展迅速，新工艺、新技术、新品种和新装备大量涌现。进入 21 世纪，轻型节能汽车、大跨度重载桥梁、深井采油管和大口径输油（气）管、大型工程机械、大型高性能船舶和高层建筑的迅速发展，对钢铁材料的性能和使用寿命提出了更高的要求。

在此背景下，我国钢铁业发展的重点应从以工艺结构调整为主转到以产品结构调整为主。我国已经进入全面建设小康社会的新时期，2010 年，人均 GDP 将达到或超过 1500 美元，2020 年将达到或超过 3000 美元，消费结构由温饱型向享受型转变，制造业和建筑业产品结构升级对钢材品种质量的要求上升到了一个新阶段。

板带材料消费水平反映了一个国家工业化和现代化的程度以及消费结构升级程度。近两年，我国板带材的消费增长速度均大于钢材消费总量的增长速度。2003 年，我国国内市场钢材消费中的板带材比例为 41.95%，同年，我国生产的板带材在消费总量中的比例只有 30.14%。在我国进口的 3717 万吨钢材中，板带材所占比例高达近 90%。在基本建设用长型材增加时，板带材和板管材应相应地增长。同时，要向低合金钢、微合金钢和合金钢发展。在最近 8 年间，此类钢材的产量成倍增加，这说明机械、造船、石化和建筑等用钢部门甚至民用不锈钢对钢材都有了更高的要求，这也是我国工业化走向成熟的标志。必须重视这一变化，调整好钢铁业的产品结构。拥有高技术含量、高附加值的钢铁精品，才能拥有市场。

热轧薄板、冷轧薄板及其深加工产品生产能力不足或品种质量水平不能完全满足市场需求，是今后我国钢铁工业发展要解决的主要问题。需要在调整产品结构中发展总量，在发展总量中实现产品结构的合理化。我国消费的钢材品种结构仍以普通型、棒、线材为主，产品结构调整力度不够，扁平材自给能力增长跟不上需求增长，产能不足，供求矛盾更加突出。在我国钢铁产品结构调整中，近几年没有考虑新建中板轧机，不能不说是产品结构调整一大失误，已经严重影响产品结构的正常进行。

近年来，我国对钢铁产品的消费已进入快速增长的时期，内需发生了极大的变化，消费结构开始升级，部分居民进入大额消费阶段，对重工业产品或资本品如汽车、住房产生了巨大需求。我国钢铁工业产品结构调整是在需求快速增长的情况下进行的，不是简单地减少一些品种或增加一些品种的调整。普通型、棒、线材的需求近几年仍保持快速增长态势，结合淘汰落后产能，其总产能仍需有一定的适当的增长，但是，由于我们准备不足，对供需关系的判断一直停留在需求不旺盛、产能过剩、供大于求的思路上。钢铁企业应依据市场需求的增长情况，抓住发展机遇，保持适当的发展速度，加快产品结构调整，充分满足市场的需求，并积极应对资源、能源、交通运输、环境等制约因素和国内竞争日益激烈的挑战，实现我国钢铁工业全面协调可持续发展。

资料 1：钢铁市场占有率

根据 CRU 的最新统计，2003 年，全球粗钢产量为 95962 万吨，与 2002 年相比，增加了 6148 万吨，增长 6.8%，其中，北美下降 1.4%，欧盟增长 1.6%，独联体增长 6.2%，日本增长 2.7%，韩国增长 2%。我国 2003 年全年粗钢产量为 21993 万吨，比上年增加 3890 万吨，增长 21.5%。

扣除我国的粗钢产量后，2003 年，世界其他地区粗钢产量为 73969 万吨，增加量为 2258 万吨，同比增长 3.1%，而我国同期净进口钢坯、材增量为 1231 万吨。与 2002 年相比，除我国以外的世界其他地区的粗钢表观消费量增加了 1027 万吨左右，我国的粗钢表观消费量增加了 5121 万吨左右。2003 年，全球粗钢表观消费量的增量中，我国占到 83%，我国市场吸收了全球的大部分新增资源。

目前，全球经济正处于恢复期，2003 年，独联体工业产值增长 7.1%，一直低迷的日本经济也有缓慢的增长。预计 2004 年美国工业产值增长至少为 3%，欧元区经济预期也有所增长。世界各国钢厂通过收购、兼并、合资合作等方式扩大产能，开发产品，提高技术。巴西钢铁业国内、出口需求旺盛，计划到 2007 年增加粗钢产能 600 万吨，从现在的 3400 万吨提高到 4000 万吨，大部分产能将在 2005—2006 年间陆续投产。国际钢协预测，2004 年全球粗钢产量将首次突破 10 亿吨。

世界经济继续强劲复苏，对钢材消费需求强劲。同时，进入新世纪以来，我国对钢铁产品的消费已悄然进入一个快速增长量大的增长时期。其主要表现为连续 3 年的钢材消费增长速度都在 22% 以上，3 年增加 1.2 亿吨，并且供需关系也发生了很大的变化，国产钢材供不应求的局面已经形成。2003 年，国内钢材市场表观消费量更超常增长，但国产钢材的国内市场占有率持续下降。2001 年为 90.06%，2002 年为 88.41%，2003 年为 86.31%。钢的产能也跟不上需求增长。截至 2003 年底，我国钢的生产能力为 23100 万吨，2003 年钢的消费量大约为 25874 万吨，缺口 2774 万吨，产能不足。

资料 2：板带材生产情况

热轧薄板的消费量据不完全统计（只统计到全国重点大中型钢铁企业产量）为 1622 万吨，同比增加 259 万吨，增长 19.02%。截至 2003 年年底，我国 14 个企业拥有 19 条热轧宽带钢生产线，产能 4608 万吨，产能利用率为 81%。2005 年底前将有 8 套热轧宽带钢轧机建成投产，总产能 1850 万吨，届时将拥有 6656 万吨的热轧宽带钢产能。

冷轧薄板的表观消费量据不完全统计（只统计到全国重点大中型钢铁企业产量）为 2002 万吨，同比增长 350 万吨，增长 21.21%。截至 2003 年底我国有 15 个企业拥有 23 套冷轧宽带钢轧机（不含不锈钢和硅钢机组），产能 1414 万吨，其中，冷连轧机组只有 9 套，产能 1254 万吨。2003 年产能 1414 万吨，净进口 945 万吨，结构调整中的冷轧薄板严重滞后，供需缺口拉大。

3. 我国钢铁材料的现状

改革开放以来，随着市场需求的扩大，我国钢产量和消费量不断增长。从 1996 年起，我国钢产量和消费量连续多年位居世界第一。2006 年，我国钢的年产量达到了 12 亿吨左右。人均钢产量也超过了世界平均水平，我国生产的钢铁材料的数量和品种规格已基本上可满足国内的经济发展和国防需求。

同时，我国钢铁材料的生产技术水平也明显提高，在连铸连轧技术、高炉喷吹煤粉技术、转炉溅渣护炉技术等方面，进行了深入的自主研制和引进消化并二次开发的工作，达到或接近了国际先进水平，使钢铁生产的技术经济指标显著提高。如连铸连轧技术及相关工艺设备获得快速发展，由此导致钢的综合成材率大幅度提高。我国自主开发的高炉喷吹煤粉技术的迅速发展和广泛采用，高炉吨钢喷煤量提高使得高炉入炉焦比降低。

然而，我国钢铁材料的总体技术水平和生产质量水平目前仍处于中等水平，距世界先进水平尚有一定差距，特别是高附加值的钢铁产品生产方面差距更大。目前，我国每年仍然从国外进口数千万吨钢材，其中，多数进口钢材是国内无法生产的高技术化钢材。我国目前仍无法稳定生产汽车、输油管线、高层建筑、工程机械、机械设备、化工设备等先进装备所需要的先进钢铁材料。

与工业化国家相比，我国钢铁材料高技术化发展方面的突出问题是：

（1）钢铁材料洁净度和均匀度需要大幅度提高

钢铁材料中的杂质元素和夹杂物对其韧塑性、疲劳断裂性能、表面质量有很大的危害，而杂质元素、夹杂物和钢中第二相甚至基体组织的非均匀分布，则严重影响钢材性能的均匀性和等向性。因此，显著降低钢中杂质元素的含量，严格控制最大夹杂物尺寸，控制和改善夹杂物及大颗粒碳化物或氮化物的形状与分布，改善和提高钢中显微组织的均匀性，对钢铁材料性能的提高具有十分重要的作用。目前，先进国家钢铁生产企业对钢中杂质元素的含量均提出了相当严格的控制要求，如［O］、［H］、［N］、［S］、［P］、［H］的总含量要求不大于 100ppm，最高的水平甚至控制到了 50ppm，对需要较高冷加工性能和较高表面质量的钢材，还对钢中碳含量也提出严格的控制要求，而对疲劳寿命要求大于 10^7 的高强度或超高强度钢，则要求控制钢中夹杂物及碳化物的最大尺寸不大于 4μm。

（2）钢铁材料长型材与扁平材的比例需要调整

我国钢铁材料目前最大的消费量是建筑用钢（不包括石油管线钢和铁道钢轨），约占钢材总消费量的 50%，而建筑用钢主要是以棒线材为主的长型材，再加上长型材的生产技术较扁平材要简单，由此导致我国钢铁企业对长型材的生产能力不断增大而扁平材的生产能力相对不足，目前，我国进口钢材主要为扁平材。然而，随着国民经济的发展特别是建设世界制造大国和强国战略的实施，机械、汽车、船舶、家电、运输等行业将逐步成为钢材消费量增长最快的行业（工业发达国家中汽车制造业是钢铁材料的最主要用户），对高质量扁平材的需求量将迅速增大。因此，必须对我国钢铁材料长型材与扁平材的生产比例进行合理的调整，在此过程中必须深入研究和解决扁平材生产中的特殊技术问题，如表面质量的控制、横向性能的保证、超厚板材及大尺寸模块的等向性等。

（3）合金钢比例需要提高

合金元素的合理加入对钢铁材料的性能具有相当重要的影响，但由于以建筑用钢为主的生产格局和部分合金元素的资源限制，我国钢铁材料生产中合金钢的比例明显低于工业发达国家，如微合金钢的生产比例在工业发达国家已达到15%左右，而我国仅为3%～5%，由此导致很多高性能高质量的钢材品种不能生产（如石油管线钢在工业发达国家已开始生产和使用X80～X100的钢材，而我国的主流产品仍为X65～X70）。因此，适当提高我国合金钢的生产比例是相当重要的，鉴于资源的制约，首先可考虑提高微合金钢的生产比例。

（4）钢材内部质量和表面质量亟待提高

高附加值钢铁产品均要求具有很高的钢材内部质量和表面质量，而我国在这方面更是存在明显差距。轿车面板用钢和以表面装饰性为主要使用性能的冷轧不锈钢板是非常典型的例子，由于表面质量存在一定问题，我国高档产品目前仍主要依靠进口。

总之，由于我国钢铁材料与国际先进水平之间存在明显差距，不仅制约了高附加值钢铁产品的生产，同时，还明显制约了后续加工业甚至整个产业链的健康持续发展。例如，过去我国生产的不锈钢的表面质量低，明显影响了不锈钢的耐蚀性和装饰性。国外在20世纪60—70年代已大量生产超低碳不锈钢并基本解决了晶间腐蚀问题。我国近年来才按照国际先进标准生产不锈钢，抗晶间腐蚀合格率达98%，但是个别钢厂生产的1Cr18Ni9Ti钢的抗晶间腐蚀合格率只有85%～90%，其主要原因是钢材化学成分波动较大、固溶温度偏高而导致晶粒粗大等。过去我国冷轧不锈钢板的成型性和抛光性较差，近期，随着我国不锈钢生产装备的完善和工艺技术的进步，不锈钢质量得以大幅度提升。

4. 我国钢铁业发展政策

（1）产业与技术装备政策

我国钢铁业在1994年制定的产业与技术装备政策充分体现了淘汰落后、开发与推进工艺装备应用、优化流程结构的思路，明确提出淘汰土焦、改良焦、土烧结、热烧结、小冶炼炉（小高炉、小电炉、小转炉）、平炉、模铸、初轧开坯、横列式轧机、叠轧薄板、热轧硅钢等能耗物耗高、生产效率低、质量差、会给社会增加资源与环境负荷的落后工艺装备和产品，明确规定不再引进国外淘汰的二手设备，开始陆续公布和淘汰落后的钢铁产品目录。同时，国家大力提倡企业在提高认识的基础上大力发展高效选矿、高炉精料、高炉喷煤、高炉长寿系统工程，干熄焦、小球烧结、炉外护理（含铁水预处理和钢水精炼）转炉复垂、超高功率电炉、转炉溅渣、护炉长寿、连铸、高效连铸、生产过程智能化控制、小型连轧、高精度轧制、续热式加热炉、各类烟气回收利用、脱氰脱硫净化、固体尘泥回收综合利用、污水净化循环利用、干法除尘、气化冷却等先进的技术工艺装备，并通过贴息技改等方式给予扶持，使钢铁行业可持续发展工作有了长足的进步。

（2）环境保护政策

我国钢铁工业基本建设与技术改造早在20世纪70年代末就执行项目环境评估的政

策。在以末端治理为主的20世纪70年代至80年代，主要是对污染物排放标准进行评价，并规定环保措施要与设计、施工、投产同时落实（“三同时”）。进入20世纪90年代后，已逐步加强审查生产是否属于先进清洁生产流程与工艺，20世纪90年代中期起，更强调污染物总量排放达标的严格标准，开始审查二次资源综合利用的程度，严格控制低水平的重复建设项目，不断完善排放标准并加强监测检查，从严处罚，推动清洁生产从概念到措施上加快落实。

5. 钢铁业过度投资导致能源和资源紧张

由于国内外多种因素推动，钢铁及钢铁材料的价格会产生较大的波动。当价格从“低谷”开始反弹，并持续在高价位上时，钢价的上升会带来钢铁投资热，钢铁成为各方资本逐利的对象，成为资本运作和增值的“沃土”。如2004年，由于钢价上涨，我国钢铁业固定资产投资增长达96%以上。以钢铁行业为代表的局部过度投资，使得宏观上经济产业链的隐患快速积累。多种能源消耗型产业的过快发展，使得原来公认“富余”的电力一下子趋紧，出现了“电荒”。多年徒叹“卖难”的煤炭业也一下子“翻身”，煤价开始上涨，钢铁业所需的精煤更是供不应求。我国是优质铁矿的贫国，新上的钢铁企业纷纷放眼海外，大量进口铁矿石，使得国际矿石贸易趋热，铁矿石和远洋运输船只的供应价格不断上升，甚至可供回炉的废钢也成为了抢手货，钢铁业产业链的脆弱性将暴露无遗。

世界钢材市场和钢铁生产原料市场的价格暴涨的联动效应，将推动世界钢铁业的“繁荣”。全球性生产原料的供给短缺已经涉及废钢、生铁、铁矿、焦炭、焦煤等一系列与钢铁生产有关的原料和燃料，短缺还波及与上述原料供给有关的世界远洋运输能力和港口装卸能力。尽管出现废钢价格的下跌调整，但从整体上看，钢铁生产原料燃料市场短缺情况不会轻易缓解，相反，随着世界经济的进一步复苏，钢铁生产原料供应的紧缺状况可能还会加剧，世界的钢材产量增加速度可能赶不上世界经济复苏的速度，世界范围的钢铁相对紧缺态势还会持续，钢材市场包括钢铁原材料市场继续处于卖方市场，然而，在全球原料、燃料成本大幅上涨的情况下，由于不能保证生产原料和利润，一些钢厂也会进行限产、减产。

资料1：钢铁原料情况

铁矿石。全球铁矿石2004年合同价格已经上涨。2004年第1季度，全球铁矿石价格谈判结束，球团矿价格涨幅创下历史新高，涨幅近19%。2004年铁矿石价格高已经是一个事实。如果市场状况能够一如既往地发展下去，2005年铁矿石合约价格也必将出现大幅度的上涨。国际市场对铁矿石的需求扩大，推动全球的铁矿石生产商均制订了扩产计划，但因提高矿山产能需要时间和巨额投资，国际市场上的供货量难以在短期内“立竿见影”。据调查统计，到2010年，世界主要铁矿石生产地巴西、澳大利亚、南非、印度和乌克兰等国家的铁矿石产能总增长量将达到2.52亿吨，但它们的绝大多数矿石扩建项目均在2005年以后开工。在2005年之前，全球的铁矿石新增产能仅有1500万吨，这样的增长速度连我国的需求增长都满足不了。2003年，我国进口铁矿石1.4亿吨，预计今年需进口铁矿石1.8亿吨。由此可见，全球铁矿石供货紧张是个现实问题，近期不可能缓解，但从较长时期看，铁矿石基本可以供求平衡。

焦炭。世界焦炭短缺严重。我国是产煤大国，也是世界焦煤市场的主要出口国。2003年，我国焦煤产量为17775.7万吨，比上年增长了20.19%。与此同时，2003年，我国粗钢产量同比增长了22.38%，焦炭增量几乎都为国内所吸收，焦炭国内紧缺，价格飞涨。

为保护环境，抑制钢价过快增长，出于国内经济理性发展思考，我国政府减少了今年焦炭出口限额，使严重依赖我国焦炭的世界其他钢厂，尤其是欧盟的钢铁企业缺少必要的焦炭资源，焦炭的供不应求导致焦炭世界贸易价格狂涨，4 月初，焦炭出口大国——我国焦炭出口价格突破 460 美元/吨（FOB）的大关。对国外很多企业而言，焦炭供应的短缺已经严重地影响了正常的生产，例如，意大利 Riva 公司由于连续 3 个月以来焦炭供应短缺，热那亚钢厂正面临关闭的风险。欧盟积极与我国沟通，希望我国增加焦炭的出口限额，甚至威胁要将我国告到 WTO，但由于我国基于经济发展考虑，短期很难增加或大幅度增加焦炭的出口限额。

资料 2：铁矿石运价

海运依旧是铁矿石运输的主要途径，海运价也依旧高位运行。2003 年以来，国际海运价格增幅惊人。作为主要衡量指标，波罗的海综合运价指数（BDI）全年一路走高，进入 2004 年，BDI 指数始终稳定在 5000 点以上。对目前偏高的航运价格，业界普遍认为是我国的铁矿石撬动了整个国际船运价格的杠杆。我国 2003 年进口铁矿石 14820 万吨，比上年增加 3670 万吨，增长 33%。以大西洋图巴郎—鹿特丹航线为例，该航线的承租费达到了 26 美元/吨，几乎是 2002 年中期的 5 倍。国际海运力供不应求，海运价有进一步提高的趋势。我国为确保进口的大量铁矿石能按时运抵港口，大批租赁大型干散货船，可以说国际上的大型干散货船均被我国长期租赁，韩国因租不到大船，只得租赁中型货船，国际海运紧张状况可见一斑。

6. 全球钢铁业布局将发生变化，优势企业已抢得先机

未来几年内，国际钢铁生产布局将发生以下变化：大部分钢铁将在以竞争性价格可购得矿石和能源的地区进行生产，如巴西、俄罗斯、伊朗等；燃气成本低的地区金属产量将会增多，如中东、非洲、巴西、俄罗斯等；巴西、俄罗斯、伊朗等国以及中东地区的一些国家将有专门生产半成品的短流程钢厂；部分钢产量也将转移到用量上升的国家，如中国、印度、俄罗斯等国以及南美的一些国家；一些国家的钢铁生产厂家，如俄罗斯和巴西，可能需要购买美国和欧洲全部或部分设备来扩大它们的市场，增强其在半成品和原料方面的竞争力。

预见到上述变化的企业，将抢到钢铁生产和销售的先机。

资料：上海宝钢集团的“安全产业链”

在一般投资商“热血沸腾”地涌入钢铁业、抢占钢铁投资“地盘”的时候，作为我国钢铁业巨头的宝钢集团却没有利用自己的实力，过多地搅动这股已经很烫的投资热潮，而是做了一些钢铁业之外的投资。由于宝钢集团比别人早一步在“产业链的安全”上做了投资，它也就在以后的持续发展中抢得了先机。宝钢在上下游已初步形成一个安全的产业链是宝钢发展的重要支撑，这比盲目地在行业内投资抢地盘重要得多。

宝钢一系列投资和合作分开来看并不显眼，但合起来看就显出了战略意义：

2001 年，与巴西一家矿业集团签署全面合作协议，在当地组建合资矿业公司，共同开采一个年产 600 万吨的铁矿，所产铁矿石将优先供应宝钢。

2002 年，与澳大利亚哈默斯利矿业公司组建合资企业，联合开采一个预计年产 1000 万吨的铁矿，产品优先供应宝钢。

2003 年，参股我国有色金属巨头金川公司，参与生产和提炼镍产品。进一步紧密了与煤炭产业的投资合作关系，与河南永煤集团合资开发的矿井投产，与平煤集团正式结成战

略合作关系。

2003年，完成与一汽、上汽、东风国内三大汽车业巨头的全面战略合作，第一时间参与其新车型的用板设计。当年，世界三大钢铁巨头新日铁、宝钢和阿赛洛公司合资在上海建立高级汽车板生产厂，投产后主要向日本和欧洲在华汽车合资企业供货。在不知不觉中，宝钢已通过投资这个牢固的资产纽带，在国际上最重要的两个优质铁矿石基地建立了稳定供应的渠道。同样是通过投资，在国内确保了优质煤炭和发展不锈钢不可或缺的镍原料的供应。在宝钢最主要的战略产品汽车板的市场占有方面，它不仅与跨国资本进入我国汽车业首选的国内合作伙伴建立了长期战略伙伴关系，还与国际上的竞争对手“化竞争为合作”，共同开拓市场。

有钢铁市场人士说，我国钢铁业在“虚火退去”后将进入新一轮调整。“谁赢得安全的产业链，谁就能赢得市场，就能巩固竞争力，否则，就可能面临被淘汰出局的命运。”

（二）有色金属材料生产和市场环境分析

有色金属是基础原材料，其与国民经济的产业关联极高，我国现有124个产业中，直接使用有色金属产品的部门就有113个，占91%。有色金属工业和市场的发展将直接影响国民经济的发展。因此，应时刻了解市场环境的变化，并采取措施适应环境的发展。

1. 产量规模发展迅速

我国有色金属工业经过50多年的发展，已经形成了比较完整的工业体系，建立了相当雄厚的物质基础，特别是近年来，成绩显著，举世瞩目，产量和规模发展迅速，跃居世界前列，产品规格进一步增多，除基本满足国内需求外，还实现了部分出口。2002年，我国10种有色金属产量首次突破1000万吨，达到1012万吨，成为世界有色金属第一生产大国；其中，铝、钨、稀土、铅、锑、锌、镁和锡等产量居世界第一位，稀土产量占世界总产量的70%以上，镁产量占世界总产量的50%以上。另外，我国还是世界有色金属贸易大国之一，2002年，我国有色金属企业实现销售收入2690亿元，实现利税187亿元，实现利润80亿元；出口量为205万吨，其中，铅、锌、锡、锑、镁出口量居世界第一。

2. 研究开发取得重大进展

我国有色金属材料经过多年的发展，在高性能材料、新型材料加工技术等方面已取得了重大进展。铝合金新材料的性能大幅度提高，部分高墙高韧铝合金、铝锂合金、喷射沉积快速凝固耐热铝合金的性能达到国际先进水平。从20世纪80年代开始，我国先后研究开发了高强高韧抗应力腐蚀铝合金，合金性能达到了美国相应标准的水平，并能提供小批量产品。

Al－Li合金被列为国家科技攻关项目，包括中强可焊合高强Al－Li合金。含Sc铝合金的研究也取得了进展，研制出Al－Zn－Mg－Sc－Zr合金材料，其性能与俄罗斯的同类合金性能相当。我国近年已成功开发了高压阳极电容器铝箔，性能超过了日本同类产品，已能批量生产，并建成了大规模生产电子铝箔的工艺技术体系。在这种形势下，2002年从日本进口到我国的电容铝箔的价格被迫从15～16万元/吨降至6～7万元/吨。高速列车和地铁车辆用大型高性能铝合金材料已研制成功，并投入大批量生产。铝材制备技术也得到了迅速提升，铝合金在多元外场作用瞬时连续大变形下，凝固组织控制技术取得突破；电解铝大多采用200kA以上大型预焙电解技术，个别还采用了350kA大型预焙槽技术；铝锭综合交流电耗平均水平由1978年的17146kW·h/t下降到2002年的15362kW·h/t，即每吨铝节约用电1784kW·h，按全国年产500万吨铝计算，每年节约用电8.92×10^{9}kW·h。

我国是镁资源丰富的国家，但对镁合金材料的研究与应用还处于起步阶段。到20世纪90年代，随着国际镁合金应用的扩大，镁的价格上升，在全国范围内出现了硅热法炼镁热潮，全国镁产量由1990年的0.59万吨猛增至1999年的16万吨。虽然我国原镁的产量和出口量剧增，但镁合金材料深度加工制品的发展相对滞后。近几年，国家将发展镁合金列为重大科技攻关项目，镁合金新材料的研究水平因而得到了明显提高，开发了ZM1～ZM10等十几个牌号的镁合金。通过细化、净化、微合金化等手段，使铸造镁合金的性能大幅度提高。镁合金铸件、压铸件已应用于汽车和摩托车等领域。2001年我国生产镁铸件1040吨，压铸件2120吨。镁合金制备技术得到了发展，现已装备2000吨的镁合金压铸机，能生产出0.3mm厚的变形镁合金薄板，并开发了镁合金阻燃技术、镁合金熔体环保型保护技术和镁合金微弧氧化表面处理技术等先进制备技术。

截至目前，我国研制的钛合金有近50种，已列入国家标准的钛及钛合金牌号有40余种。20世纪80年代以来，我国钛合金开始进入由纯仿制到独立研究与仿制相结合的阶段。经过“八五”、“九五”攻关，我国已形成4大钛合金系列：

（1）具有不同使用温度的高温钛合金。

（2）具有不同抗拉强度与塑性、韧性匹配的结构钛合金系列。

（3）具有不同屈服强度的舰用钛合金。

（4）适用不同环境（介质）的耐蚀钛合金。

我国钛合金的研究水平大体与国外接近。在开发研究新材料的同时，我国也在钛加工技术方面开展了大量的工作。在钛熔炼方面，我国广泛采用两次真空电弧熔炼，航空级钛材采用三次熔炼，最大铸锭为800mm×2600mm（质量为6t）。目前，我国已具备了自行设计制造大型真空电弧炉的能力，并在试验研究中采用冷壁铜坩埚感应熔炼和悬浮熔炼，正计划发展电子束冷床炉熔炼。我国开发的中强钛合金TC4已经应用于J10、J11飞机和人造卫星。“九五”期间开发的中强TA15钛合金将应用于J11飞机的承力件、钣金、型材、铸件，TC18将用作J11系列飞机的承力构件，开发的TB8超高强钛合金将用作J11系列飞机后机身；“十五”期间开发的高强、高韧、损伤容限型TC21将应用于未来战斗机的主要承力件和钣金。过去10年，我国在金属间化合物材料研究方面取得了突破性进展，已应用于水轮机、航空发动机和汽车发动机等。研制出的Ti_3Al合金棒材，其室温延伸率达2%～7%；Ti－Al合金棒材其室温延伸率达5%，KIC为34MPa·ml/2，超塑性达到520%，并通过渗C处理，大大提高了合金的抗氧化性能，为TiAl合金的工程应用打下了良好基础。我国新近研制开发的定向凝固Ni_3Al基合金具有密度小、强度高、塑性好和高温抗又变性能优等特性，是一种具有广泛应用前景的高温结构材料。该合金适合于在950℃～1100℃使用，可用作航空发动机的涡轮导向叶片材料，其工作温度比K3铸造高温合金提高50℃～100℃，在1100℃的持久强度超过美国的EX－7合金，现已应用于生产航空发动机二级涡轮导向叶片。

3. 资源存在某些先天不足

经过半个多世纪的奋斗，我国10种常见有色金属的产量已从1949年的1.33万吨，发展到200两年的1012万吨，超过美国，成为世界有色金属第一生产大国。然而，与经济高速增长拉动有色金属工业高速增长的局面形成反差的是，有色金属工业的基础——有色金属矿产资源短缺情况日趋严重。2004年主要有色金属矿产品的产量已连续两年负增长，进出口的逆差已连续两年超过50亿美元。

我国有色金属矿产资源总量不少，排名世界前列，但人均拥有量只有世界人均拥有量的一半。更关键的是，经济建设用量少的部分矿产，如钨、锡、钼、锑、稀土等，探明储量很大，钨占世界70%，锡占10%，钼、锑、稀土均占20%以上，而且资源质量高，但我国保有储量少的，如铜和铝土矿，占世界总量的比例分别只有8.95%和1.94%，却是经济建设中需求极多的，属于我国的短缺或急缺的矿产。铅、锌等重要有色金属的人均拥有量也明显低于世界人均水平。品位低、规模小是我国有色金属矿产资源存在的问题。我国铜矿的平均品位仅0.87%，我国最大的铜矿——江西德兴铜矿，品位仅0.48%，也就是说99.5%是石头（国外铜矿品位一般在2.5%），而且矿床规模偏小，如迄今为止已发现的铜矿产地900余个，大型矿床仅占2.7%，中型矿床8.9%，88.4%都是小型矿床。铜、铝、铅、锌，人称四大主要有色金属，我国铜精矿的自给率更低，近2/3靠进口；铅也仅能自给50%；锌略高，约70%。

随着内需强劲拉动，有色金属业界不仅已清醒地看到了当前资源供应不足的问题，对下一步国民经济要实现持续、快速、协调、健康发展，有色金属工业如何保障，持续资源怎么办，更是深感忧虑，因为我国的有色金属矿山大多步入了中晚期，并有3个特点不容忽视：一是矿山浅部资源危机，深部资源不清。过去我国勘探深度一般不超过500m，而现在采矿深度可达1000m。国外很多大矿是在500m以下找到的，近年来，我国唯一新上的有色金属项目铜陵冬瓜山特大型铜矿，其产出深度就在1000m左右。二是矿山本区资源危机，外围资源不清。现在生产矿区外围还存在大量勘察空白区或远景地。三是已知矿床类型资源危机，新类型资源前景不清。过去勘查多是单一就矿找矿，而有色金属矿往往多伴生矿。近年来，一批铜、铅、锌等矿床附近就找到了不少大中型金、银矿床，证明新类型矿床有很大前景。

4. 进口量进一步增加

近几年，我国有色金属矿产品资源短缺导致国内供应不足，需要大量从国外进口。从近几年我国进口情况看，我国主要的有色金属工业原料进口持续增加。以氧化铝为例，2003年进口量为561万吨，比2002年增长23%，比2001年增长67%。此外，铜精矿、镍矿石等都存在不同程度的资源匮乏。

有色金属原材料进口数量的逐步增加，对我国有色金属工业甚至经济发展造成的负面影响是显而易见的。首先，大量进口消耗了我国大量的外汇资金。据初步统计，2003年，主要的有色金属商品进口额为78.763亿美元，比2002年增加了73%。在有色金属价格持续上涨的情况下（2003年全年铜、铝、铅、锌、锡、镍平均价格分别为1783美元/吨、1434美元/吨、516美元/吨、829.2美元/吨、4898.8美元/吨和9680.5美元/吨，分别比2002年上涨了14.3%、6.22%、14.2%、6.5%、20.57%和42.7%），今后消耗的外汇资金将越来越多。其次，原材料的进口使得我国行业依赖度逐渐增加，一旦外商抬高售价或囤积原材料，必将影响企业正常开工或开工不足，甚至导致部分企业倒闭，从而进一步影响我国有色金属工业的稳定，有时还会影响期货行业的稳定。

5. 联合重组加快，产业集中度提高

为了适应市场竞争，国外大企业近年来普遍加快了收购、兼并、联合的步伐，组建更大规模的跨国公司（多数为采选冶加工联合企业），实现规模化运营，扩大市场份额。例如，美国铝业公司是一个集铝土矿开采、氧化铝、电解铝生产和铝材加工为一体的综合性铝业集团，1998年兼并了美国阿鲁玛克斯公司，收购了世界第三大制铝公司美国雷诺兹金属公司，当年销售额达210亿美元，年生产铝352万吨，占世界铝产量的15%。

我国矿山规模小，采矿强度和采矿效率较低。大部分同类矿床的开采规模仅相当于国外矿山的20%～50%；全国50家铜冶炼厂，规模在10万吨以上的仅4家；123家电解铝厂，规模在10万吨以上的仅6家；770多家铅锌冶炼厂，规模在5万吨以上的铅厂3家、锌厂5家；2500多家铜铝加工企业，5万吨以上规模的铜加工厂3家，铝加工厂5家。发达国家铜冶炼和电解铝厂的规模一般都在20万吨以上，铅锌冶炼厂规模在10万吨以上，铜铝加工厂的规模一般在5万吨以上。

另外，随着市场竞争进一步加剧，受资源条件、能源供应、劳动力价格等因素影响，有色金属初级产品生产向资源条件好的国家转移。

6. 依靠科技进步，生产成本不断降低

湿法炼铜成本比传统火法炼铜成本低30%左右。预计未来10年内，湿法炼铜产量占总产量的比例将提高到25%左右。拜尔法和大型预焙槽电解技术的不断改进和广泛采用，使氧化铝、电解铝生产成本不断降低。惰性阳极、可湿润阴极电解槽的研制开发成功，使电解铝电流效率提高到97%以上，将使铝的生产成本进一步降低。

7. 产品结构不平衡

目前，由于原材料的开采和冶炼生产能力不平衡，致使产品结构不平衡，须大量进口原材料，特别是铜精矿和氧化铝。初级加工产品供过于求，高新技术产品材料短缺。高精度铝带板、高档滤波、大规格合金材料、电子铜箔、引线框架材料、电站用超长铜冷凝管、高纯金属材料、大直径单晶硅、航天材料等要靠进口解决。目前，我国有色金属产品品种只有1万多种，而美国有2万多种，日本有3万多种。不过我国在新材料开发方面还是作出了一些成绩，如大直径半导体硅材料、磁性材料、复合材料、智能材料、超导材料生产技术的开发、完善，使得结构材料复合化及功能化、功能材料集成及智能化得以不断实现，如具有优良比强度、比模量的铝－锂合金已被广泛应用于航空航天飞行器、低成本发射装置；稀土永磁材料大量用于计算机、永磁电机、核磁共振仪等高技术领域。

8. 技术装备落后，综合技术水平较低

我国只有部分骨干企业技术装备接近或达到国际先进水平，占总产能不足20%，大多数中小企业技术和装备落后。为数不少的小冶炼企业甚至采用土法工艺；电解铝行业6万安培以下的自焙槽仍支撑我国2/3的铝生产能力，污染严重；铜铝加工“二人转”等落后轧机设备等仍占相当比重。

矿产资源采矿损失严重，储量回采率不到50%，比国外低10%～20%，矿产资源中有用矿物回收率低。据对全国3498个矿山企业统计，我国有色金属采选回收率为50%～60%，采、选、冶的回收率比国际水平低10%～20%。据全国845个矿山调查，矿山资源综合利用率达70%的矿山仅占7%；综合利用率达50%的矿山不到15%；75%的综合型矿山企业的综合利用率不到2%～5%，矿产资源综合利用率比国外先进水平低20%～30%。

9. 能耗差距显著

我国反射炉炼铜工艺，每吨粗铜平均综合能耗1.123吨标准煤，比国外高出36.95%；密闭鼓风炉炼铜工艺，每吨粗铜平均能耗0.965吨标准煤，比国外高出28.66%；电炉炼铜工艺，每吨粗铜平均综合能耗0.760吨标准煤，比国外高出10.1%；闪速炉炼铜工艺，每吨粗铜平均综合能耗0.606吨标准煤，比国外高出21.2%。

我国氧化铝单位产品能耗：烧结法工艺每吨氧化铝能耗1.671吨标准煤，国外只有俄

罗斯还有烧结法的工厂，能耗水平与我国差不多；联合法工艺平均水平为 1.518 吨标准煤，比国外先进水平高出 1.33 倍；我国长城铝业公司的氧化铝单位产品能耗为国内最低，为 1.382 吨标准煤，比国外还是高出 1.12 倍；我国拜尔法工艺平均水平为 0.567 吨标准煤，虽然赶上了国际一般水平，但比国际先进水平还是高出 13.25% ~13.4%。

我国电解铝厂的电流效率普遍比国外低，国内铝厂大都在 90% 以下，近年来有的达到 91% ~92%，国外先进水平为 95% ~96%。

10. 工业结构性污染严重

我国的有色金属工业普遍存在着水资源利用率不高、浪费严重的问题。水资源的短缺已经成为制约发展的重要因素。我国有色金属工业耗水量为 309 ~441 吨/万元，当年我国工业平均耗水强度 159 吨/万元产值，而美国和日本工业平均耗水强度分别为 9 吨/万元和 7 吨/万元产值，差距惊人。

经过多年的技术改造，有色金属行业的废气排放强度从 9.8 亿标立方米/亿元降低到 4.6 亿标立方米/亿元，减少了 53%。固体废物排放强度从 17 万吨/亿元降低到 9.4 万吨/亿元，减少了 44.7%。

在全国 140 多个有色金属生产企业中，有 67 家有色金属企业分布在 40 个城市中，在国家确定的 32 个重点城市中，有 16 个城市拥有 37 家有色金属企业。这些企业为当地的经济发展作出了很大的贡献，同时，企业所在城市也为这些企业的发展付出了环境代价。在某些地区，有色金属企业排放的“三废”等指标负荷较为严重。虽然近年来主要有色金属企业加强了技术改造，环境状况有了较大的改变，但总体而言，有色金属企业所在的城市环境质量仍然较差。

二、金属材料的经营战略选择

通过对目前金属材料生产和市场环境的细致分析，可以看到金属材料经营所面临的机遇和风险，比较出企业自身所存在的优势和劣势，从而有针对性地选择企业的经营战略。

（一）钢铁工业的经营战略

1. 优化、调整钢铁工业结构（宏观层面）

（1）钢铁生产流程朝连续、紧凑化方向发展

近 20 年国外钢铁生产结构调整成功的经验和我国钢铁生产近 10 年来的飞速发展，足以证明，流程朝连续化、紧凑化的方向发展，是钢铁工业结构优化调整的主流。我国钢铁生产流程离这一目标的全面实现，还有很大的差距，坚定结构调整必须从流程整体优化的高度出发。

（2）组织规模合理的专业化生产，优化钢铁生产区域布局

我国钢铁企业尚未像日本、欧洲那样形成工厂分布较广、产品分工合作、产量综合规模巨大的集团。只有重组的宝钢集团，正朝着这一方向努力，这可能是我国钢铁企业组织结构调整的一种优化模式。至于单个工厂合理规模的大小，专家们有不同的意见，需要认真从投资、产品类型、企业内部生产协调、市场情况等多方面加以统筹，但那种单个工厂千万吨级，甚至一个系统 500 万吨/年以上的工厂是再也不应当建设的了。

优化、调整钢铁工业结构总的原则是靠近资源和市场，减少或不增加有特定要求的区域、工业污染相对集中地区的污染程度。对钢铁企业结构调整而言，主要矛盾集中在以下两个方面：

首先，首都、省会、大中城市和旅游城市的钢铁企业发展问题。我国钢铁企业绝大部分分布在以上4类地区，按照国家环境保护规划的要求，这些地区的钢铁生产都要压缩规模、限制发展，但这些地区大多接近原料供应地，靠近市场，有雄厚的技术力量和资金来源，与其他工业配套发展关系密切。异地发展，开辟新的绿色生产基地不是没有必要，但毕竟只能是个别的，不可能成为我国钢铁生产发展的主体。因此，唯一的出路是进行清洁生产的技术改造和开发污染物最小化、无害化、资源化处理的新技术，保证钢铁生产无害于社会的可持续发展。

其次，西部大开发中钢铁工业的可持续发展。西部大开发是我国经济建设的重点，当然也是钢铁产品潜在的巨大市场。根据西北地区严重缺水和各类资源有限、远离国外资源的实际情况，“十五”计划慎重地提出了不宜继续扩大规模的布局调整原则。西部地区虽有缺水、缺铁资源的矛盾，但仍有水电资源、天然气资源丰富的优势，而且如果组织合理、有效，西北地区的废钢和铁矿、合金资源也不是无利用的可能，因此，努力发展以电炉流程为主的钢铁企业，以求得钢铁生产的适度发展不是完全没有可能的。

（3）调整产品结构，实现各类产品生命周期的优化

在结构调整中，产品结构优化是龙头。这已经引起了企业的高度重视。但是，过去调整关注的主要是缺口调整、产品质量的优化（尤其是高附加值化），和对应这种要求，大体上对工艺与装备进行技术改造的问题。实际上，产品的生命周期优化应考虑市场调研、产品设计、制造、使用和回收的完整过程。

2. 用高新技术改造钢铁制造业

（1）必须加快生产过程及管理的计算机智能化控制，开创智能化钢铁企业的发展新阶段，信息科技对钢铁工业的发展具有重要的作用。这里必须明确两个基本的观点，即计算机过程及管理控制。智能化的钢铁企业发展方向是钢铁生产流程向连续、紧凑、高效、生产无故障化、产品质量优化稳定与不可逆转的方向发展最重要的保证，已成为现代钢铁生产流程不可缺少的组成部分；信息化、数字化已成为自动控制技术发展的必然方向，并很快普及，尚未实现过程和管理自控化的企业在改造时，应以信息化、数字化为重点，不再走投资重复与低效的老路。

在钢铁生产中，工艺与设备的数据采集和分析、产品状况的在线（原位）连续检测，是信息科技应用的重要内容，也是目前钢铁生产控制技术引用中的薄弱环节。

（2）电磁冶金是新世纪钢铁技术发展的重要技术，应全面纳入流程优化的研究，尽快扩大适用范围，电磁冶金在20世纪末的20年中已显示了密切联系、促进发展的良好态势，而且在提高生产效率、约束生产过程产品遭受污染等方面具有独特的作用，如它在高效连铸、近终型连铸生产控制与质量改进中得到了有效的利用；在常压状态下磁悬浮冶金生产高纯特种材料的技术获得了太空效果的高水平产品，且经济性得到了极大的提高，可预测，新世纪全磁场（电磁或永磁）环境的冶金生产，可能产生钢铁生产又一轮革命性的变革，对此应予以高度关注。

3. 加快钢铁生产环保产业的发展

环保产业在我国的发展已有相当长的历史，但作为一个产业，一直没有做大、做强。钢铁行业也没有形成一个专业。为了适应钢铁工业技术进步与可持续发展的要求，加快环保产业的发展已成为当务之急。

4. 提高钢铁材料的性能

提高钢铁材料的性能使之满足钢铁材料用户不断提升的性能要求，是钢铁材料发展的主要方向。随着我国国民经济的迅速发展和先进技术的采用，国民经济各部门对钢铁材料的性能的要求不断提高。

建筑用钢所要求的最主要性能是高屈服强度和良好的可焊接性，如建筑用钢筋钢按屈服强度等级分类可分为Ⅰ（235MPa）、Ⅱ（335MPa）、Ⅲ（400MPa）、Ⅳ（540MPa）级；建筑用高强度钢板则已形成390MPa、420MPa和460MPa级的系列。若钢筋的强度等级普遍由Ⅱ级提高到Ⅲ级，则可通过减少钢筋在混凝土中的布筋密度，节省钢筋用量14%，明显降低建筑成本。而钢结构建筑物的支柱和框架若使用高强度中厚建筑钢板代替低强度钢，可节约钢材10%～20%，且由于梁断面高度的减少，可增大建筑空间的利用率或降低建筑物的高度3%。目前，国际上用于建筑结构的钢筋钢屈服强度均大于400～500MPa，我国正在大力推广建筑用低合金钢筋的升级换代工作，把目前大量使用的Ⅱ级钢筋提高到屈服强度较高的Ⅲ级钢筋甚至Ⅳ级钢筋。

桥梁用钢的发展也要求较高的强度，以提高桥梁的承载能力并减轻自重。国外桥梁用钢的强度较高，如美国ASTM A709中的100W钢的屈服强度已达到700MPa；日本的神户大桥等跨海大桥，大量使用了抗拉强度为785MPa的WelTen80钢；日本近几年建造的跨海大桥已使用了抗拉强度为980MPa级的高强度钢。目前，我国桥梁钢的屈服强度范围为245～440MPa，提高强度是最为迫切的任务。

随着石油和天然气工业的飞速发展，管线钢的需求量迅速增大，对钢材性能的要求也大幅度提高。20世纪70—80年代，世界先进国家普遍采用的油气管道的直径为762mm，随着油气输送量的大幅度提高，目前普遍采用最大管径为1220mm输油管线和最大管径为1420mm输气管线。同时，管道输送压力增加，可大幅度提高管道的输送能力，当输送压力从7.5MPa增加到10～12MPa时，油气管线的输送能力可提高35%～60%。20世纪50年代，油气管线的输送压力普遍为4.5MPa，60年代增大到5.5MPa，70年代增大到6.5MPa，80年代以后，国外新建的油气管线的输送压力通常都高于7.5MPa。近年来，俄罗斯建造的油气管线的输送压力已达到10～12MPa，美国横贯阿拉斯加的油气管线压力为11.8MPa，而欧洲油气管线的输送压力也增加到12MPa。若输送压力和管线直径同时增加则经济效益更显著，如采用输送压力为7.5MPa、直径为1400mm的输气管道，代替压力为5.5MPa、直径为1000mm的管道，可节省投资35%，节省钢材19%。随着管径和输送压力的增加，所需要的管线管壁厚度或管线钢的强度必须随之增加。20世纪60年代，油气管线用管线钢的强度级别一般为X60，到70年代管线钢的强度级别就上升到X65和X70，80年代进一步上升到X80，现在已开始使用更高强度级别的X100～X120。我国目前使用的管线钢多为X80级，西气东输管道已普遍采用X65～X70级的管线钢，进一步提高管线钢的强度并保持足够的韧性和良好可焊接性是发展重点。

轿车特别是中高档轿车生产中，需要大量高性能特别是高表面质量的薄钢板，汽车车体用钢制作过程中一般均需要进行较大程度的冷变形，对钢材冷成型性能和表面质量的要求很高。因此，要求汽车车体用钢具有较低的屈服强度，很低的屈强比，很高的延展性，很低的冲压回弹和非时效性；很多情况下还对钢材的n值和r值提出明确的要求。汽车轻量化要求车体用钢向高强度化发展，产生了DP钢、TRIP钢、TWIP钢和多钼钢等。我国轿车用钢特别是超深冲级冷轧钢板和高强度冷轧钢板目前尚需大量进口，很大程度上是由

于钢铁产品冷成形性能和表面质量存在较大差距。积极研制和生产高质量高性能的汽车车体用钢，是我国钢铁工业今后一段时期的重要任务。

船舶用钢要求高强度和高韧性以及可焊接性，提高船舶用钢的强度可明显提高船舶的承载能力并减轻船舶的自重；而提高船舶用钢的韧性可保证船舶使用的安全性。民用船舶用钢板的屈服强度等级主要有235MPa、315MPa、355MPa级，而对其冲击韧性的要求根据质量等级的不同分别为在0℃、-20℃、-40℃的冲击吸收功大于31J。随着船舶的大型化、轻量化和高速化的要求，迫切需要进一步提高船舶用钢的强度，以日本和欧洲一些国家为代表的国家，开发出屈服强度为390MPa级的以TMCP工艺生产的高强度船用钢板(YP40K)，并已纳入船级社的标准中。大型散装货船和集装箱船中，390MPa级的高强度钢的使用比例已超过40%。而我国目前船舶用钢的屈服强度等级主要为235MPa、315MPa级，同样需要提高。

此外，先进制造业的发展对我国机械制造用钢的性能特别是承载强度和使用寿命提出了相当高的要求。我国生产的轴承、弹簧、齿轮、模具、工具、紧固件等基础机械零部件的使用寿命必须提高一倍甚至一个数量级才能达到世界先进水平，从而才具有市场竞争力，而各种机械零件的承载强度和使用寿命的大幅度提高，也对机械制造用钢的强度和疲劳极限提出了相当高的要求。传统的轴类零件、弹簧类零件一般要求抗拉强度大于800MPa或1600MPa，疲劳寿命大于10^6次，而目前钢铁产品生产先进国家在很多主要零件中抗拉强度要求已提高到1600MPa甚至2000MPa，疲劳寿命则要求达到10^7次以上。提高机械制造用钢的强度和疲劳极限对我国装备制造大国的建设具有重要的意义。

大量基础设施建设用钢均要求具有较高的耐候性及一定的耐蚀性，以保证足够长的使用寿命和较低的维护成本，如在发达国家铁路钢轨钢的改换周期一般均在10年以上，而我国目前多为5年左右。大型桥梁、高层建筑物的使用寿命一般要求在50年甚至100年以上，其中，使用的钢铁材料的耐候性及耐蚀性也必须满足相应的要求。因此，具有较高耐候性的高强度耐候钢以及具有较低生产成本的经济型不锈钢必然得到迅速发展，而明显提高钢材的耐候性或耐蚀性也就成为这类钢材的重要发展方向。

加工制造业的迅速发展需要大量的模具以进行大批量快速成型，模具工业的生产规模和销售额迅速增长，同时对模具用钢的性能提出了相当高的要求。在汽车、家电等制造业中需要的大型精密模具，往往要求模具钢的性能等向性在0.8以上，而我国目前普遍的水平仅为0.4~0.6，由此导致高级模具钢的大量进口。提高模具钢的性能等向性是我国模具钢的重要发展方向。

5. 增加钢铁材料品种

(1) 增加钢铁材料中特殊钢的比重。需要提高不锈钢、铁素体不锈钢、低碳和超低碳不锈钢、双相不锈钢、超级奥氏体不锈钢、高强度不锈钢的比重；增加不同类型钢材中的易切削钢和冷镦钢比重；增加合金工模具钢中的模具钢比重；增加轴承钢中特殊轴承钢的比重；增加合金结构钢中微合金非调质钢、节约合金元素钢以及省略工序节能钢的比重。

(2) 增加高技术含量、高附加值和市场需求的钢铁材料比重。需要增加涂镀层钢板、冷轧深冲薄钢板、高强度冷轧薄钢板、热轧高强度低合金钢带、TMCP钢板、冷轧不锈钢板带、复合钢板、不锈钢丝及金属制品的比重；增加精加工、接近使用形状和状态的合金工模具钢和高速钢的比重；增加高精度合金钢带、丝管等的比重。

(3) 增加钢铁材料的板管材比重。需要增加高强度热轧板带材的比重；增加不锈钢冷轧薄板带比重；增加合金工具钢的扁钢、精料和制品的比重；增加轴承钢的钢管的比重；增加高合金钢耐蚀管的比重。

6. 提高钢铁材料的质量

提高钢铁材料的内在质量，主要是提高洁净度、均匀性，组织控制，从而达到高性能和性能稳定化。提高钢铁材料的外部质量，提高尺寸精度、减少表面缺陷、改善表面色泽均匀性。

7. 降低钢铁材料生产和应用成本

物耗费用约占钢铁材料成本中的75%，因此，节能降耗对降低钢铁材料成本举足轻重。能耗约占钢铁材料总成本的25%，我国吨钢能耗比国外高。降低能耗既可以降低成本，也可以减轻环境负担。通过新工艺技术来降低钢材生产和应用过程中的能源消耗，降低金属炉料、铁合金、耐火材料和电极消耗来降低成本，采用新工艺来降低钢铁材料中的合金元素含量。

（二）有色金属行业经营战略

长期以来，有色金属行业发展速度一直与国民经济总体增长速度保持同步，充分显示出在国民经济发展中的重要地位。结合当前的市场环境，有色金属企业有必要采取正确的经营战略来促进行业的健康发展。

1. 发展铝合金材料仍是今后的重点

铝合金在国民经济各领域及国防建设中占有很大的比重。由于铝合金具有密度低、强度高、耐腐蚀、导电导热性能好、可铸造、可焊接以及加工性能好等优良品质而发展迅速，已广泛应用于国民经济和日常生活中，其用量之多、范围之广仅次于钢铁，成为第二大金属，其产量占整个有色金属产量的1/3以上。高性能铝合金主要用于航空航天和包装等领域。由于轻质的需要，铝合金一直是航空航天飞行器的主要结构材料，主要用于飞机蒙皮和舱体等部位，在军用飞机上，其用量达50%，在民用飞机上最高达到80%。

我国在高性能铝合金方面主要应解决以下几个关键问题：一是铝合金加工重大装备的研发。目前，影响我国铝合金产品质量和产量的主要问题是加工装备研制能力弱，很多关键装备都需要国外进口。二是大力开发高强高韧轻质铝合金，如Al－Li、Al－Mg－Se、快速凝固粉末冶金铝合金等，其发展重点是降低成本、扩大产业化规模。三是开发特种铝合金，如高性能电容铝箔、铝合金制罐板等。

铝合金的研究重点主要集中在以下几个方面：

（1）高精度铝合金板、带、箔材加工技术、高性能饮料罐板铝合金的研究开发。饮料罐板是发达国家铝板行业的主导产品，可代表一个国家铝加工的技术水平，属高精技术产品，附加值高，需求量大。应在解决热连轧生产线后，尽快解决结构控制，降低制耳率以及其他质量问题，使产品具有国际竞争力，满足国内需求，实现部分出口，年产达20万吨以上。电子铝箔的研究开发，电容器电极铝箔是技术含量高、附加值高的产品，特别是高压阳极电容器铝箔只有日、法、德等少数国家能生产，垄断了全球市场。我国已试制成功并实现批量生产，其综合性能基本达到日本水平。今后应开展稳定化研究，扩大生产规模；继续研究阴极箔，使性能达到国际先进水平，把电子箔作为我国的主产品参与国际竞争。陆地车辆用新型铝合金型材的开发，如高速列车、地铁车辆用大型多孔空心厚板铝合金型材及轿车车身板材、散热器材料等。

（2）新型高性能铝合金在高强、高韧、抗应力腐蚀铝合金方面，研究微合金化、超细

化、高均匀度、高纯度的超级铝合金，降低成本，提高性价比是关键。重点发展高强高韧抗应力腐蚀铝合金，实现批量生产，质量满足飞机制造要求和国防建设要求。

（3）在含Sc铝合金的研究开发方面，由于在铝合金中加入Sc，能大幅度提高铝合金的性能，因而含Sc铝合金成为最有吸引力的新型高性能铝合金，但Sc的价格昂贵，阻碍了含Sc铝合金的广泛应用。采用低纯氧化钪取代金属Sc的研究目前已取得进展，可大幅度降低成本。继续加大Sc资源的提取利用力度，进一步降低氧化钪和铝钪中间合金的价格。在快速凝固粉末冶金铝合金新材料的研究开发方面，喷射沉积耐热铝合金的研制已取得重大突破，在此基础上，应进一步提高其性能，尽快实现在航空航天器上的应用。进一步改进完善喷射沉积技术和装备，开发研究新的高合金化的快速凝固铝合金新材料。还可以将喷射沉积技术扩大应用到镁合金、复合材料甚至镍合金的生产上。

2. 镁合金材料的研究开发

Mg在地壳中的含量为2.35%，仅次于Al和Fe，海洋中Mg含量极为丰富，达2100万亿吨，我国Mg储量居世界第一。目前，我国Mg年产量达26万吨，居世界第一，出口量也为世界第一，但国内消耗不到30%。因此，大力发展高性能镁合金材料，提高镁合金制品附加值是我国面临的艰巨任务。由于Mg的比强度、比刚度高，导热、导电性能好，电磁屏蔽、阻尼性能好，对环境友好，且价格低廉，成为新世纪最有发展潜力的金属材料。近10年来，镁及镁合金的研究开发和应用得到了广泛关注，目前，镁合金主要有Mg－Al－Zn系列、Mg－Al－Mn系列、Mg－Al－Si系列和Mg－Al－Re系列，特别是为了节能，世界各大汽车公司争相开发镁合金汽车零件，如福特汽车公司Aerostar Mini Vans牌号汽车的中座及后座支架采用镁合金，每年就需要100t以上的AM60镁合金铸件。1997年，全球十大汽车公司的Mg用量为4.5万吨，到2000年猛增至9万吨。目前，全球用于汽车零部件的镁合金用量将以每年增长15%的速度发展。公开应用于航空航天飞行器的镁合金材料包括AZ91E、QE22（MSR）、ZE41（RZ5）、EQ21、EZ33（ZRE1）和WE43等。此外，镁合金在笔记本电脑、手机、照相机等电器3C产品上的用量也越来越大。镁合金的研究和开发应围绕提高材料的强度、塑性、韧性、耐蚀性以及抗疲劳等综合性能来开展，新型合金的开发可以通过采用新的合金元素、采用新的抗腐蚀处理工艺等途径实现。

镁合金研究的关键问题在于：

（1）开发适合于镁合金大批量生产的重要装备，如真空压铸、挤压压铸装备等。

（2）新型高性能镁合金体系的开发。

（3）Mg合金熔炼过程的气氛保护。

（4）Mg合金的阻燃技术和表面处理技术。

（5）Mg合金与异种材料的焊接问题。

镁合金的研究重点有：

（1）开发汽车及3C产业用压铸及变形镁合金，包括应用于汽车等交通工具的压铸镁合金，应用于3C产品的变形镁合金。

（2）开展超轻、高强、耐蚀Mg－Li合金的研究。Mg－Li合金的密度只有1.5g/cm^3，具有“超轻合金”之称。通过添加合金元素可提高合金的强度和组织稳定性，但Mg－Li系列合金的高温性能和抗蚀性尚待解决。

（3）开发高强度耐热镁合金，如应用于未来航空航天领域的镁稀土合金、快速凝固镁合金。

（4）开展镁合金制备与表面处理技术的研究，主要包括镁合金容体净化技术、无污染镁合金容体保护技术、压铸新工艺技术与装备、镁合金表面微弧氧化处理技术和镁合金表面钝化处理技术等。

3. 大力发展高技术含量、高附加值的难熔金属材料

钨、钼、钽、铌四大难熔金属在我国的资源很丰富，已探明的储量均居世界前列，特别是钨、钼具有很大的资源优势。钨、钼及其合金广泛应用于军事工业和民用工业，如照明用抗下垂抗振钨丝、$WCeO_2$ 和 WLa_2O 等电极材料、焊接电极用 WCu 触头材料以及 $W_{15}Cu$、$W_{20}Cu$ 电子封装材料、W（3－5）Re 热电偶以及 γ 辐射屏蔽、平衡锤、陀螺转子、各种穿甲弹和手机震子等高比重合金等。钽是钽电容器的关键材料，应用在电容器的钽粉、钽丝一直是钽的第一大消耗领域。

我国难熔金属今后发展的重点是：

（1）高性能钨、钼合金重点开发新型掺杂抗振钨丝、把铼的软化效应同掺杂机制结合起来，使抗震钨丝的质量达到国际水平；在喷涂钼丝方面，提高钼丝锭坯单重（大于 20 千克/根），适应汽车工业发展的需要；稀土钨方面，单一型稀土钨（WY、WLa 电极）实现商品化生产；稀土钼方面，用复合强化机制提高钼材的耐热性，改善钼材电性能；开发纯度大于 99.9999% 的高纯钨和高纯钼，特种规格的钨材、钼材，钨大于 450mm，钼大于 1000mm 的特宽板材，直径大于 100mm 的粗钼棒材，晶粒度小于 10mm（W）和 5mm（Mo）的波带材以及 WCu 功能材料，如电子封装材料、触头材料等。

（2）钽、铌及其合金重点开发高质量、高比容钽粉；进一步提高细径钽丝质量，使我国成为电容器钽丝的生产强国；开发全钽电容器用钽杯，达到规模化生产，完全取代进口。

（3）硬质合金重点发展梯度结构硬质合金，达到规模生产水平，年生产量达 2000t；扩大复合涂层硬质合金的品种与生产规模，达到年生产 2000t 以上；为适应汽车（轿车）工业及高新产业的发展，开发可转位涂层刀具和模块工具系统，满足国内汽车工业的需要；进一步稳定提高超细硬质合金制品质量，发展纳米硬质合金，达到年产 2000t 以上。

4. 大力发展有色金属新型功能材料，满足国民经济建设的新需求

（1）有色金属信息新材料

当今世界正处于信息时代，电子信息产业的发展推动着人类社会的进步，改变着人们的生活模式。半导体材料是信息技术的基础，Si 材料的研制引发了微电子技术革命。目前，95% 以上的半导体器件和 99% 以上的集成电路都是用高纯度优质的硅材料制成的。随着集成电路的特征尺寸逐年缩小，硅晶片尺寸不断扩大，集成度不断提高，对硅单晶片的质量要求也越来越高。GaAs 单晶是应用最广的化合物半导体材料之一，它具有禁带宽度大、电子迁移率高等特点，可用于制造超高速集成电路、微波器件、激光器件、光电以及抗辐射、耐高温等器件，对于国防和高科技研究具有重大意义。近年来，由于大量用于民用移动通信，已显示出广阔的市场前景。第三代半导体 GaN 材料的出现又将引发世界照明技术的革命。GaN 是固体照明光源的关键材料。随着世界信息化浪潮的迅猛发展和节能环保等可持续发展的需要，国外对高亮度 GaNLED 的市场需求剧增。预计 1999—2006 年间，年销售额每年增长 20.6%，2006 年，将达到 20 亿美元，约占整个化合物半导体销售总额的 20%。因此，GaN 高亮度蓝、绿和白光 LED 等新型元器件是发展我国电子工业不可或缺的组成部分。

（2）有色金属能源材料

目前，化石能源占世界总能源的80%以上，高速度的消耗使得这些能源的储量剧减，化石能源的消耗过程排放出大量的二氧化碳，造成日益严重的温室效应。目前，氢能、太阳能等清洁能源的开发和利用是研究热点。有色金属在新型能源利用和开发方面具有非常重要的作用。

为了有效利用各种能源，储能材料和能源转换材料无疑是极其重要的。以有色金属为主要原材料的NiH电池和锂离子电池近年来发展非常迅猛。该功率MH/Ni电池是电动汽车的主要动力电源。电动汽车以其零排放、低噪声和节能等显著特点成为发展城市环保汽车的理想车型，美国、日本、法国、德国等国家的电动汽车已进入小批量商业化生产的实用化阶段。美国能源部调查显示，2020年混合型电动汽车（HEV）将占世界汽车总数的50%，而HEV的发展将促进高功率MH/Ni动力电池的发展。锂离子电池在手提电脑、摄影机、手机等电器方面具有巨大的应用市场，开发生产锂离子电池需要大量的Ni、Co等有色金属。未来10年，低成本锂离子电池将可能被大规模使用于汽车上，并将占有95%的便携式计算机用电池市场。氢能是未来最受重视的清洁能源，而有色金属氢化物在氢的储存方面具有重要作用。Mg及Mg基复合材料由于质量轻，储氢容量大（为5%），在未来10年将成为发展的热点。

（3）超导材料

超导材料被认为是21世纪具有战略意义的高新技术材料。目前，超导材料主要有NbTi合金低温超导材料和Bi系列高温超导材料，它们都需要大量有色金属原材料。NbTi超导材料具有良好的加工性能和超导电磁性能，已占据整个超导材料用量的90%以上，主要应用于大型基础科研装置和民用项目以及大型低温工程装置，如高能粒子加速器、受控热核聚变装置、超导磁悬浮列车、超导储能系统、超导电机、磁分离装置等。每年NbTi/Cu超导线的需求量在1000t以上，所需的NbTi合金棒在700t左右。低温超导的民用市场主要是医用和磁共振成像仪（MRI），每年约有2000台投放市场，使用的NbTi/Cu超导线约1500t，所需的NbTi合金棒为300t左右。高温超导自1986年发现以来，经过十几年的发展，已开始进入大规模应用研发阶段。Bi系高温超导已用于核磁共振、卫星通信和石油勘探，正用于大型传输电缆、变压器、电机、限流器和储能器的试制。国外产业界预测，2020年全球与超导相关的产值可能达到2400亿美元。我国在超导研究领域已有相当的工作基础，获得了108项专利，为超导技术在中国的发展奠定了很好的基础。“九五”期间我国研制成功了6m长、2400A的Bi系高温超导直流输电电缆。

（4）有色金属生态环境材料

现代工业的高速发展带来了严重的环境污染问题，有色金属在改善环境和促进工业可持续发展方面具有重要作用，如汽车尾气是城市大气污染的主要来源，全世界的汽车每年排出的CO、有机烃（HC）和氮化物（NO_x）总量约30亿吨。采用含稀土复合氧化型催化剂治理汽车尾气，可使汽车尾气的有害气体排放量减少70%以上。有色金属工业在我国国民经济中占有相当的比重，发展短流程、低能耗、零污染的有色金属生产工艺，也是改善生态环境的重要手段。此外，在许多有色金属工业废物中含有大量的有用成分，如氧化铝生产残留物赤泥含有大量的Al、Ti、Fe以及少量的Si、Ca等，而世界每年大约产生3000万吨赤泥，大部分作为填埋物而废弃。因此，综合利用有色金属工业的废气、废渣、废液，不仅可以化废为宝、节约资源，更重要的是能够明显降低环境污染。

5. 加强资源开发

有色金属矿山之所以出现资源危机，主要是由于矿山地址探矿投入严重不足。因此，当务之急是增加必要的投入，尽快开展和加强有色金属矿山新一轮找矿，延长有色金属矿山寿命。同时，必须实施“走出去”战略，这是我国有色金属资源国情的客观要求，因为把我国有色金属资源巨大的供需缺口完全建立在依赖国内资源的基础上是十分不现实的。目前，我国一批有色金属企业已开始“走出去”，如中国有色集团，目前已形成了一定规模的海外有色金属矿产资源开发布局，如赞比亚谦比希铜矿、蒙古图木尔廷锌矿、越南生全铜矿、伊朗11万吨电解铝、蒙古奥云陶勒盖铜金矿等项目均进展顺利，对外投资近3亿美元，公司已跻身国际知名的矿业公司之列。

6. 改变出口格局

我国锑、锡、铟、钨、铅、锌等金属产量居世界前列，在国际市场上占有重要的地位，对国际市场的价格影响很大。本来我国企业在这一市场上具有左右国际市场价格的实力，有能力维持一个较好的价格水平，但情况却并非如此。从表面上看，直接原因是全球经济疲软，尤其是美国经济不景气，对有色金属的需求有所减少，但深层次原因是有色金属厂家盲目扩大生产，致使初级产品产量大幅增加，而国内市场需求有限，过多的产品不得不迈出国门走向国际市场。多头无序竞争加上严重的走私出口，导致国际市场上我国产品大量增加，致使需求萎缩的国际市场雪上加霜。

针对这种情况，国家应加大打击走私和监管力度，实施严格的出口许可证制度，严厉打击走私出口和骗取出口退税犯罪活动。对于没有达到出口认证资格企业的产品，要严禁出口。在出口对象上，企业应该把产品卖给最终使用户，可以有效地避免中间商的盘剥。在治理重复建设上，国家首先要治理乱采滥挖，严禁无证开采，从根本上解决矿山问题。其次，还要设定严格的技术和环保标准，对达不到的企业坚决予以关停。企业在加强行业自律的同时，在产量和价格的协调方面，应按照市场经济规律，成立全国性的行业协会。行业协会则要发挥类似OPEC的作用，定期召开会议，根据市场需求来确定每个企业的产量，发布国内和出口指导价格，并对违规企业实施严厉制裁，这样就可以把分散的企业凝聚成一股绳。企业应该加大对纯铟、高纯锡、高纯锌、高纯锑等高附加值产品的开发和出口能力，探索利用纳米技术生产高新技术产品的方法，彻底改变以生产、冶炼等初级或中间产品为主的落后局面。

三、金属材料的经营管理

金属材料的经营管理对于企业的发展具有举足轻重的作用，金属材料生产营销企业的经营管理应与市场经济的发展紧密联系。目前，我国已经进入市场经济，企业应当遵循“自主经营，自负盈亏”，认真研究市场，找出消费需求，并有针对性地生产适销对路的产品。

（一）适应经营环境的变化

一般来说，企业对外部环境的影响力是较小的，作为企业只有主动适应外部环境的变化，努力提高自身对环境的应变能力，才能求得企业的生存与发展。当然，外部环境的变化不仅制约着企业的发展，也会给企业带来经营机会，经营者应当及时掌握外部环境变化的信息，发现和利用机会，使企业能够顺利地得到发展。与此同时，企业也应当努力用好内部环境所提供的资源，合理地利用人力、资金、设备、材料、技术和管理方法等，充分发挥企业的特点及优势，避开企业的劣势。

（二）以提高企业经济效益作为主要目标

企业经济效益是全面评价企业经营好坏的一个综合性指标，它与企业利润不同，有人用企业利润作为企业经营好坏的标准，这是不全面的，因为企业利润是企业产品的销售收入扣除生产成本和税金以后的余额，而企业的经济效益实际上是人们为达到某一经济目标而进行的经济活动所作的关于劳动占用、劳动消耗的节约程度即取得较多的有效劳动成果的评价。因此，企业经营管理要求企业每进行一项经济活动都要从社会的经济效益和企业的经济效益两方面进行分析。严格来讲，有经济效益的活动才是经营管理活动，没有经济效益的活动就不是经营管理活动，这就是经营管理的效益性。

（三）从系统的角度实施

企业经营管理要研究企业的人、财、物、信息等各种生产要素如何进行统筹规划，如何科学地组织，合理地组织，合理地利用。这是一个动态优化过程，要从企业系统的总目标出发，各个子系统协调配合，发挥各自的积极性，提高功效，使整个企业取得较好的经济效益。

（四）着重过程管理

企业经营要从掌握市场信息开始，对市场需求量作出预测，对产品开发及生产经营等问题作出决策，通过产品的研究、设计、试制、生产、销售、售后服务等来满足社会需求，再通过市场及用户的反馈，调查研究新的市场需求，再进一步改进产品设计，制造出更好的、适销对路的新产品，再投放市场，取得更好的经济效益。

第二节　金属材料商品的管理

社会分工的深化，使我们认识到，流通的进一步分工，已经给我们展现了色彩斑斓的新的境界。首先是实现了历史性的“商物分离”，随后就是“四流”（商流、物流、信息流、资金流）的状态被人们所认识。如果用“力”的概念来进行描述，又可以进一步形成商流力、物流力、信息流力、资金流力等新的经济能力的概念。它们之间的关系，可以表述为：

流通力 = 商流力 + 物流力 + 信息流力 + 资金流力

进入21世纪，金属材料生产和金属材料商品流通得到大力发展，并上升到电子商务的高度。因此，金属材料商品的物流管理，对我国整个经济运行的水平、质量以及国家经济素质都会产生重要的影响。

金属材料商品的管理主要包括：金属材料商品的储存与防护；金属材料商品的运输；金属材料商品的流通加工。

一、金属材料商品的储存与防护

（一）金属材料的锈蚀

金属在环境的作用下所引起的破坏或变质叫做金属的锈蚀。锈蚀一般从表面开始，然后逐渐向内蔓延。锈蚀不仅破坏金属材料及由金属材料制成的零部件的表面和外形，而且降低它们的性能，锈蚀严重时还能导致材料或零部件失效，以致造成事故。如钢材锈蚀深度达到1%时，强度要降低10%。据统计，全世界因锈蚀无法使用的金属物品的质量约达金属材料年产量的1/3，即使其中2/3可以回炉重炼，经济损失也达金属材料年产量的1/9。因此，锈蚀是危害金属材料的主要因素。

金属锈蚀根据锈蚀方式的不同，可以分为化学锈蚀和电化学锈蚀两大类。其中，化学锈蚀是金属与环境介质直接发生化学作用而产生的损坏，在锈蚀过程中没有电流的生成。电化学锈蚀是金属在介质中由于电化学作用而引起的损失，在锈蚀过程中有电流产生。

金属锈蚀也可按破坏的形态不同分为全面锈蚀和局部锈蚀。全面锈蚀分布在整个金属表面上，它可以是个锈蚀程度相同的均匀锈蚀，也可以是锈蚀程度不同的非均匀锈蚀。局部锈蚀主要集中在金属表面的某一区域。金属发生局部锈蚀时，局部快速破坏，使设备报废或爆炸，因此，局部锈蚀比全面锈蚀危害更大。局部锈蚀有空蚀、缝隙锈蚀、晶间锈蚀、应力锈蚀破坏等多种形态。

另外，按锈蚀的环境不同，还可以把金属的锈蚀分为大气锈蚀、土壤锈蚀、海水锈蚀、酸碱盐锈蚀等。大气锈蚀是指在潮湿的气体（如空气）中进行的锈蚀。土壤锈蚀是指埋设在地下的金属件（如管道、电缆等）的锈蚀。酸碱盐锈蚀是指与天然气、海水及酸、碱、盐等溶液接触所发生的锈蚀。

（二）金属材料锈蚀的防护

从金属锈蚀机理看，防锈，一方面，是研究生产耐蚀性高的材料，如不锈钢等；另一方面，是隔绝或削弱使金属产生腐蚀的条件。实际上，不可能大量生产耐蚀性高的材料。因为使用对金属材料性能的要求是多种多样的，所以，人们才研制出各种材料，如导电性好的、强度高的、密度小的、硬而耐磨的、价格便宜的等。耐蚀性只是一方面要求。另外，耐蚀性高的材料，如不锈钢，含有大量的铬、镍元素，它们都是稀贵的。再者，即使不锈钢也不是在任何介质中都不锈，如18－8型不锈钢在大气、水及具有氧化性的硝酸溶液中是不锈的，但在非氧化性的盐酸、稀硫酸中耐蚀性就差了。因此，从研究生产耐蚀性高的材料方面解决金属材料锈蚀是很有限的。更重要的是研究各种材料在使用和储存过程中如何防锈，即从外因方面隔绝或削弱介质对金属的腐蚀作用。

1. 提高金属材料自身的抗蚀性

材料自身的抗蚀性是基本因素。例如，铸铁与不锈钢比较，在其他条件相同的情况下，铸铁的抗蚀性远不如不锈钢。因此，在炼钢时，加入铬、镍、锰、硅、钒、钛、钨、钼合金元素。同时，尽量降低有害杂质的含量，这样炼出来的合金钢，抗蚀性就会大大提高。当然，溶入各种合金元素不光是为了提高材料的抗蚀性，主要还在于提高材料自身的机械性能。例如，含有1%钒的钒钢，弹性显著增强，低温抗冲击性好，质坚而韧，同时，耐大气和耐海水腐蚀的性能也比普通钢材好得多，常用来制造汽车、飞机发动机、弹簧、火车汽缸、穿甲弹等。含铬14%～18%的不锈钢，能耐硝酸腐蚀，用来制造化学介质的运输管道以及日用匙、刀、叉等。含镍3.5%的镍钢，具有较高的抗蚀性，而且质硬，富有弹性，用于制造钢甲板、海底电缆等。由于铬、镍有较好的抗蚀性，常用来作电镀镀层。

此外，通过均匀化热处理，表面渗氮、渗铬、渗铝等方法，也可以提高金属材料的抗蚀性。

2. 用覆盖层法防蚀

覆盖层也称保护层，实质在于把金属同可能引起或促进腐蚀的各种外界条件，如水分、氧气、二氧化硫等，尽可能隔离开来，从而达到防护的目的。

按覆盖层的性质，通常分为永久性覆盖层和暂时性覆盖层两类。

(1) 永久性覆盖层有金属喷镀、珐琅涂层（如陶瓷、搪瓷等）、电镀、涂漆、塑料涂层等。

(2) 暂时性覆盖层有可剥性薄膜、防锈油（脂）等。

3. 采用化学处理法防蚀

最常见的有氧化膜和磷化膜两种。

(1) 钢铁发蓝，也称发黑，是一种钢铁氧化处理的方法。常用的碱性发蓝是把钢铁零件放入很浓的碱（如 NaOH）和氧化基（如 $NaNO_2$、$NaNO_3$）溶液中，在 140℃～150℃下进行处理。处理后，能在金属表面生成一层蓝黑色的致密的四氧化三铁薄膜，并牢固地与金属表面结合。它对干燥的气体抵抗力强，但在水中或湿气中抵抗力较差。这种氧化膜还有一定的弹性和润滑性。同时，在发蓝过程中还能消除材料应力，所以，广泛地用于机器零件、光学仪器、钟表零件和军械制造中。

(2) 磷化处理是采用含磷酸盐的酸性溶液处理金属，使金属表面获得一层基本上是由磷酸盐构成的磷化膜。致密的磷化膜在大气中具有较好的耐蚀性，即使与酸、碱等强腐蚀介质接触，也有一定的抗蚀性，而且操作简单，成本低，广泛地用于保护黑色金属及锌、铝、铬等合金制品上，或作为涂漆前表面预处理工序，以改善漆层的结合力和防腐性能。

4. 控制环境法防腐

(1) 干燥空气封存法（也称控制相对湿度法）：当空气相对湿度控制在小于等于35%时，金属则不易生锈，非金属也不易长霉。可采取以下措施实现：①在密封装置内预先放置被保护物，继续干燥，达到平衡干燥度以后密封容器。②在密封装置内预先放置干燥剂，一定时间后，迅速安置被保护物，继续干燥，达到平衡干燥度以后密封容器。③在密封装置内，同时放置干燥剂及被保护物，然后密封容器。以上三种方法中，第一种方法最好，可用于精密零件较长期的防锈，但本法需要制备干燥空气的设备。第二种方法较好，可用于一般零件的防锈，本法虽不需要制备干燥空气的设备，但消耗干燥剂的数量较大。第三种方法比较简单，只适用于一般对防锈要求不高的零件的储存防锈，或作为涂油封存的一种辅助措施。

(2) 充氮封存法：氮气的化学性质比较稳定，在产品包装中，充入干燥的氮气，隔绝了水分、氧气等腐蚀性介质，从而达到使金属不易生锈、非金属不易老化的目的。

(3) 远离污染源法：如取样封存法等。一般在设计、建筑厂房、库房时，应尽量远离有害气体源，以防止金属腐蚀。

5. 采用缓蚀剂防蚀

在腐蚀性介质中，加入少许能减少腐蚀速度的缓蚀剂，能防止金属腐蚀。通常缓蚀剂可分为气相缓蚀剂、水溶性缓蚀剂及油溶性缓蚀剂三类。

6. 采用电化学法防蚀

电化学腐蚀总是在阳极区域进行，而阴极材料却受到保护。因此，人为地选择一些电极电位负的活泼金属级（作阳极），安装在基体金属（作阴极）上，或用导线连接，结果活泼金属被腐蚀，而基体金属得到保护。这种用牺牲阳极来保护阴极的方法，称之为阴极保护法。一般用来作为阳极材料的有锌板、铝板及其合金等。

以上几种防锈方法，并不是绝对可靠的，随着条件的变化，腐蚀有可能重新出现，如环境骤然变坏而所用的防锈方法抵抗不住时；防锈油（脂）或其他防锈材料在使用中变质；充氮封存后密封性受损等。因此，还要经常观察、检查，及时处理，切不可粗心大意。

（三）金属材料在储存中的防锈

为了保证生产的不间断进行，相当一部分金属材料处于周转储备中，这部分金属材料的损坏形式主要是大气腐蚀。这部分金属材料的防腐是物资部门的重要任务，它们的防腐与生产中防腐有不同的特点和要求。如品种多、数量大、防腐工作量大，要求防腐方法简单、费用少；大多数没有包装且露天存放，受风雨、尘埃的直接侵蚀，极易生锈；储存期长短不定，防腐方法既要有较长效果，又要不影响材料发出后进行各种加工和使用等。针对这些特点和要求，下面介绍一些储存中金属材料的防腐和保管方法。

1. 选择合适的存放场所

存放金属材料的场所有库房、料棚、露天料场，它们都应尽可能远离产生有害气体和粉尘的厂房，都不应与酸、碱、盐及其他气体混存。

长期保存的、极易腐蚀的、有包装的或腐蚀对其使用价值有显著不利影响的材料，如薄钢板、钢带、薄壁钢管、金属制品、弯冷型钢等，都应在库房内保管；有色金属材料，除锌锭、铝锭、铅锭等少数原料外，也应在库房内保管。尺寸较大的、表面锈蚀对其使用影响较少的，或在进一步加工中能消除锈蚀的材料，可在料棚或露天料场保管，如生铁、铸铁管。应该指出，料棚地面对材料腐蚀速度很有影响。普通地面比较潮湿，返湿现象甚至比露天料场还严重，所以，料棚最好是水泥地面，如果是土质地面，除了材料不受雨淋外，其他防腐效果并不比露天存放好。露天料场应有良好的排水系统，雨后应能迅速排除积水，而且应使地下水位很快下降。因为地下水位高时，地表层经常处于潮湿状态，会使空气相对湿度迅速升高。

2. 严格入库要求，保持包装的完整干燥

材料入库时要严格要求，材料表面的水迹、油污等要清除掉。有包装的材料，必须保持包装完整无损，已经损坏的，应修复、加固或更换。包装受潮时应进行干燥处理；如果材料也潮湿了，则应将材料擦干后重新包装。如果出厂时在材料上所涂防腐油已经沾污或干稠，应及时予以清洗，重新涂油。

3. 科学地存放和码垛

科学地存放和码垛，既是防止金属材料损失和腐蚀的重要方法，又是有利于发放、清点材料的有效保管方法。

不同的金属材料采用不同的存放方法。有的适宜平放，有的应侧立，有的可以成堆存放，有的应上架。使用料架是很好的保管方法，它不但可以多放材料，提高库容利用率，而且便于通风，降低湿度，有利于防腐。料架不仅适用于库内，也适用于料棚和料场。如采用坡形料架露天存放厚钢板，钢板可侧立靠在架子的一侧，从而避免钢材表面积水和生锈。

码垛时应注意垫高垛底，以保证垛下通风，促使垛下阴暗潮湿的一面加速干燥。一般料垛必须垫高0.3m～0.5m。槽钢、角钢的垛基应采取一头高、一头低，稍有倾斜，以免积水。垫木、水泥墩、石墩等垛基必须成行排列，行间留出适当的通风间距。这是因垛下温度低，相对湿度比料垛周围要高得多，很容易在钢材底面生成水膜，造成垛底朝下的钢材表面生锈。

4. 保持库房干燥

保持库房干燥就是使库房的相对湿度在金属材料的临界湿度以下，这样基本上能达到防腐的目的。主要是采用通风、吸潮等方法。

(1) 通风

掌握有利时机进行通风可以降低湿度。相对湿度是随温度的变化而变化的。在绝对湿度不变的条件下，温度越低，则相对湿度越大。库外温度条件下空气进入库内时，其相对湿度会按下列公式发生变化：

$$\begin{matrix}\text{库内相对湿度换算成库内}\\\text{温度条件下的相对湿度}\end{matrix}=\frac{\text{库外相对湿度}\times\text{库外饱和湿度}}{\text{库内饱和湿度}}\times 100\%$$

从上式看出，如通过通风降低库内相对湿度，必须是库外的相对湿度和温度都低于库内。

(2) 除湿

当库内通风条件不好，而又必须降低库内湿度时，可采取吸潮剂（如氯化钙、硅胶、木炭等）吸潮降低湿度。一般做法是将吸潮剂盛于竹筐、木箱、布袋等容器内，放在垛底或其他气流不畅的地方。也可以将吸潮剂装在密闭的大容器内，作为湿空气过滤箱，一端开口，接通鼓风机，作为通风口，另一端作为出风口，使用时开动鼓风机，鼓入湿空气，经吸潮剂过滤后，放出干燥空气。

5. 经常保持存放场所清洁

尘土和杂物（如破布、碎木片等）都能吸收水分，增加相对湿度，因此，不要把杂物遗留或夹垫在金属材料中，并尽量打扫材料表面的尘土。

存放场所必须及时除草，杂草丛生根部使土壤易蓄存水分，而其茎叶又遮盖地面，使地面经常处于潮湿状态。此外，杂草白天排出氧气，晚上排出二氧化碳，不断为形成电解液创造条件。对钢管进行观察表明：在没有杂草的环境下，钢管在空气中暴露 1 年，表面形成颗粒状锈蚀；而在杂草丛生的环境下，钢管在空气中暴露 1 年，表面就出现严重的麻坑。

6. 适时苫盖和喷涂防腐油

用苫页（一般是用苇席、油毡、木材等加工成）或用苫布，将金属材料苫盖起来。苫盖可以使露天存放的材料避免雨淋，从而减缓其腐蚀。材料卸车后，进入保管状态前的防雨问题不能忽视。实践证明，金属材料经过雨淋之后，保管过程即使采取很好的苫盖措施，其腐蚀速度也要比没受雨淋的同类的钢材快得多。因此，材料从卸车后，到保管期间，都应采取苫盖措施，防止遭受雨淋。苫盖主要通过防止雨淋，减缓材料腐蚀，因此，苫盖要适时，否则，苫盖会加速腐蚀，如雨后地面很潮湿，潮气上升，由于有苫盖潮气不易散开，使材料表面的相对湿度增大，反而加速腐蚀。正确的苫盖方法应是雨天苫盖好，晴天打开，夜间苫盖好，白天揭开。

适时的苫盖，在保管期不超过 1 年的情况下，能起到相对好的缓蚀效果，保管时间长，效果就不理想，而且这种方法消耗的人力、物力也较多。

对保管期较长的材料可采用喷涂防锈涂层的方法。在材料表面喷涂防锈涂层，可使材料与空气等腐蚀介质隔绝，消除材料在储存过程中发生电化学腐蚀的机会，其中，以干性防锈涂料防锈效果好，且使用方便。干性防锈涂料含有以干性油为主的成膜剂、防锈添加剂和溶剂，喷涂在金属表面后形成透明的硬膜层。

二、金属材料商品的运输

（一）运输的功能和实质

通过转移物品空间位置的运输活动，创造物品的空间效用是物流系统中一项最重要的活动。在设计物流系统和组织物流活动时，运输合理化是实现物流系统优化的关键环节。

运输主要是提供产品转移和产品储存两大功能，因为无论产品处于哪种形式，是材料、零部件、装配件、在制品，还是制成品，也不管是从制造过程中转移到下一阶段，还是实际上更接近最终的顾客，运输都是必不可少的。运输的主要目的就是要以最短的时间、最低的财务和环境资源成本，将产品从原产地转移到规定地点。此外，产品损失损坏的费用也必须是最低的；同时，产品转移所采用的方式必须能满足顾客的需求及装运信息可得性方面的要求。在整个物流系统中，必须精确地维持运输成本和服务质量之间的平衡。在某些情况下，低成本和慢运输是令人满意的；而在另外一些情况下，快速服务也许是实现作业目标的关键所在。因此，如何充分利用现有的时间、空间及财务资源，实现运输的功能并达到运输的目的，使整个物流系统处于最佳的运作状态是运输合理与否的主要问题。

（二）运输方式的选择

铁路、公路、水路、航空、管道5种基本运输方式各有特点，具体如表5－1所示。水路运输量大，成本低；公路运输则机动灵活，便于实现货物门到门；铁路运输不受气候影响，可深入内陆和横贯内陆实现货物长距离的准时运输；航空运输可实现货物的快速运输；管道运输占地少，适宜运送气体、液体。

表5－1　　运输方式的选择

运输方式	概　念	特　点	功　能	常用运载工具	主要性能
水上运输	利用船舶、排筏和其他浮运工具，在江、河、湖泊、人工水道以及海洋上运送货物的一种运输方式	1. 可以利用天然水道，路线投资少，且节省土地资源；2. 船舶沿水道浮动运行，可实现大吨位运输，降低运输成本，对于非液体商品的运输而言，水运一般是运输成本最低的方式；3. 江、河、湖、海相互贯通，沿水道可以实现长距离运输；4. 船舶平均航速较低；5. 船舶航行受气候条件影响较大，如在冬季常存在断航之虞，断航将使水运用户的存货成本上升，这决定了水运主要承运低值商品；6. 可达性较差；7. 同其他运输方式相比，水运（尤其是海洋运输）对货物的载运和搬运有更高的要求	1. 承担大批量货物，特别是散装货物运输；2. 承担原料、半成品等低价货物运输，如建材、石油、煤炭、矿石、粮食等；3. 承担国际贸易运输，是国际商品贸易的主要运输工具之一	集装箱船、散装货船、油船、液化气船、冷藏船、运木船、滚装船、载驳船、驳船、客船、客货两用船、双体船、水翼船、气垫船等	重量性能（排水量、载质量）、容积性能（货舱容积、船舶登记吨位）

续 表

运输方式	概 念	特 点	功 能	常用运载工具	主要性能
铁路运输	用机车、车辆等技术设备沿铺设轨道运行的运输方式	1. 运输能力大，适合于大批量低值商品的长距离运输；2. 车装载量大，加上有多种类型的车辆，使它几乎能承运任何商品，几乎可以不受重量和容积的限制；3. 车速较高，平均车速在五种基本运输方式中排在第二位，仅次于航空运输；4. 铁路运输受气候和自然条件影响较小，在运输的经常性方面占优势；5. 铁路运输可以方便地实现驮背运输任务、集装箱运输及多式联运；6. 由于铁路线路是专用的，其固定成本很高，原始投资较大，建设周期较长；7. 组织运行占用时间较长，导致在途时间长；8. 货损率高；9. 不能实现“门到门”运输	适合大宗低值货物的中、长距离运输，散装货物（如煤炭、金属、矿石、谷物等），罐装货物（如化工产品、石油产品等）的运输	通用型棚车、专用型棚车、漏斗车、有盖漏斗车、平车、冷藏车、敞车、罐车	载重量、车速
公路运输	利用一定载运工具（汽车、拖拉机、畜力车、人力车等）沿公路实现货物空间位移的过程。从狭义来说即指汽车运输	汽车运输具有较高的机动性，运行平顺性和较小的载运能力，使它具有更高的可达性、货物批量适应性、货物安全性和较短的输送时间	适用于货物批量、运距、输送时间适当的运输	厢式车、敞车、平板车、罐式挂车、冷藏车、高栏板车、特种车	载重量、车速
航空运输	利用货运飞机沿一定航线实现货物的移动	1. 速度快；2. 运输路程长；3. 灵活；4. 安全；5. 货物空运的包装要求通常比其他运输方式要低，空中航行的平顺性和自动着陆系统减少了货损的可能性，可以降低包装要求；6. 载运能力低、单位运输成本高；7. 受气候条件限制；8. 可达性差，难以实现货物的“门到门”运输，必须借助于其他运输工具（主要为汽车）转运	鲜活易腐等特种货物运输；价值较高的或紧急物资的运输；邮政运输	定翼飞机、旋翼飞机	与当地当时条件匹配的飞机装载重量；与飞机重量适宜的跑道长度、道面结构及厚度的重要设计参数

续 表

运输方式	概　念	特　点	功　能	常用运载工具	主要性能
管道运输	利用埋藏在地下的运输管道，通过一定的压力差而完成的商品（多为液体货物）运输	1. 运量大；2. 占地少；3. 运输捷达；4. 稳定性强；5. 耗能低、效率高、成本低；6. 灵活性差	适用于单向、定点、量大的流涕状货物（如石油、煤气、煤浆、某些化学制品原料等）的运输	集油管线、输送干线	管线口径

选择运输方式时，应该在考虑物流服务对物流系统的要求和允许的物流费用的基础上，作出决定。可以单独地选用一种，也可以采用多式联运。在选择运输方式时考虑的主要因素如表 5－2 所示。

表 5－2　选择运输方式时考虑的主要因素

因素	内　容
物品的种类	着重考虑物品的形状、单件重量和容积、物品的危险性和易腐性，尤其是物品对运费的负担能力
运量	主要考虑运输批量的大小
运输距离	根据运输距离的长短，选择经济的、方便的运输方式
运输天数	着重考虑物品的到货期、保质期、保鲜期等
运输费用	是选择运输方式着重考虑的问题，同时还要考虑仓储费用，因为运费低的运输工具，一般运量大，运量大会使库存量增大，仓储费用高，因此，要综合考虑

除表 5－2 考虑的因素之外，在选择运输方式时，还要考虑运输方式速度、可得性、可靠性、能力、频率等的营运特性，汽车运输虽费用低，但运量小，即能力不如火车和轮船；火车、轮船运量大，费用也比较低，但不可能像汽车那么迅速，急需时就不容易满足。

（三）金属材料企业运输现状

在过去相当长的一段时间里，铁路运输在国内交通运输中占据统治地位。20 世纪 90 年代以来，公路、航空、水运运输的发展打破了铁路运输一统天下的局面。

伴随着国内交通运输技术的发展，不同时期、不同类型的金属材料生产及经营企业运输有其不同的方式和特点。随着我国铁路运输压力不断增加，以及公路、内河的整治超载力度加大，国内运输市场矛盾加剧，对钢铁生产和钢材贸易产生极大影响，成为整个行业发展的一大瓶颈。车皮紧张，运能不足，生铁、矿石、废钢、焦炭等原材料和成品钢材的运输不能保证，对钢铁生产和钢材销售带来的冲击加大。现在众多的钢材贸易公司对于向什么样的钢厂采购钢材，除了看该钢厂的产品、质量、价格之外，运输是否有保障，是水路、铁路还是公路运输，都要实地考察一番，甚至把运输作为首先考虑的因素。钢厂、钢材贸易公司与交通运输业结成产业链，联手抵御市场风险，一些有资金实力的钢材贸易企业购置船只，拓展内河、近海船舶运输渠道，是一种有效的缓解上述矛盾的方式。

三、金属材料商品的流通加工

随着市场经济深入发展，金属材料市场竞争日趋激烈，一些有超前意识的流通商为提高抗风险能力，在开展贸易的同时，结合自身经营特点，办实体，搞流通加工，取得了长足的发展。通过利用金属材料深加工，也为流通商开辟第三方物流走出了一条新路，可谓一举三得，值得其他流通商借鉴。

（一）流通加工及流通加工技术

流通加工是对流通中的商品进行加工的过程，它是通过改变或完善流通对象的原有形态来实现生产与消费的“桥梁和纽带”作用。流通加工一般仅是简单的、初级的加工，目的主要是提高原材料的利用率，方便用户，提高加工效率，提高运输效率，增加附加值，提高收益。在流通加工中，常用的技术主要有水泥的研磨、混凝土的搅拌、混合运输；各种金属板料、棒料的剪裁；原木的制材、木材的下料；玻璃的切割等。使用的加工设备，按加工对象不同，可分为混凝土搅拌混合设备、金属加工设备、木材加工设备、玻璃加工设备等。

（二）合理组织流通加工的原则与措施

1. 合理组织流通加工的原则

合理组织流通加工，可以获得事半功倍的效果。因此，在实现流通加工时，应坚持加工和配送、配套、运输、商流、节约相结合的原则，合理组织流通加工，具体如表 5 -3 所示。

表 5 -3　　合理组织流通加工的原则

原则	基本内容
加工与配送结合	将流通加工设置在配送点中，一方面，按配送的需要进行加工，另一方面，又是配送业务流程中分货、拣货、配货的一个。加工后的产品直接投入配货作业，这就无须单独设置一个加工的中间环节，使流通加工有别于独立的生产，而使流通加工与中转流通巧妙结合在一起。同时，由于配送之前有加工，可使配送服务水平大大提高
加工与配套结合	对配套要求较高的流通，配套的主体来自于各个生产单位，完全配套有时无法全部依靠现有的生产单位，进行适当的流通加工，可以有效地促成配套，大大提高流通的桥梁与纽带的能力
加工与合理运输结合	流通加工能有效衔接干线运输与支线运输，促进二者运输形式合理化。利用流通加工，在支线运输转干线运输或干线运输转支线运输这本来就必须停顿的环节，不进行一般的支转干或干转支，而是按干线或支线运输合理的要求进行适当加工，从而大大提高运输及运输转载水平
加工与合理商流结合	通过加工有效促进销售，使商流合理化，也是流通加工合理化的考虑方向之一
加工与节约结合	节约能源、节约设备、节约人力、节约耗费是流通加工合理化重要的考虑因素，也是我国设置流通加工，考虑其合理化的较普遍形式

2. 合理组织流通加工的措施

在流通加工的组织上可以采取的措施如表 5－4 所示。

表 5－4　　合理组织流通加工的措施

措施	内　容
集中下料	利用流通加工环节进行集中下料，将生产厂直接运来的简单规格产品，按使用单位的要求进行集中下料，这样不仅可以提高加工效率，而且可以通过合理的设计，减少边角料的浪费，提高原材料利用率
建立集中流通加工点	通过建立集中流通加工点，可以采用效率高、技术先进、加工量大的专门机具和设备，既提高了加工质量，提高了设备利用率，又提高了加工效率，降低了加工费用及原材料成本，解决了某些量小或临时需要的使用单位缺乏高效率初级加工能力的问题，流通加工使使用单位省去了进行初级加工的投资、设备及人力，从而搞活供应，方便了用户
合理安排运输	流通加工环节将实物的流通分成两个阶段。一般说来，由于流通加工环节设置在消费地，因此，从生产厂到流通加工这第一阶段输送距离长，而从流通加工到消费环节的第二阶段距离短。第一阶段是在数量有限的生产厂与流通加工点之间进行定点、直达、大批量的远距离输送，可以采用船舶、火车等大量输送手段；第二阶段则是利用汽车和其他小型车辆来输送经过流通加工后的多规格、小批量、多用户的产品，这样可以充分发挥各种输送手段的最高效率，加快输送速度，节省运力运费
进行简单加工	在物流领域中，通过改变产品某些功能而进行流通加工，可以提高企业附加价值。这种高附加价值的形成，主要是着眼于满足用户的需要，提高服务功能而取得的，是贯彻物流战略思想的表现，是一种低投入、高产出的加工形式

3. 流通加工在金属材料业的应用

金属材料的流通加工在我国还处于起步阶段，但在发达国家，如西欧、日本和美国都已是成熟行业。以美国为例，每年约有 5000 万吨钢材是通过钢材服务中心储存、加工和销售的，占其总消费量 60% 以上，其中，经过加工后配送销售的钢材占 30% ~40%，以北美最大的金属加工配送企业 Ryerson Tull 为例，该公司年销售额为 22 亿美元，其中，钢材销售约占 75%，除在加拿大、墨西哥和亚洲有海外网点外，在全美国几乎所有各州都有加工配送网点，总计达 80 余个。经营产品除有一些铝型材、塑料、管材等建材外，几乎囊括所有钢材品种，其加工能力从型材的锯切、弯曲、打孔、焊接、除锈，到板材剪切，甚至到钢材不锈钢部件精细加工，如铣、磨、钻、刨等应有尽有。我国金属材料流通加工使用最多的是钢材剪板及下料加工。

（1）钢材剪板及下料加工简介

热连扎钢板和钢带、热轧后板凳板材最大交货规格可达 7 ~ 12m，有的是成卷交货，对于使用钢板的用户来说，大、中型企业由于消耗批量大，可设专门的剪板及下料加工设备，按生产需要进行剪板、下料加工。但是，对于使用量不大的企业和多数中小型企业来讲，单独设置剪板、下料的设备闲置时间长、人员浪费大、不容易采用先进方法，钢材的

剪板和下料加工可以有效地解决上述弊端。

剪板加工是在固定地点设置剪板机进行下料加工，或设置种种切割设备将大规格钢板裁小，或切裁成毛坯，降低销售起点，便利用户。

钢板剪板及下料的流通加工有如下几项优点：

①由于可以选择加工方式，加工后钢材的晶相组织较少发生变化，可保证原来的交货状态，因而有利于高质量的保证。

②加工精度高，可减少废料、边角料，也可减少再进行机加工的切削量，既可提高再加工效率，又有利于减少消耗。

③由于集中加工可保证批量及生产的连续性，可以专门研究此项技术并采用先进设备，从而大幅度提高效率和降低成本。

④使用户能简化生产环节，提高生产水平。

（2）剪板机简介

①剪板机的分类

剪板机在流通领域可用于板料或卷料的剪裁，其加工过程主要是板料在剪板机的上、下刀片作用下，受剪生产分离变形。一般剪切时下剪刀固定不动，上剪刀向下运动。常用剪板机的分类如下图所示。

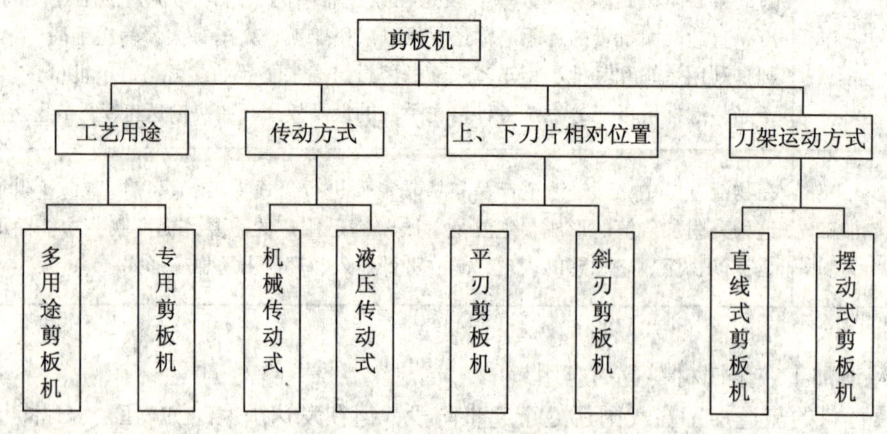

常见剪板机的分类图

②常用的剪板机的特点及用途

常用的剪板机的特点及用途如表 5－5 所示。

表 5－5　常用的剪板机的特点及用途

类型	特点及用途
摆式剪板机	分为直剪式和直、斜两用式，直、斜两用式主要用于剪切 30 焊接坡口断面。摆式剪板机的刀架在剪切时围绕一固定点做摆动运动，剪切断面的表面粗糙度数值较小，尺寸精度高，而且切口与板料平面垂直。摆式结构主要用于板厚大于 6mm，板宽不大于 4mm 的剪板机

续 表

类型	特点及用途
多用途剪板机	有板料折弯剪切机和板材型材剪切机。板料折弯剪切机在同一台剪切机上可以完成两种工艺，剪切机下部进行板料剪切，上部进行折弯；也有的剪切机前部进行剪切，后部进行板料折弯。板材型材剪切机在剪板机刀架上，一边装有剪切板材的刀片，另一边装有剪切型材的刀片
多条板料滚剪机	为了将宽卷料剪成窄卷料，或者将板材同时剪裁成几条条料，可以利用多条板料滚剪机下料。这类滚剪机的剪切材料宽度由圆盘形刀片的宽度垫圈决定，滚剪的材料宽度精度较高
圆盘剪切机	利用两个圆盘状剪刀，按其两剪刀轴线相互位置不同际遇板料的夹角不同分为直滚剪、圆盘剪和斜滚剪。直滚剪主要用于将板料裁成条料，或由板边向内剪裁圆形坯料；圆盘剪主要用于剪裁条料、圆形坯料和环形坯料
振动剪切机	振动剪切机是一种万能板料加工设备，它在进行剪切下料时，先在板料上划线，然后，刀杆上的上冲头能沿着划线或样板对被加工的板料进行逐步剪切。此外，振动剪切机还能进行冲孔、落料、冲口、冲槽、压肋、折弯和锁口等工序，用途相当广泛，适用于短金件的中小批量初单件生产，被加工的板料厚度一般小于 10mm。振动剪切机具有体积小、质量轻、容易制造、工艺适应性广、工具简单等优点，但是生产率较低，剪切和工作时人工操作，振动和噪声大，加工精度不高

参考文献

[1] 安玉若．金属材料学［M］．北京：中国物资出版社，1999.

[2] 安继儒．中外常用金属材料手册［M］．西安：西安交通大学出版社，1989.

[3] 熊中实．钢材大全［M］．北京：中国建材工业出版社，1994.

[4] 金海水．采购商品检验［M］．北京：中国物资出版社，2003.

[5] 吴承建．金属材料学［M］．北京：冶金工业出版社，2000.

[6] 中国标准出版社．国家标准汇编［M］．北京：中国标准出版社，2005.

[7] 邓力群，马洪，武衡．当代中国物资流通［M］．北京：当代中国出版社，1993.

[8] 丁俊发．中国物流［M］．北京：中国物资出版社，2002.

[9] 高铁生，郭冬乐．中国流通产业发展报告［M］．北京：中国社会科学出版社，2004.

[10] 王之泰．现代物流管理［M］．北京：中国工人出版社，2001.

[11] 郭培章．中国工业可持续发展研究［M］．北京：经济科学出版社，2002.

[12] 黄振平．钢材流通企业市场营销环境分析［J］．经济与社会发展，2003（4）：35－38.

[13] 卢扬．钢铁流通现状与推行代理制——改革纵横［J］．中国物资流通，1995（6）：14－15.

[14] 张志刚．当前推进我国流通业改革发展的主要任务［J］．中国经贸导刊，2004（7）：8－9.

[15] 陈文玲．现代流通体系的主要表现形式［N］．中国经济时报，2004.

[16] 汪静梅．谈有色金属企业营销管理［J］．世界有色金属，2002（2）：42－43.

[17] 李克宁．英国专业钢材流通产业一瞥——访英国钢材分销协会［J］．中国物资流通，1997（1）：47－48.

[18] 俞凯凯．钢材批发市场要向现代物流方向发展［J］．上海工业，2002（6）：37－38.

[19] 张忠义．有色金属企业总体战略探讨［J］．世界有色金属，2002（12）：19－22.

[20] 孟祥舟．试论我国有色金属矿业政策体系的构成［J］．世界有色金属，2004（5）：17－20.

[21] 黄伯云．我国有色金属材料现状及发展战略［J］．中国有色金属学报，2004，14（F01）：122－127.

[22] 叶宏，等．金属材料与热处理［M］．北京：化学工业出版社，2008.

[23] 董瀚，等．先进钢铁材料［M］．北京：科学出版社，2008.

[24] 刘宗昌，等．金属材料工程概论［M］．北京：冶金工业出版社，2007.